Alle Angaben in diesem Buch sind vom Autor sorgfältig erwogen und geprüft worden, dennoch kann eine Gewährleistung jeglicher Art nicht übernommen werden. Eine Haftung für Personen-, Sach-, Vermögens- oder sonstige Schäden ist ausgeschlossen. Personen mit gesundheitlichen Beschwerden sollten alle therapeutischen Maßnahmen mit ihrem Arzt besprechen und auch gegebenenfalls die bei Heilmitteln anzuwendenden Gebrauchshinweise beachten.

2. Auflage 2023
ISBN 978-3-89997-253-5

Umschlag: Judith Hamann, Tübingen
Druck: Finidr, Český Těšin, CZ

Zu beziehen im Buchhandel oder über:
Chiron Verlag, Postfach 1250, D-72002 Tübingen
www.chironverlag.com

Inhalt

I. Allgemeine Grundlagen

Zum Gebrauch dieses Buches

Oder über die astromedizinische Herleitung von Krankheitsbildern

In diesem Buch werden zu den einzelnen Konstellationen eine Fülle von Krankheitsbildern beschrieben. Allein zu den jeweiligen Hauspositionen der Planeten sind jeweils 10 bis 30 mögliche Erkrankungen aufgeführt. Wir berücksichtigen in der Astrologie normalerweise zehn Planeten, sodass sich deshalb schon über diesen Ansatz ca. 200 Möglichkeiten psychosomatischer Störungen ergeben. Da glücklicherweise die wenigsten Menschen im Laufe ihres Lebens so viele Krankheiten bekommen, soll diese scheinbare Diskrepanz hier kurz aufgeklärt werden.

1. Krankheiten sind, nach der Überzeugung des Autors, in der überwiegenden Mehrzahl der Fälle ein Korrektiv des Schicksals. »Heil-Sein« heißt so viel wie vollständig sein, »Heilung« ist der Weg zurück zu einer verloren gegangenen Vollständigkeit. Erst wenn man sich von seinem kosmischen Auftrag, seinem persönlichen Lebensplan, dessen Abbild das Horoskop ist, allzu deutlich entfernt hat, tritt Krankheit auf, um einem die Chance zur Rückkehr zur eigenen Mitte zu geben.

Da wir nach meiner Überzeugung (nicht alle Astrologen sind sich hier einig) über einen freien Willen verfügen, kann niemand mit Bestimmtheit vorhersagen oder aus dem Horoskop herauslesen, welche Krankheiten wir im Laufe eines Lebens bekommen und welche nicht. Wann wir welches Korrektiv in unserem Leben benötigen, hängt eben auch davon ab, wie intensiv wir gegen unseren kosmischen Auftrag leben.

2. Ein Horoskop kann nur Qualitäten, d.h. Inhalte, niemals jedoch konkrete Formen, aufzeigen. So kann es z.B. keine Konstellation geben, die zwingend Flugzeugabstürzen entspricht. Die hierfür in Betracht kommenden Planetenkonstellationen gab es nämlich schon lange, bevor es Flugzeuge gab, und sie werden auch dann noch existieren, wenn es keine Flugzeuge mehr gibt.

Da die Unterscheidung von Inhalt und Form im zeitgenössischen Denken weitgehend verloren gegangen ist, sei dies an einem kleinen Beispiel veranschaulicht.

Das Wort »scharf« hat im Deutschen folgende Bedeutungen:

a) Ein scharfer Gegenstand, z.B. ein gut geschliffenes Messer.
b) Ein scharfes Gewürz, wie z.B. Pfeffer oder Chili.
c) Eine scharfe Ausdrucksweise, z.B. der berühmte »Kasernenhofton«.
d) Scharf nachdenken: intensiv und exakt überlegen.
e) Ein Fernsehbild scharf einstellen.
f) Scharf sein: umgangssprachlich für reges sexuelles Interesse.
g) Es wird scharf geschossen: Es wird echte Munition verwandt, mit der Absicht, den anderen zu verletzen oder zu töten.

All diese Entsprechungen für das Wort »scharf« haben in unserem kausalen Denken wenig miteinander gemeinsam und sprechen völlig verschiedene Lebensbereiche an. Dennoch gibt es einen *qualitativen* Zusammenhang: Immer ist ein aggressives, intensives und forderndes Prinzip gemeint, bis hin zum Übergriff und zur psychischen und physischen Verletzung. Jemand, der mich »scharf zurechtweist«, kann mich auf einer seelischen Ebene möglicherweise ähnlich intensiv verwunden, wie ein tätlicher Angriff mit dem Messer dies im Körperlichen vermöchte. Dass Sexualität und Gewalt zwei Spielarten eines Prinzips sind, ist seit Langem bekannt und mittlerweile auch wissenschaftlich erwiesen. Nicht umsonst dürfen Sportler aggressiver Disziplinen, z. B. Boxer, vor Kämpfen keinen Geschlechtsverkehr haben, da ihnen sonst der »Biss« fehlt. Astrologisch sind all diese Entsprechungen dem Planeten Mars zugeordnet; die Vielzahl der Analogien sind Formen des Inhalts des Aggressiven (von lat. *aggredere* = auf etwas zugehen) oder astrologisch ausgedrückt, des Marsischen[1]. Ist das Marsprinzip im Horoskop eines Menschen geschwächt, so sind erst einmal grundsätzlich *alle* Krankheiten möglich, die der Qualität des Aggressiven nicht zuwiderlaufen, also z.B. Verletzungen, Fieber, Abwehrschwäche, Infektionen usw.

Durch die Kombination der einzelnen Planetenprinzipien, also z.B. Mars/Saturn, Mars/Neptun etc., entstehen Mischungen, welche die einzelnen Qualitäten ausdifferenzieren, ähnlich wie die Mischung von Farben neue, eigenständige Farbtöne hervorbringt.

Die Astrologie wäre daher definitiv überfordert, wollte man an sie den Anspruch stellen, allein anhand des Horoskops zwingend auftretende Krankheiten diagnostizieren oder prognostizieren zu können.

Wozu also eine astrologische Psychosomatik?

Auch wenn sich aus dem Horoskop nicht die genaue Krankheit blind diagnostizieren lässt, so bietet es doch sehr wohl die Möglichkeit festzustellen, *warum* eine bestimmte Krankheit auftritt. Wir können also mithilfe der Astrologie feststellen, worin der Sinn einer Erkrankung liegt, was uns unser Leiden sagen möchte.

Positiv formuliert heißt dies: Wenn Sie keine der Krankheiten haben oder hatten, die unter einer (in Ihrem Horoskop gegebenen) Planetenkonstellation aufgeführt werden, so spricht dies dafür, dass Sie im betreffenden Lebensbereich keiner einschneidenden Korrektur bedürfen. Sie haben bereits den für Sie richtigen Weg eingeschlagen.

Treffen hingegen einige Krankheitsentsprechungen auf Sie zu, so sind die der Hausstellung der Planeten zugeordneten Texte mit ihrem Hinweis auf »Lernaufgabe und Herausforderung« der Versuch, Anhaltspunkte zu persönlichen Themen zu geben, die mit Ihrem Kranksein in Zusammenhang stehen könnten.

---

1 Den für die Astrologie so bedeutsamen Unterschied zwischen Form und Inhalt, Analogie und Kausalität, hat Thorwald Dethlefsen in »Schicksal als Chance« in großer Klarheit beschrieben.

Diagnostikhinweise für Heilpraktiker und Ärzte

Bis ins Mittelalter hinein war die Verbindung von Medizin und Astrologie eine Selbstverständlichkeit. Alles andere galt als Kurpfuscherei. Nachdem die heute gängige, symptomorientierte Schulmedizin immer deutlicher zeigt. dass sie die in sie gesetzten Hoffnungen und Erwartungen nicht erfüllen kann, wenden sich mehr und mehr Ärzte und Heilpraktiker ganzheitlichen Verfahren zu.

Dies erklärt auch das wachsende Interesse an einer medizinischen bzw. psychosomatischen Astrologie. Um in der latromathematik (= medizinische Astrologie) die Ebene der praktischen Anwendbarkeit zu erreichen, ist jedoch ein intensives, mehrjähriges Studium der Materie notwendig.

Wenn man bedenkt, dass ein Homöopath etwas 10 bis 20 Jahre benötigt, um die Anwendung von vielleicht 50 Mitteln wirklich zu beherrschen, dann sollte man beim Studium der Astromedizin nicht allzu ungeduldig sein. Erst wer umfangreiches und fundiertes Wissen über Psychologie, Medizin, Astronomie und Astrologie erworben hat, darf hoffen, eine praktikable Synthese zwischen diesen Systemen für die Therapie schaffen zu können.

So liegt der Sinn dieser Einführung zum einen in der Schulung im analogen Denken:

Warum ist in der astrologischen Psychosomatik z. B. dem Saturn die Hypophyse zugeordnet? Antwort: Saturn entspricht dem Prinzip der Ordnung und Struktur, der Koordination übergeordneter Systeme. Die Hypophyse nun ist maßgeblich an der Kontrolle und Koordination unseres gesamten Hormonsystems beteiligt, hier liegt also eine qualitative, analoge Übereinstimmung vor.

Um solche Zusammenhänge selbstständig herleiten zu können, sind natürlich solide Kenntnisse in Astrologie *und* Medizin notwendig. Je nachvollziehbarer und einleuchtender Ihnen die in diesem Buch gemachten Zuordnungen werden, umso mehr nähern Sie sich auch den Möglichkeiten echter »Astrosomatik«.

Dass Analogien nicht beliebig austauschbar sind – ein wesentlicher Hinweis, der auch für die aufgeführten homöopathischen Mittel gilt – zeigt sich z.B. an dem dummen Scherz, dass die Ostfriesen das Fernsehgerät mit Pfeffer bestreuen, damit das Bild schärfer wird. Das heißt: Nur weil zwei Analogien einem Planetenprinzip entsprechen, bedeutet das noch lange nicht, dass sich diese immer sinnvoll, etwa im Sinne einer therapeutischen Anwendung, kombinieren lassen.

Dennoch soll hier der Versuch unternommen werden, einige Kriterien aufzuzeigen, wie psychosomatische Schwerpunkte im Horoskop aufgefunden werden können. Es werden im Folgenden zwei Kurzverfahren beschrieben, die jedoch nichts anderes als eine Orientierungshilfe darstellen sollen. Diese ohne Gegenkontrollen in der medizinischen Praxis anwenden zu wollen, wäre etwa so, als wenn man in Heimarbeit der eigenen Großmutter den Blinddarm herausoperiert, weil man mal ein Buch gelesen hat, in dem beschrieben wurde, wie so etwas funktioniert.

Der Leser wird deshalb an keiner Stelle dieses Buches aus seiner Verantwortung sich selbst und seinen Mitmenschen gegenüber entlassen. Der leichtfertige Umgang mit Medikamenten hat mit Sicherheit schon sehr viel Schaden angerichtet. Die dilettantische Selbstmedikation gerade von homöopathischen Mitteln kann zu schwerwiegenden Schäden führen. Vor dieser Praxis sei mit aller Deutlichkeit gewarnt.

Psychosomatische Schnelldiagnose 1

Um einen ungefähren Überblick zu erhalten, wo der Krankheitsschwerpunkt eines Menschen liegen mag, können Sie wie folgt vorgehen:

Listen Sie sämtliche Konstellationen auf, die Sie in dem Horoskop, welches Sie untersuchen möchten, vorfinden. Was unter Konstellationen zu verstehen ist, wird ausführlich im Kapitel »Was sind Konstellationen?« erklärt.

Die Konstellation, die sich am häufigsten ergibt, sagen wir z.B. Merkur/Uranus, hat auch die größte Wahrscheinlichkeit, Krankheitsbilder hervorzubringen.

Diese können Sie daraufhin im Kapitel »Planetenkonstellationen und ihre Krankheitsbilder« nachschlagen. Finden sich unter den aufgeführten Krankheiten tatsächliche Übereinstimmungen mit der Konstitution des

Horoskopeigners, so bietet sich dem homöopathisch versierten (!) Leser die Möglichkeit, im Kapitel »Planetenkonstellationen und homöopathische Mittel« unter »Merkur/Uranus« Mittelvorschläge nachzulesen, die eventuell für einen Therapieversuch geeignet sein könnten. Um möglichem Missbrauch keinen Vorschub zu leisten, wurde auf die Angabe von Potenzen und Darreichungsformen bewusst verzichtet.

Da Planetenkonstellation nicht gleich Planetenkonstellation ist, wird die Diagnose umso treffender, je mehr Sie das Gewicht einer Konstellation richtig einschätzen können. So ist es durchaus vorstellbar, dass, obwohl in unserem fiktiven Horoskop die Konstellation »Merkur/Uranus«, sagen wir zehnmal, gegeben ist, Mars/Neptun wesentlich krankheitsbezüglicher ist, obwohl sie sich z.B. nur sechsmal in besagtem Horoskop findet.

Psychosomatische Schnelldiagnose 2

Dieses Verfahren setzt mehr astrologische Erfahrung voraus, liefert dafür aber auch zuverlässigere Ergebnisse: Wählen Sie zuerst den Lebensbereich eines Menschen, dessen Krankheitsbezüglichkeit Sie näher untersuchen wollen. Suchen Sie sich hierzu in den Kapiteln »Die körperlichen Entsprechungen der Häuser« bzw. »Die krankheitsbezogenen Entsprechungen der Häuser« die Hausthemen aus, die Sie diagnostisch interessieren. Nehmen wir als Beispiel das 3. Haus: »Koordinationsfähigkeit, Atmungsorgane: Bronchien, Lunge; Bewegungsapparat, Sinnesorgane, Nervensystem, Mitochondrien, Gefäße; Sprachfähigkeit, Selbstdarstellungsdrang, Speiseröhre, Luftröhre.«

Wenn Sie feststellen wollen, ob jemand zu Erkrankungen der Bronchien oder des Bewegungsapparates neigt, müssten Sie sich also dieses Haus näher ansehen. Je »verletzter« das untersuchte Haus ist, umso wahrscheinlicher werden hier Erkrankungen. Verletzungen ergeben sich wie folgt:

- Konjunktion eines Planeten mit der Hausspitze, der gleichzeitig einen kritischen Aspekt zu einem anderen Planeten aufweist.
- Kritischer Aspekt eines Planeten zur Hausspitze.

- Kritische Aspekte des Herrschers des betreffenden (hier also des 3.) Hauses zu anderen Planeten.
- Kritische Aspekte eines Planeten im betreffenden Haus.
- Ein Planet im betreffenden Haus.

Die Wertigkeit ergibt sich aus der Reihenfolge, d.h.: »Konjunktion eines Planeten mit der Hausspitze, der gleichzeitig einen kritischen Aspekt zu einem anderen Planeten aufweist« hat die größte, »ein Planet im betreffenden Haus« die geringste Krankheitsbezüglichkeit. Je mehr der aufgeführten Bedingungen erfüllt sind, umso wahrscheinlicher wird eine Erkrankung.

Welche Aspekte zu berücksichtigen sind, erfahren Sie im Kapitel »Die krankheitsbezogenen Entsprechungen der Häuser«.

Als Deutungstexte können die »psychosomatischen Entsprechungen der Planeten in den Häusern« herangezogen werden. Wenn ein Planet einen exakten Aspekt auf die untersuchte Häuserspitze wirft, so kann das interpretiert werden, als ob sich der Planet im betreffenden Haus befände. Hätte in unserem Beispiel also etwa der Pluto ein Quadrat auf die Spitze drei, so kann zur Interpretation der Text »Pluto in Haus drei« herangezogen werden. Dieser Text kann aus verschiedenen Gründen, die hier nicht näher ausgeführt zu werden brauchen, treffender sein als der zu einem Planeten, der sich tatsächlich im untersuchten Haus befindet.

Ähnliches gilt für Aspekte des Häuserherrschers: Hier kann der Aspektpartner als im untersuchten Haus befindlich interpretiert werden.

Nehmen wir an, in unserem Beispiel befände sich die Spitze drei im Steinbock: Herrscher wäre Saturn. Nehmen wir weiter an, Saturn hätte ein Quadrat zum Mars. Hier kann dann der Text »Mars in Haus 3« für die Deutung verwendet werden.

Wer sich tiefer in die astrologische Psychosomatik und die hierfür benötigten Deutungstechniken einarbeiten möchte, sei auf mein Buch *Praxis der Horoskopinterpretation*[2] verwiesen. Dort werden ausführ-

2 Michael Rascher, »*Praxis der Horoskopinterpretation*«, Droemer Knaur, München 1992

lich Methodik und Philosophie einer strukturierten Horoskopdeutung beschrieben, die für die astrologische Psychosomatik genauso bedeutsam ist wie für jede andere Form der Horoskopdeutung.

Die Zeichenherrscher

In diesem Kapitel werden die Zeichenherrscher so beschrieben, wie ich sie in meiner praktischen Arbeit anwende. Es gibt noch andere, teilweise widersprüchliche Deutungssysteme, die ich an dieser Stelle nicht behandeln möchte. Wenn Sie sich für die Herleitung der verschiedenen Zeichenherrschermodelle interessieren, lesen Sie bitte das entsprechende Kapitel im *Astrologiebuch*[3] nach.

Klassische Zeichenherrscher

Sonne und Mond, die sogenannten »Lichter«, beherrschen jeweils ein Tierkreiszeichen: die Sonne den Löwen und der Mond den Krebs.

Alle anderen Planeten herrschen über zwei Tierkreiszeichen, sodass sich eine perfekte Beziehung der heiligen Siebenheit (Planeten) zur heiligen Zwölfheit (Tierkreiszeichen) ergibt. Man lässt dabei die Planeten gleich einem Fächer durch den Tierkreis wandern, wobei die Reihenfolge der Planeten ihrer Entfernung von der Sonne entspricht: Die Zeichen Zwillinge und Jungfrau werden vom »Sonnenmond« Merkur beherrscht, Stier und Waage von der Venus, Widder und Skorpion vom Mars, Fische und Schütze vom Jupiter und Wassermann und Steinbock vom Saturn. So befindet sich der sonnenfernste Planet auch in den Zeichen seiner Herrschaft am weitesten von ihr entfernt.

3 Michael Rascher, »*Das Astrologiebuch*«, 3. Auflage Tübingen, 2016

Abbildung 1

Kühr hat in seinem Buch *Psychologische Horoskopdeutung*[4] überzeugend dargelegt, dass hiermit auch die Vorstellung von einer Zweigeschlechtlichkeit der Planeten sinnvoll verbunden werden kann: Die fünf Planeten herrschen jeweils über ein aktives männliches und ein passives weibliches Zeichen. Lediglich die Lichter verkörpern monopolare Urenergien: die Sonne als rein männliches, der Mond als rein weibliches Prinzip.

Dieses System (Abbildung 1) drückte eine vollkommene Harmonie aus, keinem Astrologen konnte daran gelegen sein, dass weitere Planeten gefunden würden. Der große Kepler selbst hat aus harmonikalen Überlegungen heraus die Entdeckung weiterer Planeten ausgeschlossen.

Wie wir inzwischen wissen, kam es anders: 1781 entdeckte William Herschel eher zufällig den Planeten Uranus. 1846 wurde Neptun ent-

4 Erich Karl Kühr, »*Psychologische Horoskopdeutung*«, Mössingen 1998

deckt. Die beiden Astronomen Leverrier und Adams hatten unabhängig voneinander aus Bahnstörungen des Uranus einen weiteren Planeten berechnet, der auch prompt ganz in der Nähe der vermuteten Stelle von der Berliner Sternwarte geortet werden konnte.

1930 entdeckte man schließlich den letzten (gesicherten) Planeten unseres Sonnensystems: Pluto.

Wenn wir die Hauptherrscher in ein Horoskop einzeichnen, ergibt sich folgendes Bild (Abbildung 2):

Abbildung 2

Die Häuserherrscher in der medizinischen Astrologie

Wie im klassischen Häuserherrschermodell auch, stehen alle Planeten als Zweitherrscher in einem anderen Zeichen. Dies gilt auch (im Unterschied zum klassischen Modell) für Sonne und Mond.

Wenn wir Haupt- und Mitherrscher gemeinsam darstellen, ergibt sich folgendes Bild (Abbildung 3):

Abbildung 3

Praktische Bedeutung der Zeichenherrscher

In der Praxis werden vor allem die Hauptherrscher angewandt. Zwei wichtige Ausnahmen gibt es:

1. Für konkrete körperliche Themen verwenden wir in erster Linie die klassischen Herrscher (Sonne bis Saturn), unabhängig davon, ob diese nun gerade Haupt- oder Nebenherrscher sind.
2. Wenn wir uns für den eher problematischen Anteil einer Konstellation interessieren, ihren Schatten, richten wir unser Augenmerk auf die Nebenherrscher.

Dies gilt auch und vor allem für körperliche Entsprechungen, also auch für Krankheiten.

So wird der Mond als Nebenherrscher des Löwen schwere Magenleiden auslösen, während die Sonne als Nebenherrscherin des Krebs Herzerkrankungen anzeigen kann. In der Horoskopdeutung werden die Zeichenherrscher durch die entsprechende Hausspitze bestimmt.

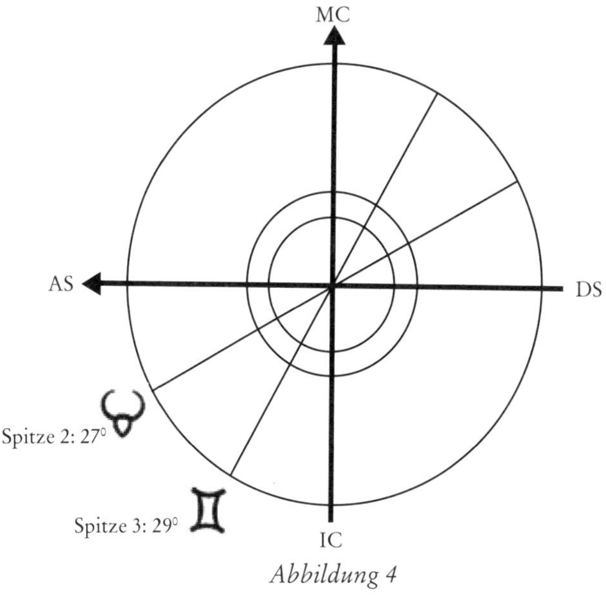

Abbildung 4

Wenn sich also z.B. wie in Abbildung 4 der Stier an der Spitze des dritten Hauses befindet, ist die Venus Herrscherin von Haus 3. Bedeutungslos ist, wie groß der Anteil des nachfolgenden Zeichens (in diesem Fall also Zwillinge) in diesem Haus ist. Alleiniger Herrscher von Haus 2 bleibt die Venus.

Die einzige Ausnahme ergibt sich dann, wenn das nachfolgende Zeichen *vollständig* im Haus eingeschlossen ist (Abbildung 5). In diesem Fall wird der Herrscher dieses Zeichens zum Mitherrscher des entsprechenden Hauses. In unserem Beispiel wäre dann also der Merkur (als Herrscher von Zwillinge) Mitherrscher von Haus 3.

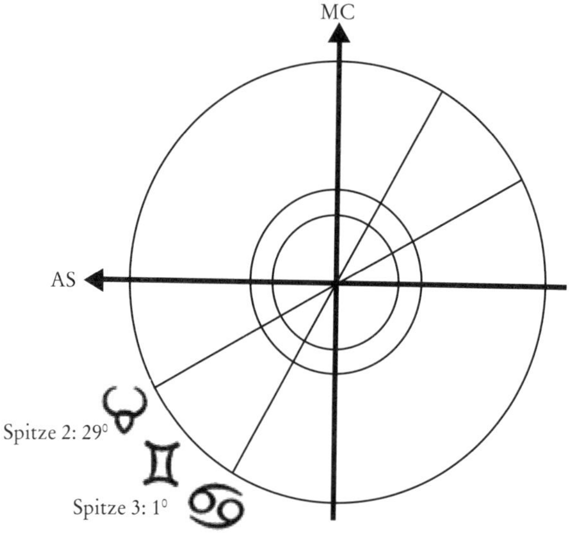

Abbildung 5

Krankheitsbesprechungen der Quadranten

Nach meiner Erfahrung geben die Hausstellungen der Planeten am deutlichsten Auskunft über mögliche Krankheitsdispositionen.

Für die praktische Arbeit und das theoretische Verständnis ist es hilfreich, sich mit der den Häusern übergeordneten Ebene, den Quadranten, vertraut zu machen (Abbildung 6):

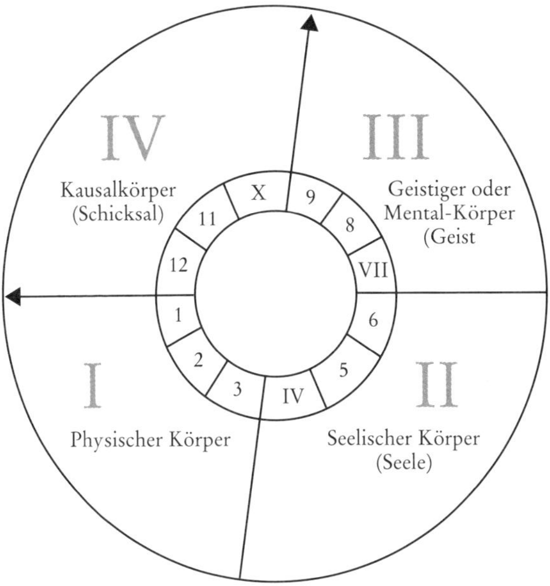

Abbildung 6

Der erste Quadrant entspricht unserem Körper, unserer angeborenen Konstitution. Alle angeborenen Fähigkeiten und Schwächen spiegeln sich hier wider.

Der zweite Quadrant repräsentiert unsere Vitalität, unsere Emotionalität, unsere Lebenskraft und unser Handeln. Alle seelischen Krankheiten, alle Erkrankungen, die eine Folge ungesunder Verhaltensweisen sind, finden sich hier.

Der dritte Quadrant symbolisiert unser Erbgut, das Denken, die Beziehungen zur Umwelt sowie unsere Partnerschaften.

Hier werden Erbkrankheiten, Geisteskrankheiten, umweltbedingte Erkrankungen sowie Erkrankungen des Partners abgebildet.

Der vierte Quadrant zeigt unseren kosmischen Auftrag – das, was wir in diesem Leben an spiritueller Reife entwickeln können und sollen. Überpersönliche Themen, Schicksal und Gesellschaft sind hier dargestellt.

Hierher gehören alle Erkrankungen, die weder angeboren noch ererbt noch individuell verursacht sind. Dies würde also z. B. Seuchen oder Massenunfällen entsprechen.

Die Wechselwirkungen zwischen den Quadranten

Auch wenn sich die Entsprechungsebenen der einzelnen Quadranten exakt definieren lassen, lässt sich nur sehr selten ein Planet auch ausschließlich auf einen Quadranten beziehen. In der Mehrzahl der Fälle sind an einer Konstellation mindestens zwei Quadranten beteiligt.

In Abbildung 7 sehen Sie den Mars als Herrscher aus dem vierten Quadranten im ersten Quadranten stehen. Wir haben also eine Wechselwirkung zwischen dem vierten und dem ersten Quadranten. Bei einer eventuellen

Krankheitsbezüglichkeit dieser Konstellation müssen dementsprechend auch beide Quadranten in die Deutung mit einbezogen werden.

Eine weitere Möglichkeit der Wechselwirkung ergibt sich über die Aspekte. Nehmen wir an, der Mars in unserem Beispielhoroskop hätte eine Opposition zum Uranus im dritten Quadranten, dann wäre hier

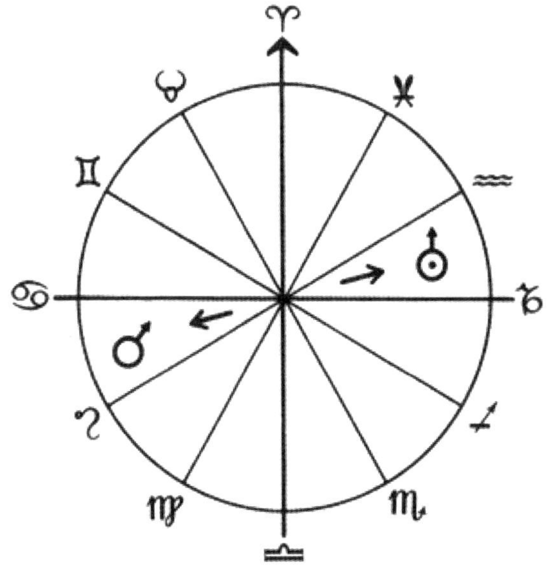

Abbildung 7

eine weitere Wechselwirkung gegeben – nämlich zwischen dem ersten und dem dritten Quadranten.

In der praktischen astrologischen Diagnostik sollten Sie ein Kriterium nie aus den Augen verlieren: Körperlich manifeste Krankheitsentsprechungen einer Planetenkonstellation sind nur möglich, wenn diese Beziehungen zum ersten oder zweiten Quadranten aufweist. Dies ist dann der Fall, wenn der entsprechende Planet sich in einem der beiden Quadranten befindet, wenn er Herrscher eines der ersten sechs Häuser ist oder wenn er einen exakten Aspekt (Orbis maximal 3 Grad) zu einer Hausspitze hat.

Hat ein Planet einen exakten Aspekt zu einer Hausspitze, ist er immer potentiell krankheitsbezüglich, da ein Aspekt zu einer Hausspitze über dem Horizont unvermeidlich auch einen Aspekt zu einer Hausspitze unter dem Horizont mit sich bringt: Ein Plutoquadrat zum MC beispielsweise ist notwendigerweise auch gleichzeitig ein Quadrat zum IC, also zur Spitze von Haus 4. Dies gilt sinngemäß auch für die übrigen Aspekte.

Ist keiner der angeführten Bezüge gegeben, kann sich eine Konstellation nicht im Physischen niederschlagen, unabhängig davon, wie gut sie auf das untersuchte Krankheitsbild passt!

Das heißt, eine Mars-Saturn-Konjunktion im dritten Quadranten wird ohne Bezug zum ersten oder zweiten Quadranten niemals für einen Beinbruch verantwortlich sein können, auch wenn dieser Aspekt dem genannten Inhalt noch so sehr entspricht!

Im Folgenden soll kurz auf die inhaltliche Bedeutung der Wechselwirkungen zwischen den einzelnen Quadranten eingegangen werden. Ausführlicher wird dieses Thema in meinem Buch »*Der Mond*«[5] besprochen. *Wechselwirkungen zwischen dem ersten und zweiten Quadranten:* Krankheiten aufgrund eines der eigenen Konstitution unangemessenen Verhaltens wie z.B. Bewegungsmangel, Fehlernährung u.Ä.

Wechselwirkungen zwischen dem ersten und dritten Quadranten: Erbkrankheiten; psychosomatische Krankheiten, die sich aus der Partnerschaft ergeben. *Wechselwirkungen zwischen dem ersten und vierten Quadranten:* angeborene (nicht ererbte) Krankheiten, körperliche Schäden durch unverschuldete Unfälle, Schädigungen durch Umweltgifte, denen man sich nicht entziehen konnte.

Wechselwirkungen zwischen dem zweiten und dritten Quadranten: Fehlverhalten aufgrund ungeeigneter Umwelt- oder Partnerschaftsbedingungen führt zur Krankheit. *Wechselwirkungen zwischen dem zweiten und vierten Quadranten:* häufig ein Hinweis auf »Karrierekrankheiten« – beruflicher Stress, der krank macht. *Wechselwirkungen zwischen dem dritten und vierten Quadranten:* Geisteskrankheiten, Neurosen, Psychosen, Krankheiten des Partners.

---

5 Michael Röscher, »*Der Mond*«, 12. Auflage Tübingen 2006

Die körperlichen Entsprechungen der Tierkreiszeichen

Den Tierkreiszeichen werden seit alters her bestimmte Körperregionen zugeordnet. Man beginnt beim Widder, dem der Kopf zugeordnet wird, und endet bei den Fischen mit der Zuordnung Füße.

Dies wurde den Astrologen seitens einiger etwas weniger fachkundiger Gegner gelegentlich vorgeworfen. Das Verfahren, den menschlichen Körper quasi in Scheiben den einzelnen Tierkreiszeichen zuzuordnen, erschien zu schematisch und konstruiert, um einer echten Erfahrung entsprechen zu können. Dennoch kann wohl jeder Astrologe, der sich längere Zeit mit dieser Methode beschäftigt hat, ihre Effektivität bestätigen.

Allerdings ist in der Astro-Medizin sehr viel altes Wissen verloren gegangen und zahlreiche Irrtümer haben sich eingeschlichen. Bestehende Fehler in der gängigen Lehre wurden von mir nach bestem Wissen bereinigt, was ihren Nutzen beträchtlich erhöht.

Besondere Verdienste zu diesem Thema hat sich hier die Gräfin Wassilko-Serecki erworben – eine zu Unrecht im deutschsprachigen Raum kaum bekannte Koryphäe der Astrologie. Ihre Erkenntnisse über die Zuordnungen von Armen und Darm sind (neben meinen eigenen Forschungen) in dieses Kapitel mit eingeflossen. Wie Sie der Abb. rechts entnehmen können, sind den Tierkreiszeichen folgende Körperregionen zugeordnet (Abbildung 8):

Widder: Kopf, bis zum Mund
Stier: Mund und Hals
Zwillinge: Kehlkopf und Schultern, allgemein Hände und Arme

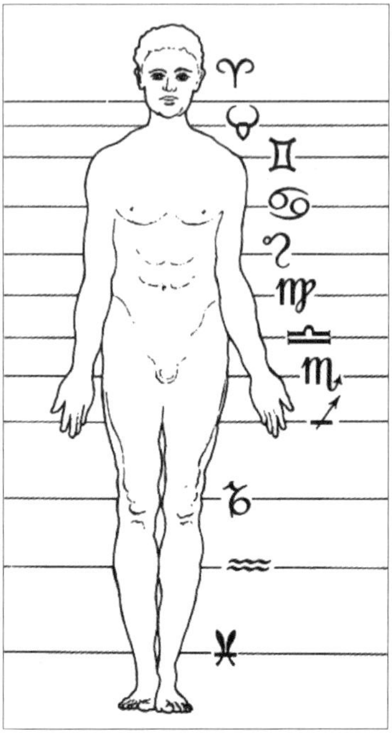

Abbildung 8

Krebs: Brust und Herz
Löwe: Solar-Plexus und Magen
Jungfrau: Hüfte und Därme
Waage: Blase und Nieren
Skorpion: Geschlechtsorgane und After
Schütze: Oberschenkel und Gesäß
Steinbock: Knie und Knochen
Wassermann: Waden und Sprungbein
Fische: Knöchel und Füße

Den astrologisch Vorgebildeten wird vermutlich besonders eine Entsprechung stark verwundern: »Löwe: Solar-Plexus und Magen«. Während das Wort »Solar-Plexus« (Sonnengeflecht) bereits den Bezug zum Sonnenzeichen Löwe herstellt, wird der Magen allgemein dem Krebs zugeordnet! Ähnliches gilt für die Krebsentsprechung »Brust und Herz«, wird das Herz doch sonst als Löwe-Analogie angesehen.

Ausgangspunkt meiner Überlegungen war die offensichtliche Unstimmigkeit in der Zeichenfolge bei der Zuordnung der Körperregionen. Wenn schon eine schematische Aufteilung, warum wird diese dann – ohne Begründung – beim Krebs und beim Löwen umgekehrt?

Diesen Bruch in der Schlüssigkeit können Sie in Abbildung 9 dargestellt sehen.

Vermutlich entstand dieser Widerspruch aus einer Verwechslung der Tierkreiszeichen- mit der Planetenebene. Denn unzweifelhaft ist die Sonne dem Herzen zuzuordnen. Die Sonne ist das Zentrum unseres Planetensystems, das Herz ist das organische Zentrum unseres Körpers.

Auch die Entsprechung »Mond = Magen« ist eindeutig. So wie der Mond das Licht der Sonne aufnimmt und auf die Erde spiegelt, nimmt der Magen Energie in Form von Nahrung auf und stellt diese dem Körper zur Verfügung. In der antiken Astrologie spielten die Tierkreiszeichen eine wesentlich geringere Rolle als heute. Die ursprüngliche babylonische Form der Horoskopdeutung kam ganz ohne Tierkreiszeichen aus und beschränkte sich ausschließlich auf die Planeten und Fixsterne.

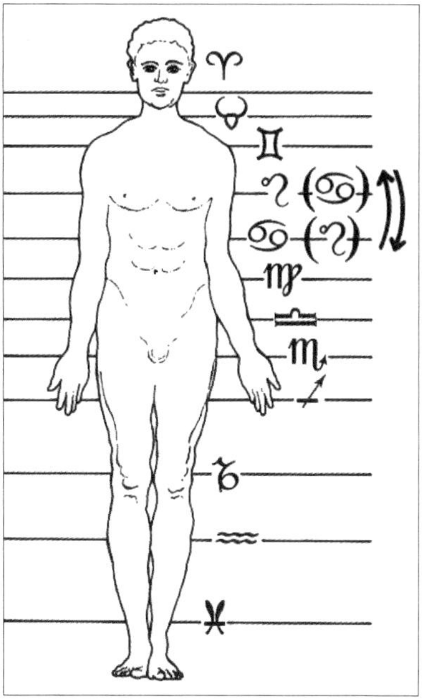

Abbildung 9

So wurden denn auch die ersten medizinischen Zuordnungen zwischen Körperregionen und Planeten (noch ohne Tierkreiszeichen) versucht. Das ursprüngliche Bild sah wahrscheinlich wie auf Seite 35 dargestellt aus.

Wenn Sie die Planetenzuordnungen mit den im vorangehenden Kapitel beschriebenen (klassischen) Zeichenherrschern vergleichen, werden Sie feststellen, dass beide übereinstimmen.

Bei Sonne und Mond finden sich allerdings die Neben- oder Zweitherrscher: Sonne als Herrscher des Krebs und Mond als Herrscher des Löwen.

Wie Sie gesehen haben, sind im klassischen Häuserherrschersystem jedem Planeten zwei Tierkreiszeichen zugeordnet. Mars: Widder und Skorpion; Venus: Stier und Waage; Merkur: Zwillinge und Jungfrau; Jupiter: Schütze und Fische; Saturn: Steinbock und Wassermann. Lediglich Sonne und Mond sind jeweils nur einem Zeichen, nämlich Löwe und Krebs, zugeordnet.

Die Begründung ist in der Bipolarität der Planetenprinzipien zu suchen: Jeder Planet besitzt in seinen Entsprechungen einen aktiven und einen rezeptiven Anteil. Eine aktive Marsentsprechung wäre z.B. Wut und Zorn, eine passive Angst und Furcht.

Sonne und Mond hat man diese Zweigeschlechtlichkeit abgesprochen. Die Sonne sollte das rein männlich-aktive, der Mond das rein weiblich-passive Prinzip verkörpern. Wie wir aus der Psychologie wissen, kann es diese vollständige Trennung nicht geben: Die Existenz des Weiblichen provoziert das Männliche und umgekehrt. Ein Mann trägt einen – meist verdrängten – weiblichen Seelenanteil in sich, die sogenannte Anima, die Frau verfügt über männliche Wesenszüge, den sogenannten Animus.

Auch in der direkten Himmelsanschauung, aus der sich ja alle astrologischen Deutungen herleiten sollten, zeigt sich die Wechselwirkung beider Prinzipien. Die Erscheinung des Mondes wird ausschließlich durch seine Stellung zur Sonne bestimmt: Stehen sie sich gegenüber (Opposition), haben wir Vollmond, befinden sie sich an der gleichen Stelle, ist Neumond.

Umgekehrt ist der Mond in der Lage, das Sonnenlicht mit seinem Schatten kurzfristig (scheinbar) auszulöschen, nämlich bei einer Sonnenfinsternis.

Das solare Prinzip trägt als verdrängten Schatten, als unangenehme Wahrheit, immer die Mondentsprechungen in sich und der Animus des Mondes ist die Sonne.

Dies wäre also noch einmal eine Erklärung dafür, warum Sonne und Mond Zweitherrscher sein können. Damit wird auch die Verdrehung der Tierkreiszeichen erklärt.

Die Körperzuordnungen der Tierkreiszeichen wurden erforscht, um Krankheiten zu untersuchen und diagnostizieren zu können. Es erscheint leicht einsehbar, dass Krankheiten gleichsam den Schatten, den unangenehmen Gegenpol einer gesunden Organfunktion darstellen. Der unangenehme Gegenpol eines Tierkreisprinzips wird aber durch seinen Zweitherrscher verkörpert. Beim Krebs also die Sonne, beim Löwen der Mond.

Hiermit ist ein seit Langem bestehender Widerspruch gelöst. Die Bedeutung der Zweitherrscher war einfach übersehen und schließlich vergessen worden. Bei den übrigen Planeten spielte sie (bis zur Entdeckung der Transsaturnier Uranus, Neptun und Pluto) keine Rolle, da diese ja von vornherein zwei Zeichen beherrschten und damit immer beide Pole gleichzeitig in sich trugen. Wenn man z.B. Schultern und Arme astrologisch untersuchen wollte, nahm man den aktiven, positiven Merkur in seiner Eigenschaft als Herrscher von Zwillinge. Wollte man hingegen etwas über den Verdauungstrakt erfahren, untersuchte man den passiven Jungfraumerkur. In beiden Fällen handelte es sich um denselben Planeten! Sinngemäß das Gleiche gilt für die übrigen Himmelskörper, lediglich bei Sonne und Mond konnte diese Bipolarität praktische Konsequenzen haben und zu einem Problem werden.

Diese Bipolarität zeigt sich übrigens auch klar im Organischen selbst: Herz und (weibliche) Brust befinden sich in einer Körperregion. Das Herz entspricht primär der Sonne, während die Brust in ihrer nährenden und behütenden Funktion für den Säugling eine Mondanalogie darstellt.

Ähnliches gilt für Solar-Plexus (Sonnengeflecht) und Magen (Mond). Es müssen also beide Prinzipien und beide Tierkreiszeichen in Betracht gezogen werden: Das gesunde Herz wird vom Löwen und der Sonne beherrscht. Das kranke und geschädigte Herz wird durch den Krebs und die Sonne beherrscht. Der gesunde Magen ist dem Zeichen Krebs und dem Mond zugeordnet. Der kranke Magen wird durch den Löwen und den Mond repräsentiert.

Die etwas ausführliche Behandlung des Themas war notwendig, da sich Irrtümer in der Astrologie leider sehr hartnäckig halten. Auf der anderen Seite bedarf es natürlich einer guten Begründung, wenn allgemein als richtig anerkanntes Lehrgut infrage gestellt wird.

Tierkreiszeichenzuordnungen einzelner Körperregionen

Aus der Holografie, der Biologie und den ganzheitlichen Heilverfahren wissen wir, dass jeder Teil immer auch das Ganze enthält. In den Fußreflexzonen spiegeln sich alle Organe und Körperregionen in korrespondierenden Reizpunkten. Der menschliche Organismus und seine Krankheiten können vollständig über die Irisdiagnose untersucht werden. Ähnliches gilt für die Ohrakupunktur, die Akupunktur der Nasenschleimhäute, die Handreflexzonen usw. Auch eine Körperzelle enthält alle biologischen Funktionen des gesamten Menschen, die DNA.

Ähnlich verhält es sich in der Astrologie. Der Tierkreis, der den gesamten Körper abbildet, findet sich auch vollständig in seinen einzelnen Regionen und Organen, ja sogar in jeder einzelnen Körperzelle wieder. Dies soll am Beispiel des Kopfes demonstriert werden.

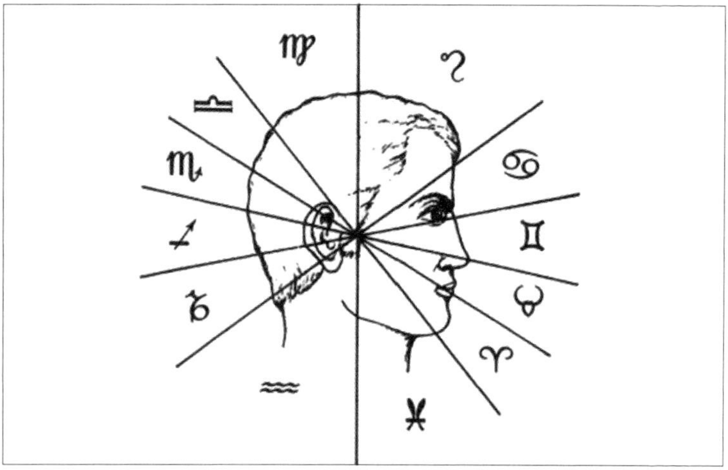

Abbildung 10

Wie Sie der Abbildung 10 entnehmen können, lässt sich jedem Abschnitt des Kopfes ein Tierkreiszeichen zuordnen:

Widder entspricht dem Kinn, Stier der Mundpartie, die Zwillinge der Nase, der Krebs den Augen, Löwe den Augenbrauen, die Jungfrau der Scheitelpartie, Waage und Skorpion dem (oberen) Hinterkopf, der Schütze den Ohren, Steinbock dem unteren Hinterkopf, Wassermann dem Bereich oberster Halswirbel und Schädelansatz, die Fische dem hinteren Unterkiefer und den Backenknochen. Wenn jemand also eine Kopfverletzung erleidet, müsste sich dies durch entsprechende Konstellationen im Zeichen Widder sowie durch seine Herrscher Mars und Pluto zeigen. Handelt es sich um eine Augenverletzung, müsste sich dies im Zeichen Krebs sowie in der Mondstellung widerspiegeln.

In Abbildung 11 ist das menschliche Verdauungssystem dargestellt. Es ergeben sich folgende Zuordnungen:

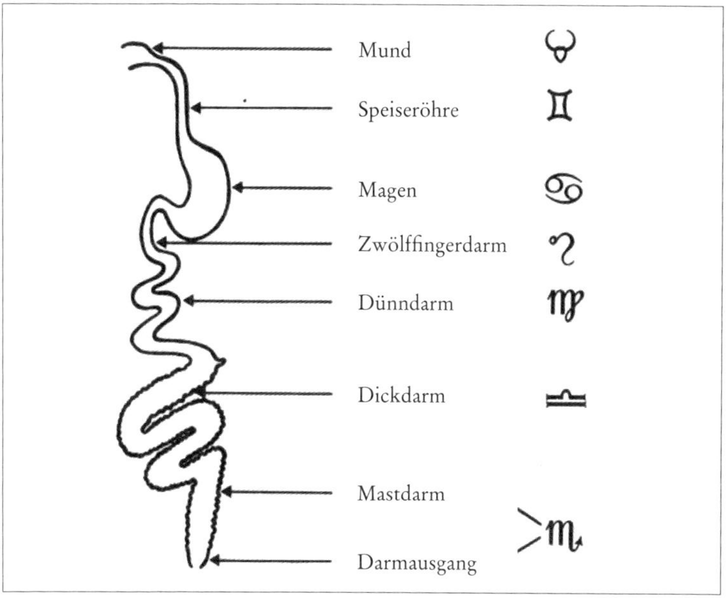

Abbildung 11

Stier: Mund
Zwillinge: Speiseröhre
Krebs: Magen
Löwe: Zwölffingerdarm
Jungfrau: Dünndarm
Waage: Dickdarm
Skorpion: Mastdarm und After

Abbildung 12 schlüsselt die Tierkreiszuordnungen der Arme auf:
Zwillinge: Schultern
Krebs: Ellenbogen
Löwe: Unterarme
Jungfrau: Hände

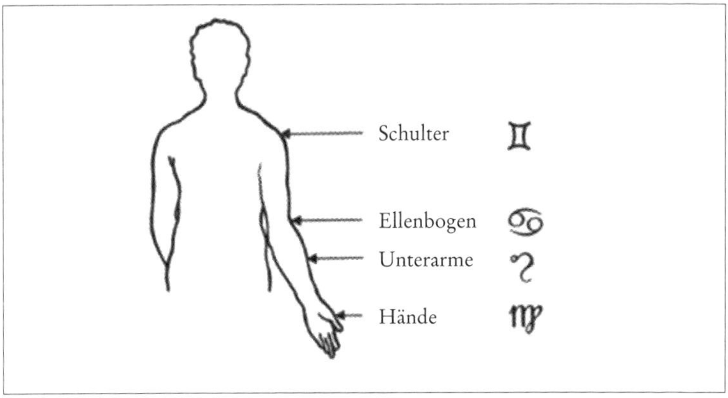

Abbildung 12

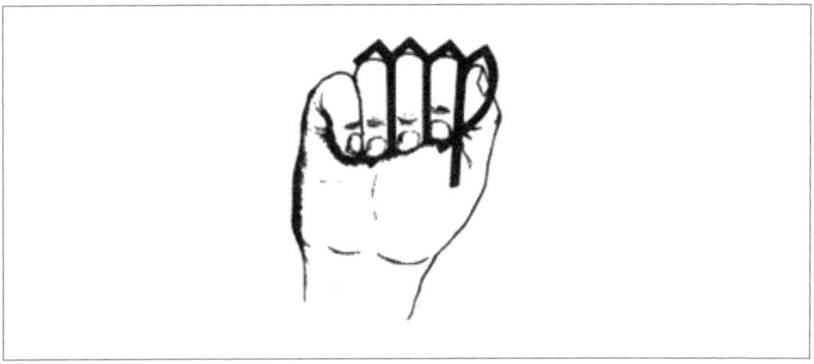

Abbildung 13

Nebenbei bemerkt: Das Jungfrausymbol kann als eine von innen gesehene Faust interpretiert werden (Abbildung 13). Dieser Zusammenhang wurde von Gräfin Wassilko zum ersten Mal veröffentlicht.

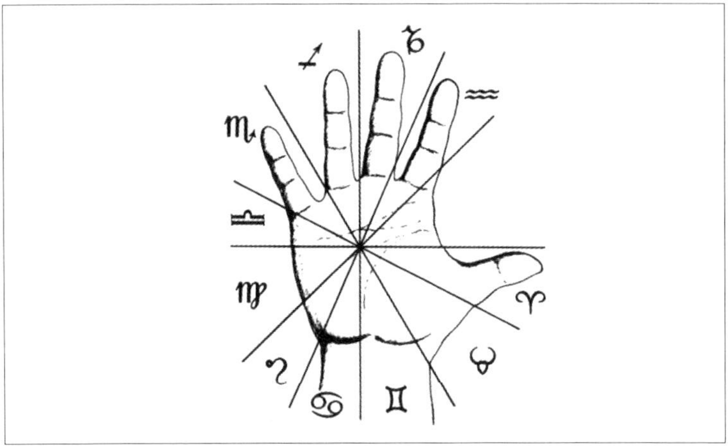

Abbildung 14

Selbst die Hände sind ein Abbild des Tierkreises (Abbildung 14). Mithilfe der Zeichenentsprechungen der einzelnen Finger und ihrer eventuellen Betonung durch Ringe können bereits Rückschlüsse auf Horoskop und Charakter des Trägers gezogen werden.

Zeigefinger/Wassermann

Wer einen Ring am Zeigefinger trägt, möchte gerne originell erscheinen und erhebt einen offenen oder uneingestandenen Führungsanspruch. Man hält sich für etwas Besonderes und möchte dafür anerkannt werden. Manchmal kann dies auch auf mangelndes Selbstbewusstsein hinweisen, denn wer seine Originalität so betonen muss, hegt möglicherweise doch insgeheim Zweifel an ihr.

Der beringte Zeigefinger ist ein sicherer Hinweis auf eine Uranus- und/oder Wassermanndominanz im Horoskop. In noch stärkerem Maße gilt dies, wenn der Zeigefinger ungewöhnlich lang (d.h. deutlich länger als der Ringfinger) oder breit ist.

Mittelfinger/Steinbock

Am Mittelfinger wird relativ selten ein Ring getragen: Die karge Nüchternheit, der das Steinbockprinzip verpflichtet ist, passt auch schlecht zur menschlichen Eitelkeit und dem Bedürfnis, sich zu verschönern und zu schmücken. Ein Ring an diesem Finger kann auf das Verlangen hinweisen, sich und andere zu disziplinieren. Er ist ein sicherer Hinweis auf eine Steinbock- und/oder Saturndominanz im Horoskop. Dies gilt in noch stärkerem Maße für einen außergewöhnlich langen oder breiten Finger.

Ringfinger/Schütze
Wie der Name bereits sagt, ist dies der Finger, an den in unserem Kulturkreis Ringe gehören. Insofern sagt ein Ring an dieser Stelle nicht besonders viel über seinen Träger aus.

Das Schützeprinzip ist die »Darstellung des Gemeinsamen«. Dementsprechend werden hier Verlobungs- und Trauring getragen.

Ein außergewöhnlich langer Ringfinger (deutlich länger als der Zeigefinger) ist immer ein sicherer Hinweis auf eine Schütze- oder Jupiterdominanz im Horoskop.

Kleiner Finger/Skorpion
Menschen, die beim Trinken den kleinen Finger vom Glas abspreizen oder an ihm besonders große oder auffällige Ringe tragen, fühlen sich im Allgemeinen von ihrer Umgebung unterschätzt. Insgeheim wünschen sie sich mehr Macht (über andere Menschen). Meistens glauben sie, dass ihre eigenen Überzeugungen wesentlich richtiger und schlüssiger sind als die ihrer Umgebung, trauen sich jedoch nicht, diesen Anspruch zu leben.

Ein außergewöhnlich langer kleiner Finger (fast die gleiche Länge wie Ring- oder Zeigefinger) weist auf eine extreme Regenerationsfähigkeit hin: Krankheiten und Verletzungen heilen schneller und besser als bei den meisten anderen Menschen. Gelegentlich ergibt sich hier jedoch auch die Tendenz, das Schicksal herauszufordern, indem man zu Exzessen neigt und mit der eigenen Gesundheit allzu sorglos umgeht.

Hier ist immer ein deutlicher Hinweis auf eine Skorpion- oder Plutodominanz im Horoskop vorhanden.

Daumen/Widder
Nur selten trägt jemand einen Ring am Daumen. Wer dies dennoch tut,

will wahrscheinlich mit dem Kopf durch dieWand. Er ist stolz auf die eigene Aggressivität und gibt ihr nach, sooft er kann. Gelegentlich ist hier der Wunsch der Vater des Gedankens: Man möchte unbewusst seine eigene Durchsetzungsfähigkeit stärken oder sich aggressiver geben, als man eigentlich ist. Ein ausgeprägter, breiter und kräftiger Daumen ist ein Hinweis auf eine Widder- und Marsdominanz im Horoskop.

Dies ist nur ein kleiner Ausschnitt der fast unerschöpflichen Zuordnungsmöglichkeiten der Tierkreiszeichen zum Körper. Sie sollten sich durch die Vielzahl der Entsprechungen nicht verwirren lassen. Sie widersprechen sich nicht, sondern ergänzen einander.

Zum Abschluss dieses Kapitels ein grundsätzlicher Hinweis zur astro-medizinischen Horoskopinterpretation: Die Tierkreiszeichen entsprechen eher den Körperregionen und Organen, die Planeten hingegen mehr den Organfunktionen.

So könne z.B. das Zeichen Waage, seine Stellung im Horoskop und die darin befindlichen Planeten Auskunft über angeborene oder erworbene Nierenschäden geben. Die daraus resultierenden Funktionsstörungen (z.B. eingeschränkte Filter- und Reinigungsfähigkeiten oder Eiweiß im Urin) werden durch die Venus dargestellt.

Die körperlichen Entsprechungen der Häuser

1. Haus
Impulskraft, Instinkte, Immunsystem, Abwehrkräfte, Fingernägel, Zähne, Muskulatur, allgemeiner Konstitutionstyp, Triebstruktur, Aggressivität, alle anabolen Prozesse, Sexualität im Sinne körperlicher Anlage; auch: Adrenalin- und Noradrenalinspiegel.

2. Haus
Substanzbildung – in diesem Sinne auch Körperwachstum, Zellfunktion, Einlagerung von Stoffwechselprodukten in die Zelle, der Körper an sich; auch: die Kiefer, Zahnfleisch, Lippen.

3. Haus
Koordinationsfähigkeit, Atmungsorgane: Bronchien, Lunge; Bewegungsapparat, Sinnesorgane, Nervensystem, Mitochondrien, Gefäße, Sprachfähigkeit, Selbstdarstellungsdrang, Speiseröhre, Luftröhre.

4. Haus
Das weibliche Genitale, Empfängnisfähigkeit, Flüssigkeitshaushalt, Lymphe, Schleimhäute, Magen; allgemein die Fähigkeit, Energie (z. B. in Form von Nahrung) aufzunehmen; der Verdauungsapparat.

5. Haus
Das männliche Genitale, Kreislaufsystem im Sinne der Herzfunktion, Herztätigkeit, Energiefreisetzung, Selbstwert, Temperament, Sexualität als Funktion des Emotionalen, Libido; auch: Schweißdrüsenfunktion.

6. Haus
Handlungskoordination, Körperbeherrschung durch emotionale Kontrolle, Stoffwechseltätigkeit, Aufspaltung der Nahrung (analytischer Teil des Stoffwechsels), Körperentgiftung: Nieren- und Lebertätigkeit.

7. Haus
Homöosthase: alle regulativen Körperprozesse, Durchlässigkeit der Zellmembranen, Einflüsse der direkten, persönlichen Umgebung, Nierenfunktion.

8. Haus
Regenerationsfähigkeit, das Erbgut, die DNA, Einflüsse der Sippe, Tumorbildung, Fortpflanzungsfähigkeit (Libido oder Potenz), Sexualität als Prinzip der Arterhaltung, Keimdrüsen; auch: Geschlechtshormone wie Testosteron und Östrogen.

8. Haus
Synthetischer Teil des Stoffwechsels, Körperwachstum, Thymusdrüse; Fähigkeit des Körpers, lebensnotwendige Stoffe selbst zu bilden; Fettstoffwechsel, Einflüsse aus dem sozialen Umfeld.

10. Haus
Die »Körperlogistik«: Strukturbildung und -organisation, das Knochengerüst, Knorpel, Haare, Hornhaut. Weitere Entsprechungen: Scheitel, Fontanellen, Gleichgewichtssinn; vertikaler Energiefluss im Körper, in diesem Sinne auch Kreislauf und vor allem Blutdruck. Das zehnte Haus hat eine direkte Beziehung zur Hypophysentätigkeit.

11. Haus
Das elfte Haus hat eine direkte Beziehung zu allen elektrischen Körperfunktionen, wie z.B. der Reizübertragung der Nervenbahnen (Aktionspotenziale), Zellteilung, Meiose, Boten-RNA, Natrium-Kalium-Pumpe, der Hirnstoffwechsel.

12. Haus
Das Hormonsystem, die Epiphyse (Zirbeldrüse), das Hormon Mela-

nin, alle osmotischen Körpervorgänge, Infektionen, Seuchen, Epidemien; auch: katabole Stoffwechselvorgänge, Beziehung zum Nebennierenrindenhormon Cortison.

Die krankheitsbezogenen Entsprechungen der Häuser

Dieses Kapitel soll der praktischen Übung psychosomatischer Entsprechungen dienen: Es werden allgemein und übergeordnet die Krankheitsmöglichkeiten dargestellt, die die einzelnen Häuser repräsentieren. Jeder Mensch hat in seinem Horoskop sämtliche 12 Häuser. Glücklicherweise bekommt jedoch nicht jeder deshalb alle denkbaren Krankheiten. Um allerdings einen *bereits bestehenden* Krankheitsprozess astrologisch erfassen zu können, ist es notwendig, dass wir wissen, wo wir suchen müssen, d.h. in welchem Haus das Krankheitsbild widergespiegelt wird.

Im II. Teil dieses Buches werden die psychosomatischen Entsprechungen der Planeten in den Häusern beschrieben. Diese stellen nichts anderes als eine Kombination der einzelnen Planetenprinzipien mit den in diesem Kapitel charakterisierten Hausdispositionen dar. Eine hervorragende astro-medizinische Interpretationsübung bestünde darin, vor dem Lesen der Planetenentsprechungen in den Häusern selbstständig zu versuchen, die Planetenprinzipien mit den im folgenden beschriebenen Krankheitsdispositionen der Häuser zu verbinden. Dies erleichtert das Verständnis der dargestellten Analogien sehr und hilft Ihnen eventuell, auch Entsprechungen aufzufinden, die in diesem Buch nicht erwähnt wurden.

Eine abgemilderte Variante dieser Vorgehensweise ist die nachträgliche Aufschlüsselung der Planetenentsprechungen in den Häusern, indem Sie kombinatorisch nachvollziehen, wie die Krankheitsdispositionen der Planeten in den Häusern sich aus der Verbindung von Planeten- und Hausdisposition ergeben haben.

Ob ein bestimmtes Haus in einem Horoskop besonders krankheitsbezüglich ist, erkennen Sie am schnellsten und einfachsten über die Aspekte zur zuständigen Hausspitze: Quadrate (90°), Halbquadrate (45°), Oppositionen (180°), BiIine (75°) und TriIine (105°) sowie die Konjunktion eines (verletzten) Planeten zu einer Hausspitze sind ein zuverlässiger Hinweis auf mögliche Krankheitsdispositionen.

1. Haus

Abwehr- und Muskelschwäche, erhöhte Infektionsneigung, allgemeine Antriebs- und Lustlosigkeit. Zahnprobleme, Abbrechen von Fingernägeln und Haaren. Auch: übersteigerte Aggressivität, innere Unruhe und Hypermotorik, Allergien, massiv erhöhte Verletzungs- und Unfallneigung. Grundsätzliche körperliche Gefährdung.

2. Haus

Wachstumsstörungen, Dysfunktionen des Zellstoffwechsels. Allgemeine körperliche Schwäche, angeborene körperliche Defekte und Erkrankungen. Erkrankungen der Lippen, des Kiefers und des Zahnfleisches.

3. Haus

Erkrankungen der Atmungsorgane Bronchien und Lungen. Sprachstörungen wie Lispeln oder Stottern, Irritationen des Bewegungsapparates (z. B. Gehbehinderungen) und der Körperkoordination (Spastik), Erkrankungen der Gelenke. Nervenerkrankungen, z. B. Neuralgien. Erkrankungen von Augen und Ohren, die deren Funktionsfähigkeit beeinträchtigen. Störungen des Tast- und Gleichgewichtssinns. Erkrankungen der Speiseröhre, Schluckbeschwerden. Erkrankungen der Luftröhre.

4. Haus

Erkrankungen der weiblichen Geschlechtsorgane. Irritationen der Schleimhäute. Krankhafte Veränderung der Lymphe und ihrer Knoten (z.B. Verkalkung). Störungen im Wasser- und Elektrolythaushalt (z. B. Durchfälle). Verdauungsstörungen. Erkrankungen (Entzündungen) und Verletzungen von Scham- und Steißbein.

5. Haus
Kreislaufstörungen, Herzfunktionsstörungen, Dysfunktionen in der körperlichen Energiefreisetzung, Libidostörungen, übermäßige oder krankhaft reduzierte Schweißdrüsentätigkeit. Erschöpfungszustände, Depressionen, Antriebsschwäche.

6. Haus
Alle Erkrankungen der inneren Organe. Störungen in der Körperentgiftung: Nieren- und Lebererkrankungen. Enzymdefekte und damit verbundene Verdauungsstörungen, z.B. ausgeprägte Unverträglichkeit bestimmter Nahrungsmittel. Alle Erkrankungen, die sich aus einer mangelhaften Adaptionsfähigkeit des Körpers ergeben, wie z.B. Wetterfühligkeit, Erkrankungen durch Umstellung des Schlaf-Wach-Rhythmus etc.

7. Haus
Störungen der Funktion aller regulativen Körperprozesse – in diesem Sinne funktionelle Erkrankung der Bauchspeicheldrüse (Zuckerkrankheit), Irritationen des Blutzuckerspiegels, extreme Stimmungsschwankungen durch Dysregulation im Hormonsystem. Alle Erkrankungen, die sich aus einer direkten Beziehung zur Umwelt ergeben, z.B. Depressionen und Essstörungen als Folge von Liebeskummer etc.

8. Haus
Erkrankungen der Keimdrüsen. Genetische Defekte, die ererbt oder auch erworben (Röntgenstrahlung) wurden. Störungen in der Regenerationsfähigkeit des Körpers, dramatische Erkrankungen des Immunsystems, z.B. Aids. Erkrankungen der Milz und des Knochenmarks. Beziehung zu Blinddarm (Appendix), Mandeln und Weisheitszähnen. Entartung von Körperzellen, die Grundlage jeder Tumorbildung.

9. Haus
Wachstumsstörungen, Irritationen des Fettstoffwechsels, Erkrankungen der Thymusdrüse, Endorphinmangel und damit verbundene erhöhte Schmerzempfindlichkeit. Unfähigkeit des Körpers, bestimmte Eiweißverbindungen selbst herzustellen oder zu verarbeiten. Umweltbedingte Krankheiten wie z.B. Krupp.

10. Haus

Knochen- und Knorpelerkrankungen. Funktionsstörungen der Hypophyse, die eine Vielzahl von Krankheiten beeinflusst. Da die Hypophyse wesentlichen Anteil an der Steuerung des Energieflusses zwischen den Organen hat, kann bei einer Fehlfunktion jede Stelle des Organismus betroffen sein. Auch Gleichgewichtsstörungen, Veränderungen im Blutkreislauf sowie rheumatische Krankheitsbilder treten hier häufig auf.

Erkrankungen im Sinne des 10. Hauses ergeben sich immer dann, wenn wichtige Ziele aus den Augen verloren werden, wenn man an seiner Lebensaufgabe, seiner Berufung vorbeilebt. In letzter Konsequenz können sich hier auch Krebserkrankungen zeigen.

11. Haus

Das 11. Haus entspricht allen elektrischen Körperfunktionen, z.B. der Reizübertragung der Nervenbahnen (Aktionspotenziale). Alle nervösen Fehlfunktionen finden sich im 11. Haus, während die *organische* Entsprechung des Nervensystems durch das 3. Haus repräsentiert wird. Nervöse Überreaktionen, wie z.B. Tics (Zucken des Augenlids etc.) sind dem 11. Haus zugeordnet. Das Gleiche gilt für alle Formen von Nervenlähmungen oder Betäubungen.

In diesem Sinne hat das elfte Haus eine Beziehung zum Krankheitsbild der multiplen Sklerose.

Des Weiteren ist das elfte Haus an allen Prozessen der Zellteilung beteiligt und kann somit degenerativen Körperprozessen entsprechen: Zellteilungen finden nicht ausreichend oder fehlerhaft statt, was zu organischen Defekten und Funktionsstörungen der entsprechenden Körperbereiche führt. Hierher gehören auch Überbeine, Warzen – und Kropfbildung.

Hormonell hat das elfte Haus eine Beziehung zur Schilddrüse und ihrem Hormon Thyroxin.

12. Haus

Hier finden sich alle Formen von Hormonstörungen, die eine unüberschaubare Zahl von körperlichen Konsequenzen haben können, z.B. Agromegalie (krankhaftes Größenwachstum) oder Zwergwuchs.

Störungen im Melaninstoffwechsel (z.B. Winterdepression) oder im Endorphinstoffwechsel und der damit verbundenen Steuerung des Schmerzempfindens. Körperentgiftung durch Substanzabbau. Alle Krankheitsbilder, die zu einer übertriebenen Wasserspeicherung im Körper führen.

Wenn ich in meiner Karriere Persönlichkeitszüge demonstriere, die ich gar nicht besitze (wie z.B. der ängstliche »Pantoffelheld«, der sich auf dem gesellschaftlichen Parkett als Draufgänger darstellt), ergeben sich die dem zwölften Haus zugeordneten Krankheitsbilder.

Was sind Konstellationen?

Das Wort Konstellation, das ja durchaus nicht nur in der Astrologie gebräuchlich ist, bedeutet übersetzt etwa so viel wie »Zusammengestirnung«, also die Konjunktion zweier oder mehrerer Planeten. Im erweiterten Sinne meint der Begriff Konstellation *jede Verbindung zweier*

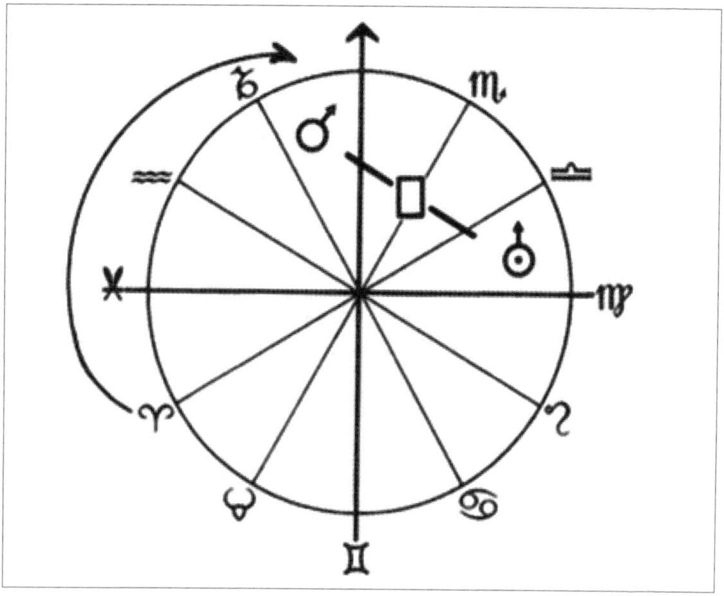

Abbildung 15

oder mehrerer Horoskopelemente, die sich in Form von Planetenkombinationen darstellen lässt.

Eine entscheidende Rolle spielen hier wieder die Zeichenherrscher: In Abbildung 15 befindet sich Mars im 10. Haus. Dies entspricht der Konstellation Mars/Saturn, da das 10. Haus dem Steinbock zugeordnet ist und dieser von Saturn beherrscht wird.

Gleichzeitig befindet sich der Mars als Herrscher von Haus 2 in 10, was der Konstellation Venus/Saturn entspricht, da das 2. Haus Stier/Venus und das 10. Haus, wie bereits erwähnt, Steinbock/Saturn entspricht.

Ein und dieselbe Planetenstellung symbolisiert also zwei unterschiedliche Konstellationen. Das ist jedoch noch nicht alles: Der Mars befindet sich im Zeichen Schütze, was als Mars/Jupiter interpretiert wird.

Mars weist außerdem ein Quadrat zu Uranus auf, sodass hier auch Mars/Uranus gegeben ist.

Fassen wir die Konstellationen des Mars in unserem Beispielhoroskop zusammen:
Mars/Saturn (Mars in 10)
Venus/Saturn (Herrscher von Haus 2 in 10)
Mars/Jupiter (Mars im Schützen)
Mars/Uranus (Mars Quadrat Uranus)

Ein einziger Planet weist also bereits vier unterschiedliche Konstellationen auf! Dies ist keinesfalls die Ausnahme, sondern eher die Regel. Wenn man noch die Kritischen Grade oder gar die Halbsummen mit einbezieht, so wird schnell deutlich, dass sich in jedem Horoskop nahezu alle denkbaren Konstellationen nachweisen lassen. Wenn aber »jeder alles hat«, ist eine sinnvolle Horoskopinterpretation nicht mehr möglich. Die Lösung dieses scheinbaren Dilemmas liegt in einer sinnvollen Gewichtung. Nicht jede Konstellation ist gleich bedeutsam.

In der Praxis hat sich folgende Faustregel bewährt: Die Wichtigkeit einer Konstellation steht im umgekehrt proportionalen Verhältnis zu ihrer Zeitdauer. Das heißt, je kürzer die Dauer einer Konstellation, umso größer ist ihre Bedeutung für die Interpretation.

Praktische Umsetzung der angeführten Konstellationen

Konstellationen erster Ordnung für die psychosomatische Diagnose sind die der Häuserherrscher. Hierbei wird so verfahren. dass die Beziehung zwischen beherrschtem Haus und der Hausposition des Herrschers selbst als Planetenverbindung interpretiert wird. Saturn als Herrscher von Haus 4 in Haus 1 gilt als Mond/Mars, da das 1. Haus eine Widder/Mars-Analogie, das 4. eine Krebs/Mond-Analogie darstellt. Herrscher von Haus 3 in 8 wäre also Merkur/Pluto, Herrscher von Haus 5 in 10 Sonne/Saturn usw.

An *zweiter* Stelle, jedoch nahezu gleichwertig, kommen die Hausstellungen der Planeten: Pluto im 1. Haus entspräche also Mars/Pluto, Neptun in 7 Venus/Neptun etc.

Von *drittrangiger* Bedeutung sind die Aspekte. Hierbei sind (in der Reihenfolge ihrer Bedeutsamkeit) folgende Winkel zu berücksichtigen: Konjunktion, Opposition, Spiegelpunkt, Quadrat, Halbquadrat, Anderthalbquadrat, Bilin (75°).

Der Vollständigkeit halber seien die Halbsummen erwähnt, die – auf die Hausspitzen bezogen insbesondere auf Aszendenten und Medium Coeli – hohe individuelle Bedeutung haben. Wenn sich eine Hausspitze in der direkten Halbsumme zweier Planeten befindet, kann die entsprechende Konstellation in die Diagnose mit einbezogen werden. Im Rahmen dieses Einführungswerkes können die Halbsummen jedoch nicht ausführlicher behandelt werden. Abschließend möchte ich noch einmal *deutlich und mit allem Nachdruck darauf hinweisen. dass niemand eine bestimmte Krankheit bekommen muss, bloß weil er die dafür notwendigen Konstellationen aufweist.*

Um es noch deutlicher zu sagen: Etwa jeder sechste hat eine sogenannte »Selbstmörderkonstellation« im Horoskop. Da aber von ca. 10.000 Menschen glücklicherweise nur eine Person Suizid begeht, würde ich mit meiner Prognose »Selbstmord« (ein seriöser Astrologe würde so etwas auch nie prognostizieren) ca. 1.500-mal danebenliegen, bevor ich das erste Mal recht hätte. Andererseits finden sich unter 100 Selbstmörderhoroskopen nur zwei oder drei, welche die entsprechende Konstellation *nicht* aufweisen.

Die Aszendentenzeichen und ihre psychosomatischen Entsprechungen

Im Unterschied zu den Sonnenzeichen, die in ihren psychosomatischen Entsprechungen für die Praxis fast bedeutungslos sind, lassen sich bei den Aszendenten sehr wohl praktikable Typologien herausarbeiten.

Ich bitte Sie zwei Dinge zu beachten: Zum einen ist eine Typologie eben keine individuelle Deutung, d. h. die zu den einzelnen Aszendenten aufgeführten Charakteranlagen und Krankheitsdispositionen werden häufig mehr oder weniger zutreffen, eine individuelle Horoskopanalyse können sie jedoch keineswegs ersetzen. Zum anderen geben die Krankheitsdispositionen lediglich an, welche Krankheiten häufiger als bei anderen Aszendentenzeichen auftreten. Dies heißt weder, dass eine besprochene Erkrankung bei einem anderen Aszendentenzeichen nicht möglich wäre, noch, dass man mit Sicherheit die entsprechende Krankheit bekommt, wenn man eben diesen Aszendenten hat.

Schließlich wurden zu den Aszendentenzeichen noch Untertypen beschrieben. Diese ergeben sich daraus, dass neben dem Aszendenten die Häuser mitberücksichtigt werden, und diese können beim gleichen Aszendenten in unterschiedliche Zeichen fallen. So kann z. B. in unseren Breiten das MC eines Skorpionaszendenten im Löwen oder in der Jungfrau liegen, was natürlich unterschiedlichen Krankheitsdispositionen entspricht.

Insbesondere bei den körperlichen Entsprechungen sind die Planeten im ersten Haus von entscheidender Bedeutung, dies gilt umso mehr, wenn sich ein *Planet in enger Konjunktion zum Aszendenten* befindet. In diesem Fall können die Eigenschaften des von diesem Planeten beherrschten Zeichens die des Aszendenten völlig überlagern.

In solchen Fällen mögen die Entsprechungen des von ihm beherrschten Zeichens eher zutreffen. Wenn sich also bei einem Löweaszendenten Pluto genau auf der Spitze des 1. Hauses befindet, kann es sein, dass die Beschreibung des Skorpionaszendenten besser passt als die des Löweaszendenten.

Aszendent im Widder

Der Widderaszendent entspricht dem Archetypus des Jägers und Sammlers.

Subjektives Sicherheitsempfinden wird aus der eigenen Kraft und Schnelligkeit gewonnen. Der Schutz der Gruppe, wie er von Stieraszendenten angestrebt wird, ist hier eher eine Behinderung, er wird als Einschränkung und Maßregelung empfunden. Letztlich erlebt man sich in diesem Fall dem Gegner auf dem Präsentierteller serviert: Es gibt weder die Chance zur Flucht noch die zum Angriff. Genau dies sind aber die einzigen Möglichkeiten der instinktiven Eigenart des Widderaszendenten: Man begibt sich auf dieselbe Schiene wie sein Gegner. Ist dieser stärker, führt das zur Flucht, andernfalls greift man an.

Die meisten in unseren Breiten geborenen Widderaszendenten weisen eine deutliche Vaterproblematik auf. Der Vater wird als so übermächtig erlebt, dass hierdurch die eigene Handlungsfähigkeit eingeschränkt werden kann. Hieraus ergibt sich insbesondere bei Frauen eine Geschlechtsrollenproblematik, die mit einem oft uneingestandenen Hass auf das andere Geschlecht verquickt ist. Gelegentlich kann dies auch in homosexuellen Neigungen münden.

Im gegenteiligen Fall übernimmt der Vater teilweise oder ganz die Mutterrolle und verzichtet in diesem Sinne auf seine Autorität. Auch hier ist die Geschlechtsrollen- und Handlungsproblematik vorgezeichnet.

Praktisch äußert sich das im späteren Leben in einem erfolgsvermeidenden Verhalten: Man scheitert an angestrebten Zielen, um damit (unbewusst) den Vater zu strafen.

Eine solche Tendenz ist umso ausgeprägter, je erfolgreicher der Vater in gesellschaftlicher Hinsicht ist. Häufig sind mit dieser Konstellation sexuelle Störungen verbunden, die sich aus einer »Verausgabungsangst« ergeben. Als körperliche Konsequenz zeigt sich häufig eine Suchtneigung (Zigaretten, Drogen), die mit einer Vielzahl von Herzerkrankungen einhergehen kann. Kreislauf- und Blutdruckstörungen.

Psychosomatisches Prinzip: Körperabwehr (Muskeln, Zähne, Leukozyten, Nägel).

Allgemein gute Konstitution, gute Körperabwehr, Neigung zu entzündlichen Erkrankungen (nicht unbedingt bakteriell). Allergien (Hyperaggressivität) und Bluthochdruck.

Bezug zum Stammhirn: optische und Bewegungsorientierung. Meist scharfe Zähne, mit Neigung zum Splittern.

Untertypen

Hausspitze 5 Krebs: Bluthochdruck durch Energieblockade. Psychosomatische Ursache: »Vaterproblematik« und die damit verbundene Handlungslähmung.

Hausspitze 6 Löwe (So/Me): Verdauungsstörungen, Tendenz zur Verstopfung. Herz- und Rückenerkrankungen; Darmblutungen.

Aszendent im Stier

Als Anlage Absicherung instinktiver Eigenart. Nicht impulsiv, sondern gruppen- und sicherheitsorientiert. Langsam, aber beständig. Konsequent und unflexibel. Pragmatisch. Ist bestrebt, Erreichtes zu bewahren, geht deshalb unnötigen Risiken aus dem Weg. Braucht materiellen Besitz, um sich geschützt zu fühlen. Lässt sich im Denken zu sehr von dogmatischen Prinzipien leiten. Daraus ergeben sich häufig Partnerschaftsprobleme.

Der Stieraszendent findet seinen Schutz vor Bedrohung in der Gruppe, der Herde. Das Raubtier, welches als eine Entsprechung des Widderprinzips aufgefasst werden kann, kann eine Herde niemals erfolgreich angreifen. Erst wenn ein Tier sich von der Gruppe entfernt, kann es geschlagen werden. Dementsprechend ist die größte psychosomatische Gefährdung für einen Stieraszendenten dann gegeben, wenn er über keine Umgebung verfügt, die ihm Schutz und Sicherheit gewährt. Dies bezieht sich auf die erweiterte Familie, den Verwandtschaftskreis – die Sippe. Die Formulierung »einer für alle, alle für einen« passt perfekt auf das unbewusste Empfinden des Stieraszendenten.

Die Clanbildung in den USA und der starke Zusammenhalt – mit all seinen Vor- und Nachteilen – türkischer und afrikanischer Sippen sind Entsprechungen dieses Prinzips. Psychosomatisches Prinzip: Substanzbildung (Zellbildung, Wachstum, Anreicherung).

Nichts hergeben können. Mangelnde Körperentgiftung. Dysfunktion der Mandeln. Störungen der Zellbildung. Oft Bindegewebsschwäche (Orangenhaut). Überdurchschnittlich oft Sprachirritationen (hohe Stimme bei Männern, brüchige Stimme bei Frauen). Vielfach genetische Defekte im Kieferbereich. Neigung zu Polypen und gutartigen Tumoren.

Untertypen

Hausspitze 2 Zwillinge: Labile Konstitution, Sauerstoffmangel: braucht viel Bewegung im Freien. Störungen der Zellatmung.

Hausspitze 3 Krebs: Wasser in den Gelenken, Asthma, psychosomatische Störungen der Atmung. Schleimiger Husten, Bronchitis.

Aszendent in den Zwillingen

Als Anlage Darstellung instinktiver Eigenart. Bewegungsorientiert. Unruhig, braucht permanente Veränderung. Oft sprachliche Fähigkeiten. Braucht die Kommunikation mit anderen. Überdurchschnittlich neugierig. Im Denken oft (schein-)tolerant, da keine Zeit und oft auch kein Interesse besteht, sich mit Hintergründen auseinanderzusetzen. Tendenz zur Oberflächlichkeit. Grundsätzlich positive Lebenseinstellung. Der Zwillingeaszendent lebt aus der unbewussten Angst heraus, dass sein Bewegungsspielraum eingeschränkt werden könnte. Der

Widder-Aszendent reagiert auf Gefahr mit Angriff oder Flucht, der Stieraszendent schafft sich ein Bollwerk, das erst einmal eingenommen werden muss, der Zwillingeaszendent hingegen versucht, sich durch seine Beweglichkeit zu schützen. Bevor der erwartete Schlag trifft, befindet sich der Native bereits an einem anderen Ort. Widder-Aszendenten bewegen sich auf der »gleichen Straße« wie der Angreifer, entweder in gleicher oder in entgegengesetzter Richtung, nicht so der Zwillingeaszendent. Er weicht rechts oder links aus und lässt so die Attacke ins Leere laufen.

Psychosomatisches Prinzip: Assimilation (Enzymtätigkeit, Gasaustausch).

Labile Körperkoordination: Nerven, Stoffwechsel, Atmung, Bronchien.

Typische Krankheitsbilder: Asthma und Tuberkulose. Außerdem sind oft betroffen: Gelenke, Knorpel, Lunge, vor allem auch Dünndarm.

Untertypen

Hausspitze 2 Krebs: Lymphatische Konstitution, instabile Gewebsbildung, unregelmäßige, irritierbare Zelltätigkeit. Hausspitze 3 Krebs: Wasser in den Gelenken; Schleimbeutelentzündung, Aufbrechen und Entzünden der Gelenkkapseln, Lymphstau in den Extremitäten, psychosomatische Koordinationsstörungen, Asthma, nervöses Atemsyndrom.

Hausspitze 4 Löwe: Nervöser Reizmagen, Verdauungsstörungen, Nahrung verbleibt oft Stunden unverdaut im Magen, Tendenz zum Erbrechen. Dominante Mutterproblematik, uneingestandener Frauenhass.

Hausspitze 5 Jungfrau: Überhastete Bewegungen, kleines Herz, Minderdurchblutung der Herzkranzgefäße. Koordinationsstörungen im Emotionalen: Angst, Gefühle zu zeigen, nervöse Übersprungshandlungen.

Hausspitze 6 Waage: Notwendigkeit einer ausgeglichenen Diät, verträgt oft scharf Gewürztes schlecht. Erhöhter Salzbedarf, der jedoch nicht gut bekommt. Sollte viele kleine Mahlzeiten am Tag zu sich nehmen.

Aszendent im Krebs

Identität von instinktiver und emotionaler Anlage. Eigensinnig, naiv, sensibel und seelisch integer. Muss schöpferisch sein, um die eigene Verletzlichkeit zu meistern. Grundsätzlich launisch und den eigenen Stimmungen ausgeliefert. Besondere Beziehung zur Familie und den Eltern – entweder extrem schlechtes oder außergewöhnlich gutes Verhältnis zu Vater und Mutter. Selbstmitleid. Wesentlich robuster, als es auf den ersten Blick scheint. Der Krebsaszendent lebt aus dem Gefühl einer permanenten Bedrohung heraus. Wie der Einsiedlerkrebs trägt er ein seelisches Schnecken- oder Muschelhaus mit sich herum, um seinen empfindsamen Leib zu schützen. Krebsaszendenten benötigen dringend die Möglichkeit zum Rückzug. Haben sie diese Möglichkeit nicht, entsteht allmählich ein gefährlicher Dauerstress, vergleichbar mit besagtem Einsiedlerkrebs, der allzu lange ohne seinen Schutzpanzer auskommen muss.

Möglicherweise war die Mutter wie eine Glucke, verhätschelte und verzärtelte das Kind, sodass dieses gleich einer Treibhauspflanze nicht den Belastungen der rauen Umwelt gewachsen ist.

Üblicherweise treten diese Probleme bei männlichen Nativen eher in Erscheinung als bei Frauen. Nach wie vor spielen in der Entwicklung von Jungen Mutproben, Machtkämpfe, Raufereien u.Ä. eine größere Rolle als bei Mädchen. Ein Junge, der »nah am Wasser gebaut hat«, wird immer noch ein wenig scheel angesehen, Mädchen billigt man dies meist ohne Weiteres zu. Die möglichen psychosomatischen Krankheitsbilder sind deshalb bei Männern auch gravierender.

Die zweite Möglichkeit ist eine eher desinteressierte oder gar ablehnende Mutter: Es konnte keinerlei Urvertrauen aufgebaut werden, und die gesamte Umwelt wird als bedrohlich erlebt. Schutz der eigenen Körperlichkeit wird bei dieser Konstellation über den Rückzug in sich selbst gesucht. Gleich der Schnecke, die nicht davonlaufen kann, verkriecht man sich hier bei Bedrohung »in sich selbst«. Das Blut zieht sich aus den Extremitäten und dem Kopf zurück, es wird nur noch der Rumpfkreislauf aufrechterhalten. Bei dieser Konstellation sind chronisch kalte Hände und Füße häufig sowie eine auffällige Blässe. Im Extremfall kommt es zum Kreislaufkollaps, zur Ohnmacht. Im späteren Leben zeigt sich diese Verbindung in einer stimmungsabhängigen Nahrungsaufnahme.

In Belastungssituationen kann nichts gegessen werden, oder man stopft fast wahllos Nahrung in sich hinein, um emotionale Geborgenheit und Zuwendung auf diese Weise zu ersetzen.

Psychosomatisches Prinzip: Einverleibung (Säftehaushalt, Lymphe, Gewebsflüssigkeit).

Depressionen, Magenerkrankungen, Erkrankungen der Schleimhäute, insbesondere der der Nase und Augen, Bezug zum limbischen System (Mittelhirn).

Untertypen

Hausspitze 2 Löwe: Die Gesamtkonstitution ist massiv kreislaufabhängig. Beim Empfinden, keinen festen Boden unter den Füßen zu haben, kommt es schnell zum psychischen oder physischen Kollaps.

Hausspitze 3 Löwe: Kreislaufabhängige Hirnfunktion. Heftige Gestik. Schluckauf, Störungen der Speiseröhrenfunktion: Schluckbeschwerden, dauernder Kloß im Hals. Hausspitze 4 Jungfrau: Empfindliche Schleimhäute, unverträglicher Magen. Psychosomatisch irritierbare Körperentgiftung: unreine Haut und Ausschläge in Stresssituationen (»vor lauter Aufregung Pickel bekommen«).

Hausspitze 5 Waage: Brauchte für sein seelisches Gleichgewicht eine geregelte Lebensweise, die aber meist den eigenen Vorstellungen (Skorpion eingeschlossen) unterworfen wird. Bei Hyperaktivität kann es zu diffusen Nierenfunktionsstörungen kommen.

Hausspitze 6 Schütze: Verträgt ab dem mittleren Alter Fett schlecht (insbesondere gesättigte Fettsäuren). Überdurchschnittliche Synthesefähigkeit des Körpers, kann Mangelernährung deshalb besser verkraften als andere Konstitutionstypen. Jedoch gestörte Ausscheidungsfähigkeit von Giftstoffen; reagiert überempfindlich auf bestimmte Lebensmittel.

Aszendent im Löwen

Der Platzhirsch. Fordert eine konkrete Führungsposition. Gesunder Optimismus. Keine falsche Bescheidenheit. Großzügig, wenn die eigene Dominanz anerkannt wird. Kann (überflüssige) Konkurrenz nicht ertragen. Möchte immer im Mittelpunkt stehen. Möchte sich und die eigene Kreativität zur Schau stellen, um seelisch gesund zu bleiben. Kann die Ideen Dritter gut verwerten, gibt diese manchmal als die eigenen aus. Gelegentliche Tendenz zum Aufschneiden, ohne jedoch anderen schaden zu wollen. Betrachtet Fleiß als unter seiner Würde, außer wenn gefühlsmäßig beteiligt.

Meist unübersehbare Partnerschaftsproblematik: Verhältnisse enden genauso unerwartet, wie sie beginnen; die Beziehungen selbst sind voller Turbulenzen.

Oft Erstgeborener oder Einzelkind. Der Thronfolger. Natürliche Würde und Fähigkeit zu echter Autorität.

Der Löwe in freier Wildbahn hat keine natürlichen Feinde. Dementsprechend ergibt sich hier das Thema der Bedrohung fast nur durch Revierkämpfe unter Artgenossen. So lebt der Löweaszendent aus dem archetypischen Empfinden heraus, dass weder Personen noch Ereignisse ihm ernsthaft schaden können. Umso irritierter muss er dann im realen Leben zur Kenntnis nehmen, dass es durchaus Menschen gibt, die es wagen, ihm die Stirn zu bieten. Hier können drei mögliche Reaktionsmuster unterschieden werden: Wenn der Gegner als schwächer erkannt wird, wird er in der Regel einfach großzügig ignoriert, bis er seine Kampfgelüste von allein aufgibt. Ist die Stärke des Gegners unklar, wird man versuchen, ihn mit der Demonstration der eigenen Überlegenheit von einem Angriff abzubringen. Ist der Gegner stärker, kämpft man dennoch tapfer um sein Revier, um nach verlorenem Kampf den Ort des Geschehens für immer zu räumen.

Wesentliches Kriterium des Löweaszendenten ist sein Mut, der einer Auseinandersetzung niemals ausweicht. Dieser Mut kann lebensgefährlich werden, wenn man sich Situationen stellt, in denen man nicht gewinnen kann und einem lediglich der eigene Stolz den Rückzug verbietet. Archetypische Ursache für dieses Muster ist der mit einer Niederlage automatisch verbundene Identitätsverlust. Der entthronte Löwenpascha muss seine Jagdgründe verlassen und verliert seinen Harem.

Anders als beim Widderaszendenten, dem es lediglich darum geht, die effektivste Strategie der Selbsterhaltung zu wählen, unabhängig davon, ob diese nun Flucht oder Angriff heißt, muss der Löwe immer auf

Sieg setzen. Die Überlebenschancen eines aus seinem Revier vertriebenen Löwen sind relativ gering. So gesehen sind Mut und Risikobereitschaft des Löweaszendenten keine bewundernswerten Charakterstärken, sondern notwendig zum (seelischen) Überleben.

So wie der Krebsaszendent einen natürlichen Bezug zum Mutterprinzip hat, entspricht der Löwe dem Archetyp des Väterlichen. Dieser Zusammenhang ist auch unter Astrologen weit weniger bekannt, aber dennoch von besonderer Wichtigkeit.

Das Zeichen Krebs entspricht dem Urvertrauen, der Löwe symbolisiert das Selbstwertgefühl. Dieses ist oft an die Person des Vaters gebunden. Das Vaterprinzip ist die Blaupause, über die wir lernen, wie wir unsere Gefühle ausdrücken können, wie wir unseren Platz im Leben einnehmen und in welchem Umfang wir uns (auch aufgrund eigener Leistungen) selbst achten können.

Die Auswirkungen eines gestörten – weil übermächtigen – Vaterbildes zeigen sich am deutlichsten an den Söhnen berühmter und bedeutender Väter. Überzufällig häufig kommt es hierzu Drogensucht, neurotischen Erkrankungen und Selbstmorden. Die Ursache liegt darin, dass das Vaterbild im Idealfall eine Orientierung und damit Hilfestellung gibt, die zuerst eine schützende Vorbildfunktion hat, um dann schließlich zur Herausforderung zu werden. Der (innere) Vater muss überflügelt und entthront werden. Wie soll dies jedoch gelingen, wenn der eigene Vater in unerreichbaren Höhen schwebt, wenn man im Sohn immer nur eine (schlechte) Kopie des Vaters, nie aber eine eigenständige Persönlichkeit erblickt?

Das gegenteilige Extrem wäre ein Kind, das ohne Vater aufwächst. Hier ergibt sich meist die Unfähigkeit, die Herausforderungen des Lebens positiv zu meistern. Das Vaterbild, an dem man sich reiben konnte, um daran zu wachsen, entfiel, und es entwickelte sich ein Selbstwertgefühl ohne angemessene Entsprechung im Realen. Hochgesteckte Ziele werden bei der kleinsten Hürde wieder aufgegeben, Ausbildungen werden wieder abgebrochen.

Psychosomatisches Prinzip: Energiefreisetzung und -verteilung (Kreislauf, Eiweißstoffwechsel).

Kreislaufsystem, Herzerkrankungen, Überanstrengungen, Rücken- und Bandscheibenerkrankungen.

Hausspitze 2 Jungfrau: Braucht in der Kindheit und Jugend möglichst naturbelassene Lebensmittel, geringe Synthesefähigkeit. Stoffwechselstörungen können möglicherweise die körperliche Entwicklung sowie die Zelltätigkeit nachhaltig schädigen.

Hausspitze 3 Jungfrau: Möglicherweise allergische Reaktionen der Bronchien; Stauballergie.

Hausspitze 4 Waage: Hoher Flüssigkeitsbedarf, sollte (zum Essen) viel trinken.

Hausspitze 4 Skorpion: Überdurchschnittlich häufig Totaloperation bei Frauen; unter seelischem Druck Erkrankung der Sexualorgane (Tumorbildung).

Hausspitze 5 Schütze: Sportlerherz oder krankhafte Vergrößerung des Herzens: Fettherz. Zuviel Fett im Blut, erhöhter Cholesterinspiegel.

Hausspitze 6 Steinbock: Mangelnde Kalziumresorption; Tendenz zur Nieren- und allgemein zur Steinbildung.

Aszendent in der Jungfrau

Aussteuerung an Umweltbedingungen als Anlage. Das heißt, es besteht hier die Fähigkeit, gegebene Voraussetzungen zum eigenen Vorteil optimal zu nutzen. Jungfrauaszendenten sind hervorragende Verwerter, die sich keine echte Gelegenheit entgehen lassen. Gleichzeitig sind sie bestrebt, jegliches unnötige Aufsehen zu vermeiden, um nicht Neid, Missgunst und Aggression heraufzubeschwören. Jungfrauen haben grundsätzlich Angst vor Auseinandersetzungen, da sie sich unbewusst immer als schwächer und damit als unterlegen empfinden.

Falls der Merkur im Horoskop nicht verletzt steht, sind die Nativen auf ihre Art zuverlässig und ordentlich. Verbindungen ergeben sich häufig zu psychisch labilen Partnern. Gelegentlich spielen hier ungeklärte Situationen (Beziehungen zu verheirateten Partnern etc.) eine unangenehme Rolle.

Psychosomatisches Prinzip: Nährstoffanalyse (Körperentgiftung, Gedärme).

Stoffwechselstörungen, oft schlechte Zähne, extrem empfindliche, meist trockene Haut, Neigung zu Verstopfung, alle inneren Krankheiten.

Untertypen

Hausspitze 2 Waage: Gesunde Entwicklung abhängig von reichlicher Flüssigkeitszufuhr, erhöhter Elektrolytbedarf, bereits als Säugling überdurchschnittliche Tendenz zum Austrocknen mit gelegentlich lebensbedrohlichen Folgen.

Hausspitze 3 Skorpion: Tendenz zur Tumorbildung in den Atemwegen, Luftröhrenschnitt, manchmal Verstümmelung an den Extremitäten (durch Verletzungen), Kehlkopfkrebs.

Hausspitze 4 Schütze: Magenerweiterung, Krampfadern im Genitalbereich; Plutobezug: Kondylome.

Hausspitze 5 Steinbock: Kalkanlagerung in den Arterien, Mangeldurchblutung der Herzkranzgefäße, verengte Adern kompensieren schlechte Blutzirkulation; aschfahles Aussehen.

Hausspitze 6 Wassermann: Nervöse Störungen des vegetativen Nervensystems, allgemeine Neigung zu Krämpfen und Koliken, leicht erhöhte Anfälligkeit für Krankheiten aus dem epileptoiden Formenkreis.

Aszendent in der Waage

Begegnungsfähigkeit als Anlage. Braucht die Beziehung zu anderen Menschen. Kann sich schlecht auf Dauer mit sich selbst beschäftigen. Eitel. Diplomatische Begabung. An Ästhetik und Kunst interessiert. Vermeidet direkte Auseinandersetzungen. Kann unangenehme Dinge vorteilhaft darstellen. Verrät seine eigene Meinung nicht, hat manchmal auch keine. Tendenz, ins Leere zu blicken. Schwierigkeit, Entscheidungen zu fällen. Wirkt unentschlossen und passiv. Greift lieber zu einer Notlüge, als sich auf eine Auseinandersetzung einzulassen. Bequem, oft antriebsschwach. Wirkt manchmal auf den ersten Blick sehr viel ansprechender als bei näherer Bekanntschaft. Kann Gleichgültigkeit als persönliches Interesse darstellen.

Im Denken subjektiv, schnelle Auffassungsgabe. Fähigkeit, die Schwachpunkte in den Ansichten anderer zu erkennen.

Im Partnerschaftsbereich spielt sich meist genau das ab, was Waage-Aszendenten eigentlich zu vermeiden suchen: Konfrontation und (aggressive) Auseinandersetzung. Fordert in diesem Bereich gelegentlich Übergriffe heraus.

Psychosomatisches Prinzip: Konzentrationsausgleich (Osmose, Homöosthase, Gefäßdurchlässigkeit, Regelkreise). Hypochondrie. Störungen der Gefäßpermeabilität, Durchblutungsstörungen; Krankheitsbilder, die eine Cortisontherapie nahelegen (Hautkrankheiten) – spricht auch gut darauf an. Dennoch sollte aufgrund der möglichen Langzeitschäden auf den Einsatz dieses Hormons weitestgehend verzichtet werden. Urämie.

Untertypen

Hausspitze 2 Skorpion: Häufig genetische Belastung bei der körperlichen Entwicklung, Tendenz zu Nierentumoren im Alter. Tendenz zu angeborenen Nierenschäden, die häufig aufgrund ihrer Problemlosigkeit nicht erkannt werden. Allgemein erhöhtes Krebsrisiko.

Hausspitze 3 Schütze: Verletzungen an Oberschenkeln und Gesäß. Bänder.

Hausspitze 4 Steinbock: Häufig Milchunverträglichkeit, Verdauungsstörungen durch Untersäuerung des Magens. Hausspitze 5 Wassermann: Tendenz zu Herzrhythmusstörungen, Herzklappenfehler, Loch im Herzen. Hausspitze 6 Fische: Verdauungsstörungen, Infektionen durch Lebensmittel, Darmträgheit, Hormonstörungen aller Art, Allergien, Darminfekte.

Aszendent im Skorpion

Begegnungsfähig in der Anlage. Tiefsitzende Ablehnung alles Oberflächlichen. Sucht hinter allen Dingen das Prinzip zu erkennen. Fähigkeit zur Intensität bis hin zur Selbstaufgabe. Verachtet Selbstmitleid. Angst, schwach zu sein und Schwächen eingestehen zu müssen. Leidenschaftsfähig und nachtragend. Fähigkeit, die ungeliebte Wirklichkeit durch Vorstellungen zu ersetzen.

Im Denken pragmatisch. Braucht eine gewisse Zeit, um neue Gedankengänge verarbeiten zu können, kann diese jedoch dann im Konkreten umsetzen.

Oft Beziehungen zu Partnern aus dem gleichen sozialen Milieu. Es wird eine äußere formale Stimmigkeit erreicht, während die geistig-seelischen Gemeinsamkeiten meist fehlen.

In Partnerschaften treu, solange der Partner den eigenen Vorstellungen gerecht wird.

Braucht lange, um Entscheidungen zu fällen. Einmal getroffene Entschlüsse werden jedoch konsequent verwirklicht und sind in aller Regel unwiderruflich.

Oft ein Mangel an Eigenliebe, der zur Härte gegen sich und andere führt.

Psychosomatisches Prinzip: Reduktion und Arterhaltung (Erbinformation, Keimdrüsen).

Allgemein sehr gute, robuste und regenerationsfähige Konstitution. Dies gilt für die ersten 15 Grad weniger als für den zweiten Abschnitt des Zeichens. Häufig Träger von Erbkrankheiten. Erkrankungen der Geschlechtsorgane im Gegensatz zur allgemeinen Lehrmeinung untypisch. Tendenz zu Hämorrhoiden. Keimdrüsen. DNA.

Blutbildung in Milz und Knochenmark. Blutgerinnung, Schorf, Eintrocknung von Körperflüssigkeiten (z.B. reduzierte Tränenflüssigkeitsproduktion).

Untertypen

Hausspitze 2 Schütze: Sehr gute Assimilationsfähigkeit des Gewebes, Skorpionaszendenten können sich von »rostigen Nägeln« ernähren. Tendenz, Giftstoffe übermäßig in das Zellgewebe einzulagern, vor allem Kupfer und Zinn. Oft kräftige bis muskulöse Statur, besonders die ersten 15 Grade des Zeichens.

Hausspitze 3 Steinbock: Kalkablagerung in den Gelenken, Sprachstörungen, Zerwürfnisse mit der Verwandtschaft, langsame, aber gründliche Auffassungsgabe, formales Denken. Gicht, Rheuma; im Alter oft chronische Schmerzen in den Kniegelenken.

Hausspitze 4 Wassermann: Manisch-depressiv, emotional übererregbar, paradoxe emotionale Reaktionen, gegenläufige Fehlsichtigkeit (ein Auge kurz-, das andere weitsichtig), Tendenz zu Gleichgewichtsstörungen. Hausspitze 4 Fische: Endorphinüberschuss, Schmerzübersteuerung, gelegentlich Tendenz zu Lebensmittelvergiftungen.

Hausspitze 5 Widder: Handlungsaggressivität, zu hoher Puls, Gefahr des Schlaganfalls, Hypertrophie der Arterien. Muskelrisse, eingeschlagene Zähne, starke Tendenz zu Verletzungen.

Hausspitze 6 Widder: Neigung zu Durchfallerkrankungen, Verletzungen der inneren Organe (versehentliches Schlucken scharfer Gegenstände); ungenügende oder übermäßige Eisenresorption. Massiv erhöhter Vitamin-C- Bedarf.

Aszendent im Schützen

Anlagebedingter geistiger Führungsanspruch, der nicht notwendigerweise in der Realität eingelöst werden kann. Jovial bis arrogant. Hört sich gerne reden. Braucht mehr als Freundschaften die Anerkennung der sozialen Umwelt. Möchte Erfolg haben, ohne dafür arbeiten zu müssen. Beansprucht ausgeprägten persönlichen Freiraum. Egozentrisch. Optimistische Lebenseinstellung, die auch in Krisen als Fassade aufrechterhalten wird.

Gelegentlich Hinweis auf materielle Schwierigkeiten, da das persönliche Ehrgefühl viele Arbeiten als der eigenen Würde unangemessen ablehnt.

Im Denken wertfrei, offen und vielseitig interessiert. Oft mangelnde Ausdauer und Zeit, um sich mit einzelnen Themen intensiver auseinanderzusetzen.

Leidet gelegentlich unter der Oberflächlichkeit und Unzuverlässigkeit des Partners.

Psychosomatisches Prinzip: Speicherung und Synthese von Nahrungsstoffen.

Leberfunktionsstörungen, Fettleber. Allgemein: Übergewicht. Erhöhter Cholesterinspiegel, Neigung zu Ödemen. Ischias, Hüfterkrankungen. Arteriosklerose. Schwache Blutgefäße, schnell blaue Flecken. Leistenbruch.

Untertypen

Hausspitze 2 Steinbock: Neigung zu Mineralstoffmangel (mangelhafte Resorption), sich daraus ergebende Ödemneigung; Gefäßverkalkung. In der Kindheit massiv erhöhter Kalziumbedarf.

Hausspitze 3 Fische: Diffuses Denken, psychologisches Interesse, eingeschränkte Logikfähigkeit, Nervenlähmungen, taube Glieder, Alkoholismustendenz, Neigung zu Enzymstörungen und Hormonstörungen, unnatürliche Schweißabsonderung, Blähungen. Überdehnung der Gelenke, Tennisarm.

Hausspitze 4 Widder: Aggressive Mutter, Neigung zu Sodbrennen. Tendenz zu Essstörungen: Autoaggression im Sinne von Fress-, seltener Magersucht.

Hausspitze 5 Stier: Dickes Blut, aufgrund dessen Durchblutungsstörungen, Neigung zu Hämatomen und Blutergüssen, Blutgefäße platzen bei Belastung.

Hausspitze 6 Stier: Langsame Verdauung, guter Futterverwerter, Fettansatz.

Aszendent im Steinbock

Gesellschaftliche Orientierung in der Anlage. Nimmt das Leben und sich sehr ernst. Glaubt, dass jeder so handeln sollte wie er selbst. Diszipliniert und ausdauernd. Arbeitet sich zäh nach oben. Die eigene Leistungsfähigkeit wächst mit der Schwierigkeit der Aufgabe. Braucht Widerstände, die überwunden werden müssen. Sparsam, rational, vernünftig bis asketisch. Trotz großem Realitätssinn kein rechtes Verhältnis zum Geld, da instinktive Abneigung gegen jede Form von Luxus. (Überkompensation: Luxus wird zum Alltäglichen degradiert.) Glaubt, dass nur die Dinge zählen, die man sich hart erarbeitet hat.

Strebt eine soziale Führungsposition an.

Guter und gerechter Vorgesetzter. Liebt keine allzu großen Worte.

Trotz großer Distanziertheit im persönlichen Umgang oft pädagogische Fähigkeiten.

Im Partnerschaftsverhalten erstaunlich sentimental. Ist hier gelegentlich den Launen des Partners ausgeliefert. Psychosomatisches Prinzip: Strukturbildung, Einlagerung von Mineralien.

Rheuma, Gicht, Steinbildung, chronische Erkrankungen, Ekzembildung. Alzheimer, Arteriosklerose, Bechterew. Störungen im Kalziumstoffwechsel, Knochenerkrankungen, brüchige Fingernägel, Haarerkrankungen.

Untertypen

Hausspitze 2 Wassermann: Häufig Antibiotikasucht (ein Krankheitsbild, das erst durch die Forschungen des Autors entdeckt wurde): Ein bis mehrmals im Jahr besteht das unstillbare Verlangen nach einer intensiven Einnahme von Antibiotika, auch ohne dass hierzu eine echte Notwendigkeit besteht. Frappierenderweise scheint hier eine rauschmitteähnliche Wirkung einzutreten im Sinne einer Stimmungsaufhellung.

Hausspitze 2 Fische: Grundsätzlich labile Konstitution, das kränkelnde Kind, massiv erhöhter Vitamin-B-Komplex-Bedarf (Lebertran). Der Körper zieht Wasser. Gichtneigung. Sollte Schweinefleisch und Fleisch im Allgemeinen meiden, massiv erhöhte Purinempfindlichkeit (Harnsäure). Oft Neigung zur Fettsucht, schwache Konstitution, Tendenz zur Einlagerung von Stoffwechselgiften. Hausspitze 3 Widder: Schnelle Auffassungsgabe, gute Situationsbewältigung, ungeduldig und vergesslich. Gelegentlich Sprachfehler (mit der Zunge anstoßen), im Sport oft gute Sprinter, auffallend häufig Verletzungen an den Gelenken und Knorpeln (Knie), Bänderrisse.

Hausspitze 4 Stier: Guter Futterverwerter.

Hausspitze 5 Zwillinge: Sauerstoffmangel im Blut, massiv erhöhte Kurzatmigkeit durch Rauchen. Meist gute Tänzer. Hausspitze 6 Zwillinge: Gelegentlich mangelnde Resorption von Nährstoffen (Enzymschwäche). Möglicherweise Zusammenhang mit Hauterkrankungen. Auffallend häufig Neigung zu Entzündungen der Augen (Bindehaut). Kreislaufbedingter Augeninfarkt.

Aszendent im Wassermann

Anlagebedingte Fähigkeit, mit Unvereinbarem zu leben. Grundsätzlicher Hinweis auf soziale und/oder pädagogische Brüche in der Kindheit. Oft in Wesen und Erziehungsstil konträre Eltern. Braucht Spannungssituationen, um sein kreatives Potenzial zu entwickeln. Wirkt oft ruhig und gelassen, kann jedoch blitzartig aggressiv bis cholerisch reagieren.

Entzieht sich jeder Festlegung. Weigert sich, eindeutig Stellung zu beziehen.

Keinerlei realer Bezug zum Materiellen. Oft wurzellos (Aufwachsen fern der Heimat, häufige Umzüge etc.).

Im Idealfall ausgeprägte Abneigung gegen jede Form von Unsachlichkeit. Anlage zur »Objektivität«. Versucht, alle Probleme emotionslos und überlegt zu lösen. Intellektuelle Orientierung.

Braucht einen sehr selbstbewussten Partner. Psychosomatisches Prinzip: Metakommunikation; Neuronenvernetzung.

Chronisch überreiztes Nervensystem, braucht Zerrissenheit in der äußeren Situation. Neigung zur Hysterie. Erkrankungen des Rückenmarkskanals. Krampfneigung allgemein, Wadenkrämpfe. Magnesiummangel. Schilddrüsendysfunktion. Parkinson. Alle halbseitigen Krankheitsbilder (Schlaganfall); Rechts- oder Linksschwäche; physische Asymmetrien; Tendenz zu allen Formen juckender Hautkrankheiten, insbesondere am Haaransatz. In Stresssituationen oft Neigung zu übelriechenden Nachtschweißen.

Untertypen

Hausspitze 2 Widder: Hinweis auf robuste Konstitution. Manchmal Hinweis auf Nekrose (Ur/Ne). Starke Widerstandskräfte, sehr hoher Leukozytenanteil.

Hausspitze 3 Stier: Träge Reizverarbeitung, dadurch oft scheinbare Gelassenheit. Verlangsamter Gasaustausch. Hausspitze 4 Zwillinge: Robuster Magen, bevorzugt jedoch leichte Kost.

Hausspitze 5 Zwillinge: Mangelhafter Sauerstofftransport im Blut, Kurzatmigkeit, verträgt Rauchen schlecht.

Aszendent in den Fischen

In unseren Breiten keine besonders robuste Anlage, da meist allzu große Empfindsamkeit und Sensibilität gegeben ist. Glücklicherweise ist hier in der Regel der Widder im ersten Haus eingeschlossen, sodass dieser einem Zweitaszendenten gleichkommt, was die Überempfindlichkeit und Passivität des reinen Fischeaszendenten weitgehend aufhebt.

Zudem gehört der Fisch zu den schnell aufsteigenden Zeichen, sodass dieser Aszendent relativ selten ist.

In der Anlage ergibt sich hier ein ausgesprochen starkes Hingabepotenzial. Die Nativen können die Stimmungen anderer aufsaugen wie ein Schwamm. Dies führt dazu, dass sie gerne aufgesucht werden, wenn man in persönlichen (psychischen) Schwierigkeiten steckt; zumal ein echter Fischeaszendent einen Hilfe- und Zuspruch-Suchenden niemals abweisen würde. Die Nativen sind aufmerksame, vernünftige und einfühlsame Zuhörer. Oft haben sie allerdings Schwierigkeiten, sich gegen die Leiden anderer ausreichend abzugrenzen, sodass diese ihre eigene seelische und körperliche Stabilität angreifen.

Ihr einziger Schutz besteht in der Fähigkeit, sich gleich dem Tintenfisch einzunebeln und sich so unerreichbar zu machen.

Reine Fischeaszendenten scheinen über ein schwächeres Immunsystem als andere zu verfügen. Sie neigen deshalb in erhöhtem Maße zu Infektionskrankheiten.

Die Nativen besitzen überdurchschnittliche intuitive Fähigkeiten, die in Einzelfällen bis hin zum Medialen gehen. Psychosomatisches Prinzip: Diffusion (Hormonsystem, Drüsentätigkeit; Verflüssigung).

Die geborenen Allergiker. Nesselsucht. Störungen in der Blutgerinnung. Neigung zu Ödemen. Irritationen im Fettstoffwechsel,

Schilddrüsenunterfunktion. Stark erhöhter Melatoninspiegel (Zirbeldrüsenhormon). Gelegentlich extreme Fehlsichtigkeit. »Vorliebe« für Infektionskrankheiten. Suchtneigung, die jedoch besser als bei anderen Aszendenten überwunden werden kann. Bei Depressionsneigung und Antriebsschwäche möglichst intensivem, natürlichem Licht aussetzen. Acetylsalicylsäure (Aspirin) wird oft sehr schlecht vertragen. Bei Kindern überdurchschnittlich häufig lebensgefährliche Aspirinunverträglichkeit.

Untertypen

Hausspitze 4 Zwillinge: Wie bei Wassermann, nur in geringerem Ausmaß. Hausspitze 5 Krebs: Instabiler Kreislauf, insbesondere bei emotionaler Belastung. Als Kompensation verblüffenderweise oft erhöhter Blutdruck. Kann die Pulsfrequenz oft willentlich/emotional steuern.

Hausspitze 6 Löwe: Neigung zu Erkrankungen des Herzmuskels und des Rückens. Intensive psychosomatische Reaktionen über das Sonnengeflecht (Plexus solaris).

Krankheitsentsprechungen der einzelnen Planetenprinzipien

Sonne

Prinzip: Mitte, Energiefreisetzung, Leben, Gefühlsäußerung, Gleichmaß. Ohne Sonne wäre kein Leben, wie wir es kennen, möglich. So steht die Sonne im Horoskop denn auch für das Vitale schlechthin. Sie gibt Auskunft darüber, wie groß unser Lebenswille ist.

Sonne und Mond nehmen in der Astrologie eine bedeutende Sonderstellung ein: Sie sind mit Abstand die größten natürlichen Himmelsphänomene und erscheinen dem Betrachter zudem auch gleich groß.

Sie repräsentieren die beiden Pole des Lebens: Tag und Nacht, aktiv und passiv, Yin und Yang. Im Körper spiegeln sich diese Antipoden u. a. im antagonistischen Verhältnis von Parasympathikus und Sympathikus wider. Im Allgemeinen wirkt der Parasympathikus beruhigend, drosselnd und energiekonservierend (Mond), der Sympathikus hingegen aktivierend und energiefreisetzend (Sonne).

Alle Formen von Energiefreisetzung und Aktivität haben deshalb einen Bezug zur Sonne.

Sehr konkret zeigt sich diese Analogie auch nach einem (nicht übertrieben ausgedehnten) Sonnenbad: Der gesamte Stoffwechsel wird aktiviert, die Hormontätigkeit vervielfacht sich in manchen Bereichen, die Schweißsekretion steigt, das Schlafbedürfnis sinkt.

So wie die Sonne in jeder Hinsicht der Lebensmotor unseres Planetensystems ist, so ist das Herz der Motor unseres Körpers. Das Herz sorgt dafür, dass das Blut zirkulieren kann und alle Teile des Körpers mit Nährstoffen versorgt werden.

Herz- und Kreislaufkrankheiten können ein Hinweis auf chronische Selbstüberforderung oder auch das genaue Gegenteil (nämlich Belastungsmangel) sein.

Stichworte: Gleichgewichtsverlust; alle Formen von Herzkrankheiten; Schwächung; Selbstaufgabe; Identitätsverlust; Vaterproblematik; geschwächte Vitalität; schwere Depressionen; Energiefreisetzung; Rückenkrankheiten; Schwitzen; Hemmung; Ungleichgewicht; Funktionsstörungen des Sympathikus.

Mond

Prinzip: Energieaufnahme, Periodizität, Empfindung, Hingabe.
Die Sonne ist für die Energiefreisetzung, der Mond für die Energieaufnahme zuständig. Hierzu gehören Nahrung genauso wie Flüssigkeit, Atmung oder emotionale Zuwendung. Der Mond im Horoskop sagt etwas darüber aus, wie viel Geborgenheit wir in unserer Kindheit erfahren haben, wie viel Hingabefähigkeit wir gelernt haben. Je ausgeprägter die Hingabefähigkeit, desto ausgeprägter und positiver die frühe Mutter-Kind-Beziehung und umgekehrt.

Die klassische Organentsprechung des Mondes ist der Magen. So wie der Mond am Himmel das Sonnenlicht aufnimmt und reflektiert, so nimmt der Magen Nahrung auf und stellt sie dem Körper zur Verfügung. Magenkrankheiten können auf einen Mangel an emotionaler Zuwendung hinweisen, sie können allerdings auch als Folge permanenter Selbstüberforderung auftreten: Der Manager, der unter Magengeschwüren leidet, versucht möglicherweise zu intensiv auf der »Sonnenseite« des Lebens zu stehen, indem er sich mit zahllosen Aktivitäten übernimmt. Die »Mondseite« des Lebens ist das notwendige Bedürfnis nach Entspannung, Ruhe und Schlaf, damit die Körperrhythmen sich wiedereinpendeln können.

Der Mond ist für die Körperflüssigkeiten zuständig. Der Einfluss des Mondes auf Ebbe und Flut ist eine unbestrittene physikalische Tatsache. So sollte es auch nachvollziehbar sein, dass der Mensch, dessen Körper zu mehr als zwei Dritteln aus Flüssigkeit besteht, nicht frei von seinem Einfluss sein kann.

Da der weibliche Körper in der Regel wasserreicher als der männliche ist und eine natürliche Beziehung zwischen Menstruation und Mondphasen besteht, erscheint es naheliegend, dass der Mond (der meines Wissens nur in der deutschen Sprache einen männlichen Artikel hat) eine besondere Beziehung zum weiblichen Prinzip besitzt.

Stichworte: Energieaufnahme; Magenleiden; leichtere Formen von Depressionen; nässend; Störungen in der Periodizität; zu viel oder zu wenig Flüssigkeit; Hingabefähigkeit; Wahrnehmungsstörungen; Störungen des Urvertrauens; Irritationen der Schleimhäute; Mutterproblematik; Funktionsstörungen des Parasympathikus.

Merkur

Prinzip: Austausch, Bewegung, Analyse, Kommunikation, Vermittlung. Bewegung und Beweglichkeit sind Merkuranalogien: Dies gilt für unseren Bewegungsapparat, die Extremitäten und die Mimik genauso wie für das Nervensystem, das diese Bewegungen steuert und erst ermöglicht.

Während die elektrische Energie der Nervenimpulse uranischer Natur ist, ist die Nervenleitung (Neuron/Axon) grundsätzlich eine Merkurentsprechung. Sein Ergänzungspartner und Antipode Jupiter schafft Ausgleich und Vervollständigung durch eine isolierende Fettschicht (Myelinschicht) um den einzelnen Nerv.

Die informierenden (afferenten, sensorischen) Nervenfasern vom Körper zum Gehirn stehen den aktivierenden (efferenten, motorischen) Nervenbahnen vom Gehirn zum Körper gegenüber. Erstere können als eine Mond-Merkur-, Letztere als eine Sonne-Merkur-Analogie aufgefasst werden.

Die mit Abstand meisten Nervenfasern finden sich natürlich im Gehirn selbst, sodass dessen Funktion ebenfalls als eine Merkurentsprechung aufgefasst werden kann.

Auch die Atmung und den Gasaustausch in den Lungen symbolisiert Merkur. All dies bezieht sich jedoch ausschließlich auf den Zwillingsmerkur.

Der Brückenschlag zum Jungfraumerkur findet sich über die Enzyme. Enzyme sind hochmolekulare Eiweißstoffe, die nach dem Prinzip der Katalyse alle chemischen Vorgänge des Organismus (Stoffwechsel) steuern, die ohne ihre Anwesenheit nicht möglich wären. Wegen ihrer Funktionsweise nannte man sie früher auch Biokatalysatoren. Zu ihren Aufgaben gehört es, die Zellversorgung zu gewährleisten, giftige Stoffe zu entfernen oder abzubauen, Fette und Zucker aus den Depots zu mobilisieren und die Prozesse in Gang zu setzen, die zur Energiefreisetzung notwendig sind.

Der Jungfraumerkur steht in besonderer Beziehung zur Funktion des Dünndarms, dessen Enzyme (Fermente) ihm zugeordnet sind. Wie es sich für einen neutralen Planeten gehört, sind die ihm zugeordneten Darmabschnitte unter normalen Bedingungen keimfrei.

Erkrankungen des Dünndarms oder des Nervensystems sowie Enzymstörungen sind immer ein Hinweis auf eine (chronische) Reizung oder Überreizung. Das heißt, entweder liegt ein falscher Stimulus vor (z.B. ungeeignete Nahrung) oder man ist einem Reiz zu lange und zu intensiv ausgesetzt. Diese körperliche Entsprechung lässt sich direkt auf seelische Vorgänge übertragen: Krankheitsbilder aus dem Bereich des Merkurprinzips weisen darauf hin, dass unter ungeeigneten Bedingungen mehr »verdaut« werden soll, als man bewältigen kann.

Stichworte: Interaktionsstörungen; Koordinationsstörungen; Nervenerkrankungen; Schwächezustände; Sprachstörungen; funktionelle Hirnerkrankungen; Enzymstörungen; Fermentstörungen; Atemstörungen; Störungen des Gasaustauschs; Erkrankungen des Bewegungsapparates; Störungen des Gleichgewichtssinns.

Venus

Prinzip: Ausgleich, Homöostase, Regelmechanismen, Substanzbildung. In der alten Astrologie galt Venus als das »kleine Glück« (fortuna minor) und Jupiter als das »große Glück« (fortuna major), was schon auf eine gewisse kosmische Verwandtschaft hinweist.

Tatsächlich stellt das Jupiterprinzip die Energien zur Verfügung (Assimilation, Expansion), die für die körperliche Existenz unverzichtbar sind. Um diese Energien sinnvoll zu nutzen, müssen sie jedoch angemessen im Körper verteilt und eingelagert werden. Für diese Vorgänge ist die Venus zuständig. In ihrer Eigenschaft als Stiervenus sorgt sie für die Substanzbildung, als Waagevenus stellt sie die richtige Verteilung der Nährstoffe im Körper sicher.

Die primäre Organentsprechung der Venus sind die Nieren. Diese sind neben der Ausscheidung (besser: Ausfilterung) von Harn wesentlich für das Elektrolytgleichgewicht, die Regulation des Flüssigkeitsvolumens des Körpers und des pH-Wertes der Körpersäfte zuständig. Wenn Ihnen also etwas »an die Nieren geht«, heißt dies nichts anderes, als dass Sie etwas in unangenehmer Weise aus ihrem psychosomatischen Gleichgewicht gebracht hat.

Die Steuerung von Regelmechanismen hat viel mit unserer inneren und äußeren Umwelt zu tun: Wenn die Ist-Werte mit den Soll-Werten verglichen werden, entsteht automatisch eine Form von Umwelt im Sinne einer Subjekt-Objekt-Beziehung, da schließlich das Verhältnis zweier körperlicher Vorgänge gemessen und verändert werden muss.

So sind Krankheitsbilder, die mit der Venus in Beziehung stehen, auch immer ein Zeichen dafür, dass wir uns nicht in der Balance befinden, dass also z.B. unser Verhältnis zu unseren Mitmenschen, Partnern, Vorgesetzten oder Kindern nicht so ist, wie es sein sollte.

Die Venus ist zuständig für unseren Blutzuckerspiegel, der unser inneres Gleichgewicht wie auch unser Verhältnis zur Umwelt widerspiegelt: Ein zu niedriger Blutzuckerspiegel ist mit Schwächezuständen verknüpft, die ein deutliches Zeichen sind für das (oft uneingestandene) Empfinden, von anderen überfordert zu werden. Ein weiterer wesentlicher Regelmechanismus, für den die Venus zuständig ist, ist der Blutdruck. Zu niedriger Blutdruck (Hypotonie) kann als Folge einer Unterzuckerung auftreten und hat in der Regel auch die gleiche psychosomatische Bedeutung: Man fühlt sich von seiner Umgebung überfordert.

Zu hoher Blutdruck, die häufigste Erkrankung der westlichen Welt, unter der ca. 10 % der Bevölkerung leiden, kann durch Nierenerkrankungen verursacht oder verschlimmert werden. Während zu geringer Blutzuckerspiegel und niedriger Blutdruck auf eine übertriebene Hingabe an andere hinweisen (man gibt mehr von sich, als man verkraften kann), entspricht die Hypertonie einer Hingabeverweigerung. Die Erfahrung oder auch nur das Empfinden, für Schwäche bestraft zu werden, nicht versagen zu dürfen, kann die psychosomatische Ursache für Bluthochdruck sein.

Stichworte: Nekrobiose (langsamer Zelltod); bakterielle Infektionen; Infektion durch sexuellen Kontakt; umweltbedingte Erkrankungen; Erkrankungen, die einen äußeren Auslöser benötigen; Akne; Substanzverlust; Existenzgefährdung; Organinsuffizienz; Fehlernährung von Gewebe; Homöostase-Störungen; Störungen des Kupferstoffwechsels.

Mars

Prinzip: Abwehr, Angriff, Aggression, Sexualität, Triebstruktur.
Mars entspricht allen animalischen Anteilen, die uns in die Lage versetzen, uns zu verteidigen, andere anzugreifen oder Beute zu machen. Dies erklärt, warum z.B. die Muskulatur eine essenzielle Marsanalogie ist, versetzt sie uns doch erst in die Lage, physisch zu kämpfen.

Die Muskulatur von Frauen ist anlagebedingt (d.h. trainingsunabhängig) um etwa 30 % geringer, sodass ein Mann einer Frau unter vergleichbaren Ausgangsbedingungen immer an Kraft überlegen sein wird. Ursache hierfür sind das Geschlechtshormon Testosteron und seine Derivate, das bestimmenden Einfluss auf den männlichen Sexualtrieb und die Fortpflanzungsfähigkeit hat. Testosteron wird zwar auch vom weiblichen Organismus produziert, aber in wesentlich geringerer Menge als beim Mann.

Ein weiteres wichtiges Hormon ist das Adrenalin, welches vom Körper in Belastungssituationen (Stress) freigesetzt wird. Es ermöglicht kurzfristige, enorme Energiefreisetzungen, die zur Flucht oder zum Angriff dienen sollen. Leider weiß unser Organismus noch nicht, dass sich die Dinge seit der Steinzeit geändert haben und wir nicht mehr ausnahmslos alle Probleme mit Gewalt lösen können. In der Regel müssen wir in Konfliktsituationen auch ohne physische Übergriffe zurechtkommen können. In diesem Fall richten sich die »fälschlich«

mobilisierten Energiereserven gegen den eigenen Körper und führen zur Autoaggression. Als einzige Kompensationsmöglichkeit bleibt das Abreagieren mittels körperlicher Aktivität (Sport, Holzhacken etc.).

Adrenalin und Testosteron haben bei aller Verschiedenheit etwas gemeinsam: Sie fördern die Bildung bzw. die Freisetzung von Körperkraft und sie provozieren die Bereitschaft zu nervösen, gereizten oder cholerischen Reaktionen.

Auch die Fingernägel und Zähne sind Marsanalogien, stellen sie doch die Überbleibsel natürlicher Körperwaffen dar.

Permanente Zahnprobleme, abbrechende Fingernägel, häufige Verletzungen, die schlecht verheilen, Muskelzerrungen und -risse sowie chronische Gereiztheit sind ein Hinweis darauf, dass das biologische Abwehrsystem nicht mehr richtig reagieren kann. Ursache kann sein, dass man sich mit zu vielen Gegnern gleichzeitig angelegt hat, wahrscheinlicher ist jedoch, dass eine Triebblockade besteht, die einen daran hindert, die angeborenen körperlichen Bedürfnisse angemessen zu leben und deren Befriedigung von der Umwelt einzufordern.

Stichworte: Verletzung, Schnitt, Entzündung, Abwehrreaktionen, Riss, Biss, Beschleunigung, Fieber, Überreaktion, Autoimmunkrankheiten, kurz, schmerzhaft, akut, heftig.

Jupiter

Prinzip: Ausdehnung, Assimilierung, Anreicherung, Wachstum, Wohlbefinden.

Jupiter ist der Planet unseres Sonnensystems, der der Sonne am ähnlichsten ist, ja er stellt selbst so etwas wie ein kleines Planetensystem dar. Jupiter ist der größte und nach der Venus auch der hellste Planet unseres Systems. Seine vier Hauptmonde umkreisen ihn wie die Planeten die Sonne. Die Jupitermonde sind teilweise größer als unser Planet Merkur!

Wie oben so unten, wie im Makrokosmos so im Mikrokosmos: Direkt über dem Herzen (Sonne) befindet sich die Thymusdrüse (Jupiter), die insbesondere in der Adoleszenz von besonderer Wichtigkeit ist, da ihre (noch nicht bekannten) Hormone an der Steuerung des Wachstums mit beteiligt sind.

Wohlbefinden und Gesundheit sind von der aufgenommenen Nahrung und unserer Fähigkeit, diese umzusetzen (Assimilation), abhängig. Hierbei spielen der Dickdarm und vor allem die Leber, welche die größte chemische Fabrik unseres Körpers ist, eine entscheidende Rolle. Die Bedeutung und Komplexität der Leber für den Körper erkennen wir auch daran, dass sie das einzige Organ ist, welches wir nicht einmal kurzfristig künstlich ersetzen können.

Neben dem Gehirn werden in Dickdarm und Leber die Hormone produziert, die für unser seelisches Wohlbefinden zuständig sind, die sogenannten Endorphine. Ein Fehlen dieser Glückshormone bemerken wir sehr schnell, wenn wir z.B. eine Darmverstimmung haben, dann ist nämlich meistens nicht nur der Darm »verstimmt«.

Auch die Redensart »Welche Laus (Mars) ist denn Dir über die Leber (Jupiter) gelaufen?« zeigt, dass man um die Bedeutung der Leber für das seelisch-körperliche Wohlbefinden schon weit länger weiß, als dies medizinisch nachgewiesen werden kann.

Ausdehnung ohne gesunde Grundlage und Substanz führt zur Blähung. In der Tat sind Flatulenz und Meteorismus Krankheitsbilder aus dem Bereich der Jupiteranalogien. Auch (gutartige) Tumoren sowie natürlich die Korpulenz und Fettsucht gehören hierher.

Alle Krankheitsbilder, die dem Jupiterprinzip unterstehen, sind ein Hinweis auf den untauglichen Versuch, einen Mangel an persönlichem Glück und echter innerer Größe somatisch auszugleichen.

Stichworte: Ausdehnung, Erschlaffung, Platzen, Übertreibung, Assimilation, Hypertrophie, Vergrößerung, Zunahme, Steigerung, Maßlosigkeit, Überernährung, Verfettung, Verweichlichung.

Saturn

Prinzip: Kontrolle, Abgrenzung, Struktur.
Saturn wird traditionell als »Hüter der Schwelle« mit Begrenzung und Abwehr in Verbindung gebracht. Saturn gilt als der große Verneiner

und ist dementsprechend unbeliebt bei vielen Astrologen. Durchaus zu Unrecht, wie mir scheint, denn niemand hat etwas dagegen, dass unsere Haut (eine Saturn-Entsprechung) schädliche Umwelteinflüsse von unserem Körper abhält. Für uns alle ist es selbstverständlich, dass unsere Körperzellen nicht machen, was sie wollen, sondern sinnvoll und koordiniert zusammenarbeiten.

In jedem komplexen System, wie z.B. unserem Körper, muss es eine Instanz geben, welche allgemeingültige Spielregeln festlegt, damit kein Chaos ausbricht. Für eben dieses Prinzip ist Saturn zuständig. Ohne Saturn hätte das Leben sich niemals über die Ebene der Einzeller hinausentwickelt, denn erst der Zusammenschluss und die Arbeitsteilung vieler Zellen ermöglichte die Evolution, wie wir sie kennen.

Das Saturnprinzip beschneidet und lenkt den Entfaltungsspielraum der Zellen und Organe, um die bestmögliche Funktion des gesamten Organismus zu ermöglichen.

Ist dieses Prinzip zu stark ausgeprägt, kommt es zur Erstarrung. Zellen und Organe harmonieren nicht mehr in ihrer Funktion durch zielgerichtete und positiv reglementierende Anleitung, sondern sind in ihren Möglichkeiten so übertrieben eingeschränkt, dass es zu einer Drosselung des gesamten Systems kommt.

Körperlich kann sich dies z.B. in den vielfältigen rheumatischen Erkrankungen zeigen: Starke Schmerzen erzwingen eine deutlich eingeschränkte Bewegungsfähigkeit.

Auf der seelischen Ebene entspricht ein überbetonter Saturn dem Geiz: Sinnvolle Sparsamkeit entartet zur Unfähigkeit, überhaupt noch etwas hergeben zu können. Natürlich kann man dann auch sich und anderen nichts mehr gönnen und wird zum freudlosen und verbitterten Pseudoasketen.

Die chronischen Erkrankungen haben von Saturn sogar ihren Namen erhalten. »Chronos« ist der griechische Name Saturns. Chronische Erkrankungen sind deshalb so beständig, weil sie Teil des Systems geworden sind und deshalb von diesem nicht mehr als Feind erkannt werden. Ein allzu starker Saturn wird also dazu neigen, Dinge (z.B. Viren und Bakterien) unter sein Reglement zu zwingen, obwohl sie hier gar nicht hingehören. Ab jetzt arbeiten aber die Krankheitserreger quasi unter dem Schutz der obersten Verwaltungsbehörde und können deshalb nicht mehr eliminiert werden.

Der Vergleich zum Staatswesen drängt sich geradezu auf: Ein Gesellschaftssystem, das zu feste und unveränderliche Strukturen aufweist, ist für den Filz schon vorprogrammiert. Der Staat verkommt zu einem Selbstbedienungsladen der Mächtigen. Herrscht zu wenig Ordnungszwang, sind Gesetze wirkungslos, da sich niemand an sie hält und ihre Befolgung nicht durchgesetzt werden kann. Wie bei allen Dingen im Leben gilt es auch hier, die gesunde Mitte anzustreben.

Stichworte: Austrocknend, zusammenziehend, Atrophie; verkleinernd, Abnahme, Verkümmerung, Unterernährung, Verlangsamung, chronisch, Verhärtung, unflexibel.

Uranus

Prinzip: Gegensteuerung, Elektrizität, Spaltung, Halbseitigkeit, *unspezifische Erregung.*

Uranus ist der erste der »neueren« Planeten. Das heißt, bis zu seiner Entdeckung in der Zeit der französischen Revolution war er unbekannt und stand damit natürlich für eine astrologische Untersuchung nicht zur Verfügung. Das Gleiche gilt sinngemäß für die noch später entdeckten Planeten Neptun und Pluto.

Es scheint so zu sein, dass die sogenannten transsaturnischen Planeten in anderer Weise körperliche Entsprechungen bilden als die klassischen. Obwohl sich auch für Uranus, Neptun und Pluto Organentsprechungen aufzeigen lassen (Uranus = Schilddrüse, Neptun = Zirbeldrüse, Pluto = Ovarien und Hoden), haben diese nicht die gleiche subjektive Prägnanz wie die Organentsprechungen der klassischen Planeten. Die Wirkprinzipien der Transsaturnier scheinen eher funktioneller als organischer, eher übergeordneter als persönlicher Natur zu sein.

So entspricht Uranus z. B. der Nervenfunktion im Unterschied zu Merkur, dem die Nerven als spezifisches Gewebe zugeordnet sind. Das heißt, die (elektrische) Reiz(weiter)leitung ist eine genuine Uranusentsprechung.

Uranus ist das Prinzip der Spaltung zu eigen. Im Körperlichen zeigt sich dies z.B. in der Zellteilung. Alle Vorgänge der Zellteilung und die damit verbundenen möglichen Hindernisse und Schäden sind Uranusanalogien. Dies gilt z.B. für die Trisomie (dreifaches Vorhandensein) von Chromosomen, wie sie u. a. beim Krankheitsbild des Down Syndroms (Mongolismus) auftritt.

Das Prinzip der Spaltung findet sich auch in allen halbseitigen Krankheitsformen wieder, wie z.B. den Folgeerscheinungen von Schlaganfällen.

Nervöse Übererregung kann sich hier genauso wie Funktionsausfälle von Reizleitungen ergeben.

Uranus hat dementsprechend eine direkte Beziehung zu Krämpfen, die ja nichts anderes als ein exzessiver und sich genau deshalb blockierender Bewegungsdrang sind. Uranus im Horoskop symbolisiert die Individuation (das heißt den Weg zur echten Persönlichkeit) und den Freiheitsdrang des Menschen. Ihm zugeordnete Krankheitsbilder, wie sie oben beschrieben wurden, zeigen, dass dieser Prozess gestört wurde. Die Ursache liegt meistens in der Angst oder Unfähigkeit, die persönliche Verantwortung für sein Leben zu übernehmen. Lieber flieht man in die Krankheit, als das Risiko individueller Freiheit auf sich zu nehmen. Hat man erst lange genug an sich selbst vorbei gelebt, können Unfälle und Schicksalsschläge eine leidvolle Individuation erzwingen: Auch durch eine Behinderung ist man anders als die anderen.

Stichworte: Aufsplitterung, Halbseitigkeit, Spaltung, Nervenfunktionsstörungen, Überreizung, Cortex, Umpolung, exzentrisch, peripher, plötzlich.

Neptun

Prinzip: Auflösung, Entkörperlichung, Diffusion.

Neptun entspricht Kriterien, die für das Leben als stofflicher Vorgang wenig geeignet sind. Die Auflösung alles Gegensätzlichen und die Entstofflichung der Materie sind Entsprechungen, die nur sehr begrenzt sinnvoll im menschlichen Körper zum Zuge kommen können. Dementsprechend benötigt unser Organismus die wichtigste Neptunanalogie nur in extrem geringen Mengen in Form der Hormone. Hormone sind die mächtigsten Schalthebel unseres Körpers. Minimale Abweichungen entscheiden darüber, ob eine Frau Kinder bekommt oder unfruchtbar ist, ob ein Mensch geistig gesund oder schizophren ist, ob wir überglücklich oder völlig verzweifelt sind.

Im Unterschied zu den Nervenfunktionen können die Hormone einen »Zielort« nicht direkt ansteuern: Sie werden mit den Körpersäften, dem Blut und der Lymphe über den gesamten Körper verteilt und von geeigneten Rezeptoren entgegengenommen. Hierbei wird die natürliche Strömung der Körpersäfte einerseits und das Gesetz der Diffusion andererseits ausgenutzt. Über den Kreislauf werden alle Körperregionen passiert, und die Diffusion sorgt dafür, dass die Hormone möglichst gleichmäßig über den gesamten Organismus verteilt werden.

Neptun ist auch an allen Vorgängen beteiligt, die zu einer Auflösung von Körpersubstanz führen (z.B. Nekrosen), und hat mit dem Absterben von Organen oder Organteilen zu tun.

Neptun steht in Beziehung zu allen Formen von Giften: Stoffwechselgifte, Faulgase, die im Darm gebildet werden, Drogen, Tabletten und Betäubungsmittel sind derartige Entsprechungen.

Krankheitsbilder aus dem Bereich der Neptunanalogien verweisen meist auf grundlegende Wahrheiten, die man nicht sehen möchte, auf einen Selbstbetrug, für den man sogar bereit ist, seine Gesundheit zu opfern.

Stichworte: Vergiftung, Betäubung, Schwächung, Auflösung, schleichend, unmerklich, lähmend, anaerob (ohne Sauerstoffzufuhr).

Pluto

Prinzip: Arterhaltung, Abkapselung, Aussonderung, Regression.
Pluto repräsentiert das Urprinzip des Lebens. Dies ist nur ein scheinbarer Widerspruch zu seiner Bedeutung als »Todesplanet« (Herrscher des Skorpions): Leben, wie wir es kennen, ist ohne den Tod nicht vorstellbar. Erst die Endlichkeit unserer Existenz macht das Empfinden des

Lebendig-Seins möglich. Biologisch gesehen ist das Erbgut, die DNA (ebenfalls eine Plutoanalogie), nur insofern an unserem persönlichen Leben interessiert, als es die Erhaltung der Art im Allgemeinen und den Fortbestand unserer Gene im Besonderen sicherstellt. Ist dieser Auftrag erreicht, ist das Weiterleben des Individuums unwichtig oder sogar hinderlich. In der Natur zeigt sich dieses Prinzip recht drastisch in zahlreichen Tierarten, deren Individuen nach der Fortpflanzung sterben oder gar als Nahrung für ihre Nachkommen dienen.

In der astrologischen Psychosomatik sind deshalb alle reproduktiven Körperfunktionen und -organe als Plutoanalogien aufzufassen. Hierzu gehören auch die Keimdrüsen und ihre Hormone.

Da Pluto auch der Abkapselung und dem Aussondern entspricht, gehören in seinen Zuständigkeitsbereich die Körperschlacken und Exkremente, die vom Körper ausgeschieden werden, sowie die dazugehörigen Organe und Funktionen.

Auch die Urenergie des Vitalen, das Archaische, wird durch Pluto symbolisiert. Deshalb sind z.B. der Blinddarm, die Weisheitszähne und letztlich auch Fingernägel und Haare (neben Mars-) Plutoanalogien, da es sich hier um Überreste vitaler Prinzipien handelt, die beim Menschen weitgehend ihre ursprüngliche Funktion verloren haben. Die Fingernägel z. B. sind als Krallen mittlerweile weder geeignet noch notwendig. Auch das Tumorgeschehen, insbesondere das bösartige (Krebs), ist plutonisch, da hier Körperzellen in alte Muster aus der Anfangszeit des Lebens auf diesem Planeten zurückfallen: Statt koordiniert nach den Regelmechanismen des gesamten Organismus zusammenzuarbeiten, vermehren sich diese unkontrolliert, wobei die Zellen oft ohne Sauerstoff auskommen, also anaerob sind – ein Rückfall in die Urformen des Lebens, die in einer sauerstoffarmen Atmosphäre existierten.

Pluto liefert den Bauplan des Lebens, Saturn die konkrete Struktur.

Stichworte: Nekrose (Absterben von Gewebe oder Organen), Amputation, Tumorbildung, Virenerkrankung, Erbkrankheiten, Inzucht, degenerative Prozesse.

II. Diagnostik

Die psychosomatischen Entsprechungen der Sonne in den Häusern

Sonne in Haus 1

Man ist körperlichen Bedürfnissen ausgeliefert, werden diese nicht befriedigt, entstehen nahezu zwangsläufig Krankheiten. Diese Konstellation entspricht einer Verpflichtung zum gesunden Egoismus. Man muss sich selbst um die Erfüllung seiner (physischen) Interessen bemühen, niemand kann dies für einen übernehmen. Dementsprechend kann auch keiner für die subjektiven Mangelerfahrungen verantwortlich gemacht werden. Meist eine bittere Lektion, die erst schmerzhaft gelernt werden muss.

Keine Einzelkonstellation ist mehr mit dem Thema des »Bei-sich-selbst-Seins« verbunden als diese. Geht die eigene Zentrierung verloren, können Herz- und vor allem Magenbeschwerden auftreten. Symptomatisch für diese Konstellation ist der Wechsel zwischen hypermotorischer Unruhe und Lethargie.

Lernaufgabe und Herausforderung: Das Erlernen uneingeschränkter Eigenverantwortlichkeit: »Ein Leben ohne Ausreden.«

Folgende Krankheitsbilder sind möglich:
Arbeitssucht; Autoritätsangst; Aggressivität; autoaggressives Verhalten; cholerisches Verhalten, schwerste Depressionen; vegetative Dystonie; Durchblutungsstörungen der Extremitäten; **Gallenreizung;** Erkrankungen der männlichen Geschlechtsorgane; frühzeitige **Glatzenbildung** bei Männern; Herzmuskelentzündung; **Hypertonie** (Bluthochdruck), auch Ma/Sa; Schlaganfall; Herzschmerzen; schwerste Magenblutungen; Muskelrisse; Nasennebenhöhlenentzündung, zus.

So/Ne; **Sympathikusüberfunktion;** Suizidneigung, zus. Ma/Pl; Unfallkonstellation; Vaterproblematik; Verletzungsneigung.

Sonne in Haus 2

Zentrales Thema dieser Konstellation ist das persönliche Sicherheitsstreben. Krankheiten entstehen hier häufig als Folge übertriebener Existenzängste. Man glaubt zu wenig zu besitzen (im konkreten oder übertragenen Sinne) oder man gibt zu wenig von sich her. Solange nicht ein gesunder Mittelweg zwischen Behalten, Haben-Wollen und Hergeben-Können gefunden ist, sind gravierende Stoffwechselstörungen wahrscheinlich. Ursache ist hier eine mangelhafte Körperentgiftung auf der zellulären Ebene. Man hat Angst, etwas herzugeben, selbst die »Abfälle« werden behalten. So besteht in der zweiten Lebenshälfte eine Anlage für rheumatische Erkrankungen und Gicht. Lernaufgabe und Herausforderung: die Entwicklung eines angemessenen Verhältnisses zum materiellen Besitz.

Folgende Krankheitsbilder sind möglich:
Altersdiabetes; Akne; **Blutdruckschwankungen**; instabiler Blutzuckerspiegel; **Durchblutungsstörungen**; Erschöpfungszustände; **Existenzangst;** Handlungsschwäche; chronische Passivität; Herzinsuffizienz, zus. So/Ne; Herzrhythmusstörungen, zus. So/Ur; Kreislaufschwäche, Kreislaufstörungen; Körperfixierung; Körperangst; Lethargie; Verstopfung; Selbstüberforderung; alle Formen von **Venenerkrankungen;** nicht gelöste Vaterbindung bei Frauen; **Wachstumsstörungen**; Parasympathikusüberfunktion.

Sonne in Haus 3

Diese Konstellation entspricht einem angeborenen Bedürfnis nach intensiver körperlicher Betätigung, z. B. Sport und Tanz. Gleichzeitig ist ein ausgeprägter Selbstdarstellungs- und Kommunikationsdrang vorhanden. Lernaufgabe und Herausforderung: die eigenen »exhibitionistischen« Bedürfnisse angemessen zu leben.

Folgende Krankheitsbilder sind möglich:
Koordinationsstörungen; Lähmungserscheinungen; Nervosität; Rededrang; spastische Erkrankungen; leichte Herzrhythmusstörungen; eingeschränkte Kontrollfähigkeit; Pollutionen; Ejaculatio praecox; **Hypermotorik;** Brustschmerzen beim Atmen.

Sonne in Haus 4

Diese Konstellation entspricht der angeborenen Notwendigkeit, gemäß der persönlichen seelischen Eigenart zu leben. Hierher gehören z.B. längere Rückzugsphasen wie auch die kreative bzw. künstlerische Auseinandersetzung mit inneren Prozessen und Erfahrungen.

Lernaufgabe und Herausforderung: Lernen Sie, eigenbrötlerisch zu sein, ohne schrullig zu werden.

Folgende Krankheitsbilder sind möglich:
Herzinsuffizienz; vegetative Dystonie; Kreislaufstörungen; Stimmungslabilität; Elternproblematik; **Geschlechtsrollenproblematik;** paradoxe Reaktionen; Durchblutungsstörungen; Bisexualität; **Zyklusstörungen.**

Sonne in Haus 5

Diese Konstellation hat für sich genommen keinen Krankheitswert.

Sonne in Haus 6

Diese Konstellation hat einen deutlichen Bezug zu psychosomatischen Erkrankungen, wobei eine hypochondrische Komponente oft eine Rolle spielt.

Die Chance dieser Konstellation liegt darin, Ehrlichkeit sich selbst gegenüber zu erlernen, da man aus lauter Furchtsamkeit oft nicht wagt, der Wirklichkeit ins Auge zu blicken. Lieber wird man krank.

Lernaufgabe und Herausforderung: Es gilt, offen und unverschleiert seine eigenen Gefühle zu zeigen und sich vom Zwang zum Taktieren zu befreien.

Folgende Krankheitsbilder sind möglich:
Koordinationsstörungen; Lähmungserscheinungen; Querschnittslähmung; Kinderlähmung; **spastische Erkrankungen;** Herzrhythmusstörungen; eingeschränkte Kontrollfähigkeit; Pollutionen; Ejaculatio praecox; Hypermotorik; **Hypochondrie.**

Sonne in Haus 7

Die sich hier ergebenden Krankheitsbilder sind immer eine Folge der persönlichen Partnerschaften und Umweltbeziehungen. Bei Bezug zum ersten oder zweiten Quadranten können sich hier funktionelle Herz- und Magenerkrankungen, Kreislauf- und Blutzuckerstörungen sowie Nierenentzündungen und -insuffizienz ergeben. Lernaufgabe und Herausforderung: Einerseits sind für Sie Ihre Partnerbeziehung und Menschen, mit denen Sie sich wirklich gut verstehen, von zentraler Bedeutung. Andererseits sollten Sie lernen, dass Ihre Probleme, die Sie mit sich selbst haben, durch keinen Partner der Welt gelöst werden können – das müssen Sie schon selbst tun!

Folgende Krankheitsbilder sind möglich:
Altersdiabetes; Akne; Blutdruckschwankungen; Durchblutungsstörungen; **Erschöpfungszustände;** Existenzangst; Handlungsschwäche; chronische Passivität; Herzinsuffizienz, zus. So/Ne; Herzrhythmusstörungen, zus. So/Ur; Kreislaufschwäche; **Kreislaufstörungen;** Lethargie; Körperfixierung; Körperangst; **Niereninsuffizienz;** Selbst-Überforderung, zus. So/Ur; Venenerkrankungen; nicht gelöste Vaterbindung bei Frauen; Wachstumsstörungen; **Parasympathikusüberfunktion.**

Sonne in Haus 8

Diese Konstellation ist ein grundsätzlicher Hinweis auf eine Disposition zu Erbkrankheiten aller Art. Wie intensiv diese zum Tragen kommen, ist von den Aspekten zur Sonne und zur Spitze des 8. Hauses einerseits sowie von den persönlichen Umweltbedingungen andererseits abhängig.

Menschen mit der Sonne in Haus 8 leiden oft unter ihrer eigenen Unzulänglichkeit, drohen im Extremfall gar an ihr zu zerbrechen. Entscheidend für Ausbruch und Überwindung von Erkrankungen ist die Fähigkeit, konsequent seine eigenen Prinzipien und Wertvorstellungen zu leben, ohne dabei dogmatisch und intolerant zu werden. Wie *andere* ihr Leben leben, ist deren Angelegenheit. Lernaufgabe und Herausforderung: Lernen Sie, ohne Schuldgefühle zu leben, indem Sie sich und anderen ihre Schwächen verzeihen. Klammern Sie sich nicht allzusehr an ein Bild der Perfektion, das letztlich sowieso von keinem erreicht werden kann!

Folgende Krankheitsbilder sind möglich:
Autoimmunkrankheiten; Besessenheit; Blinddarmreizung; krankhafter Ehrgeiz; Gewalttätigkeit; Herzinfarkt; Entzündungen der Schweißdrüsen, zus. Ma; **Intoleranz;** Krebs; Nymphomanie (zusätzlicher Bezug Haus 5); **Prostataerkrankungen;** Psychosen; Regression; Satyriasis (zusätzlicher Bezug Haus 5); Sexbesessenheit; Süchte; Verfolgungswahn; psychotisches Verhalten; Probleme mit den Weisheitszähnen; **Störungen der Zeugungsfähigkeit;** Zwangshandlungen.

Sonne in Haus 9

Diese Konstellation ist für sich genommen nicht besonders krankheitsbezüglich. Auslöser ist hier immer ein Mangel oder ein Zuviel an Toleranz. Oft ist Toleranz lediglich eine Form von Gleichgültigkeit; es ist einem lästig, sich mit anderen Personen und deren Einstellungen auseinanderzusetzen. So ist man »tolerant« und braucht sich nicht mehr darum zu kümmern. Unrecht zuzulassen kann genauso verwerflich wie übertriebene Härte sein. Lernaufgabe und Herausforderung: Sie sollten eine liebevolle und tolerante Einstellung Ihrer sozialen Umwelt gegenüber entwickeln. Man erwartet von Ihnen Rat und Unterstützung und nicht freundliches Desinteresse!

Folgende Krankheitsbilder sind möglich:
Alkoholismus; schwerste Formen von Angina pectoris; Bewegungsmangel; Bluthochdruck; verschiedenste **Dickdarmerkrankungen;** Erschöpfungszustände durch Überlastung; Neigung zu Exzessen; **Fettherz;** alle Störungen des **Fettstoffwechsels;** Fettsucht; eingeschränkte Fruchtbarkeit; Größenwahn; Hüfterkrankungen; Krampfadern; mangelhafte Körperabwehr; alle Formen von Leberkrankheiten; gestörtes Schmerzempfinden; Mangel an Selbstkritik; Glorifizierung des Vaters.

Sonne in Haus 10

Diese Hausstellung entspricht einer massiven Leistungsorientierung im Sinne gesellschaftlicher Kriterien. Kommen weitere Sonne-Saturn-Verbindungen hinzu, kann von einer typischen Karrierekonstellation gesprochen werden.

Krankheiten entstehen hier dann, wenn allzu lange und intensiv gegen persönliche Bedürfnisse zugunsten (scheinbarer) äußerer Erfordernisse gehandelt wird. Dies ergibt sich z. B. bei unbefriedigenden und ungeeigneten Berufen.

Lernaufgabe und Herausforderung: Suchen Sie nach *Ihrem individuellen Lebensziel*, und verfolgen Sie dieses unnachgiebig und konsequent.

Folgende Krankheitsbilder sind möglich:
Angina pectoris (Verengung der **Herzkranzgefäße);** Arterienverengung; **Rheuma; Gicht;** Erkrankungen der Kniegelenke; Kreislaufstörungen; niedriger Blutdruck, vor allem in der ersten Lebenshälfte; Bluthochdruck, vor allem in der zweiten Lebenshälfte; Impotenz

durch Arbeitsüberlastung; Hemmung im Gefühlsausdruck; Kopfläuse, zus. Me/Ur; Unfruchtbarkeit des Mannes.

Sonne in Haus 11

Die Sonne im 11. Haus verweist auf eine Disposition für alle Formen von Nervenkrankheiten. Besonders anfällig ist hier die Schädelbasis sowie die Wirbelsäule im Allgemeinen.

Symptomatisch ergibt sich eine auffällige Asynchronität der Funktion der beiden Hirnhemisphären, die erfahrungsgemäß besonders gut auf eine Therapie mit Tens-Geräten (Elektrostimulation) anspricht.

Lernaufgabe und Herausforderung: Das Entwickeln einer im wahren Sinne individuellen Lebensführung, ohne dabei den Kontakt zur »normalen« Umwelt zu verlieren.

Folgende Krankheitsbilder sind möglich:
Herzrhythmusstörungen; Schilddrüsenüberfunktion oder Schilddrüsenunterfunktion; multiple Sklerose; alle Formen von Manie; Übererregbarkeit; Hysterie; Kreislaufkollaps; Exaltiertheit im Gefühlsausdruck; Synkope (plötzlicher, kurzzeitiger Bewusstseinsverlust); Schock, zus. So/Sa, auch So/Pl; plötzlicher Herztod, zus. Pluto; **Neuralgien;** Epilepsie.

Sonne in Haus 12

Diese Konstellation verweist auf eine besondere Abhängigkeit von aktuellen sozialen und gesellschaftlichen Entwicklungen in Verbindung mit einem überpersönlichen Selbstdarstellungsdrang, der vielfach das Licht der Öffentlichkeit sucht. Bei ungeeigneter Lebensführung ergibt sich somit eine massiv gesteigerte Infektionsneigung. Zu allem, was »in der Luft liegt«, besteht eine besondere Anziehung. Lernaufgabe und Herausforderung: Verfolgen Sie Ihre gesellschaftlichen und beruflichen Ziele ohne Rücksicht auf momentane Modeerscheinungen.

Folgende Krankheitsbilder sind möglich:
Herzschwäche; Lähmungen; Depressionen; Handlungsunfähigkeit; Schlafkrankheit; Nasennebenhöhlenentzündungen, zus. So/Ma; Lethargie; Hysterie; **Kreislaufkollaps;** Ohnmacht; **Vergiftungen;** Haltlosigkeit; Alkoholismus; **Neurosen; Herzinsuffizienz;** Schwammherz; ungeklärter Vaterbezug.

Die psychosomatischen Entsprechungen des Mondes in den Häusern

Mond in Haus 1

Menschen mit dem Mond im ersten Haus haben eine herausragende Empfindungsfähigkeit für ihre eigenen Triebbedürfnisse. Körperreaktionen werden sehr intensiv wahrgenommen. Auch Affekte wie Wut, Aggression oder Angst und Furcht werden stärker empfunden als bei anderen Konstellationen. Diese Wahrnehmungsintensität gilt auch für den Sexualtrieb.

Bedingt durch eine häufig körper- und lustfeindliche Erziehung führt dies möglicherweise zu einer Angst vor der eigenen Sinnlichkeit im weitesten Sinne des Wortes. So können hier psychosomatische Erkrankungen entstehen, die häufig hypochondrische Züge tragen. Im Extremfall wird die gesamte Umwelt als bedrohlich erlebt, sodass es zu einer ausgeprägten Angst vor dem Alleinsein bei gleichzeitiger Furcht vor Autoritäten wie z.B. Vorgesetzten kommt.

Insbesondere bei Frauen entsteht bei verletzter Mondstellung in Haus 1 vielfach eine (unbewusste) Ablehnung der eigenen Geschlechtlichkeit, die meist mit diversen Essstörungen einhergeht. Im Extremfall kommt es hier zur Mager- oder Fettsucht.

Lernaufgabe und Herausforderung: Ein positives Verhältnis zu den eigenen »animalischen« Wesensanteilen zu entwickeln, die nun einmal elementar zum Menschsein gehören. Gelingt dies, sind die meisten Krankheitsbilder reversibel.

Folgende Krankheitsbilder sind möglich:
Autoaggression; Essstörungen; Nasenbluten; Fettsucht; Mager-

sucht; mangelnde seelische Geborgenheit; **Schleimhautentzündungen;** erhöhte Infektionsneigung; Grippe; verkürzte oder schmerzhafte Periode; nächtliche Angstzustände; zu niedriger Noradrenalinspiegel; Kurzsichtigkeit; Schleimhautentzündung; Gastritis; Magengeschwür, zus. Mo/Ur, gesteigerte Disposition bei Blutgruppe 0; Morbus Crohn, zus. Me/Ma, Ma/Ju, Ma/Pl; Zuckerunverträglichkeit; Überproduktion von Magensäure; schwankender Blutzuckerspiegel; Dysfunktion der Nieren; periodische Niereninsuffizienz; Blasenschwäche; nervöse Reizblase (zus. Ve/Ma); **Magenblutungen; Anämie;** saure Nachtschweiße.

Mond in Haus 2

Diese Konstellation ist an eine Reihe übergeordneter und damit nur schlecht eingrenzbarer Krankheitsbilder gebunden. Bei deutlich verletzter Mondstellung in Haus 2 kommt es zu vegetativen Stoffwechselstörungen auf der zellulären Ebene, die in der Adoleszenz meist mit Wachstumsstörungen einhergehen.

Die häufig vorhandene Existenzunsicherheit hat ihre psychologische Ursache in einer ungeeigneten und problematischen Mutterbindung. Viele Native verfügen ihr Leben lang über eine zarte Konstitution, die sich oft in einem permanenten Kränkeln äußert.

Lernaufgabe und Herausforderung: Versuchen Sie, Existenzsicherheit im Emotionalen zu finden. Das heißt, es gilt zu lernen, dass Sicherheit und Geborgenheit nur in einer stimmigen Gefühlslage, wie sie z.B. in einer harmonischen Partnerschaft existiert, gefunden werden kann. Versuchen Sie die Angst vor Veränderung zu überwinden. Das Leben ist ein permanenter Wechsel, der nicht beängstigen muss, sondern durchaus positive Züge aufweist.

Folgende Krankheitsbilder sind möglich:
Allgemein **schwache Konstitution;** Altersdiabetes, zus. So/Ve; Ataxie (Störungen der Bewegungskoordination), auch So/Me; Blasenschwäche, Reizblase; **Blutdruckschwankungen;** schwankender Blutzucker-

spiegel, Zuckerunverträglichkeit; funktionelle Hormonstörungen; Kohlehydratsucht; Kupferallergie; Geschlechtskrankheiten; alle Erkrankungen der Mundschleimhaut; Dysfunktion der Nieren; periodische Niereninsuffizienz; Parodontose (auch Ve/Sa); **Stoffwechselerkrankungen;** Wachstumsstörungen; nicht gelöste Mutterbindung bei Männern.

Mond in Haus 3

Die hier häufig vorhandene Angst vor den eigenen Gefühlen wird vielfach totgeredet oder durch motorische Unruhe kompensiert. Durch eine intellektuelle Uminterpretation von Gefühlen werden diese allerdings nicht geändert, sondern lediglich notwendige Konsequenzen vermieden. So können sich die nicht gelebten Gefühle in psychosomatischen Störungen äußern. Soll die Notwendigkeit der angeführten Erkrankungen entfallen, ist es unumgänglich, einen Zugang zur eigenen Körpersprache zu finden und sich nach dieser zu richten. Der Körper vermittelt unmissverständlich durch Verspannungen, allergische Reaktionen etc., wie gut oder wie schlecht es ihm in einer bestimmten Situation geht. Dies gilt es zu berücksichtigen. Lernaufgabe und Herausforderung: Entwickeln Sie ein positives Verhältnis zu Ihrer Körperlichkeit. Allgemein scheinen Gesang und Tanz gut geeignete therapeutische Maßnahmen für diese Konstellation zu sein.

Folgende Krankheitsbilder sind möglich:
Nervöses Atmungssyndrom, auch Me/Ju; **Bindehautentzündung;** Verschleimung der Bronchien; Koffeinsucht; Verdauungsschwäche; Eileiterschwangerschaft; Irritationen des Gleichgewichtssinns; alle Formen von Hirnerkrankungen; Konzentrationsstörungen; interstitielles Lungenödem; Austrocknen der Schleimhäute; Schluckauf; nervöse Reizungen der Schleimhäute; **Schluckbeschwerden;** Wasserstoffwechselstörungen; Zellulitis (Bindegewebsschwäche); Entzündungen der Speiseröhrenschleimhaut; destruktive Selbstanalyse

Mond in Haus 4

Diese Konstellation hat keinen Krankheitswert.

Mond in Haus 5

Diese Konstellation hat eine Beziehung zu allen Erkrankungen des vegetativen Nervensystems. Symptomatisch treten hier (periodische) Störungen der Libido auf, die ihre psychologische Ursache in einer geschlechtsrollenirritierenden Erziehung haben, indem z.B. ein Mädchen, das eigentlich ein Junge werden sollte, unterschwellig als solcher erzogen wird.

Im Extremfall kann es zur Homo- oder Bisexualität kommen, die jedoch nicht als Anlage, sondern als mangelhafte Polarisierung mit entsprechender erotischer Desorientierung zu verstehen ist.

Lernaufgabe und Herausforderung: Versuchen Sie Ihre emotionale (und anerzogene) Standpunktlosigkeit zu überwinden, »Farbe zu bekennen«, herauszufinden und zu leben, was Sie wirklich wollen. Verbunden hiermit ist das Erlernen einer lustvollen Disziplinlosigkeit, die es erlaubt, starre Pläne an die eigenen emotionalen Bedürfnisse anzupassen.

Folgende Krankheitsbilder sind möglich:
Herzinsuffizienz; vegetative Dystonie; Kreislaufstörungen; Stimmungslabilität; paradoxe Reaktionen; Durchblutungsstörungen; Bisexualität; Zyklusstörungen; psychische Auffälligkeit; sexuelles Desinteresse; Potenzstörungen bei Männern; Geschlechtsrollenproblematik.

Mond in Haus 6

Kaum eine Einzelkonstellation hat eine so starke Beziehung zu psychosomatischen Erkrankungen wie diese. So zahlreich wie die möglichen Krankheitsbilder und ihre Symptome sind, so ergeben sich doch nur selten schwere oder gar irreversible Störungen.

Viele Menschen mit dieser Konstellation haben Schwierigkeiten, ihre seelische Verfassung anderen glaubwürdig mitzuteilen, sodass auf diese Rücksicht genommen werden kann. So wurde z.B. der Hinweis eines Klienten (auf einer Party), dass er gleich das Bewusstsein verlieren würde, als Scherz aufgefasst. Der daraufhin tatsächlich erfolgte Kollaps löste verständnislose Bestürzung aus. Der Grund liegt meist in einer unemotionalen Empfindungsäußerung. Der Betroffene berichtet über seinen körperlichen oder seelischen Zustand, ohne ihn zeigen zu können. Lernaufgabe und Herausforderung: Zum einen muss gelernt werden, eine engere Beziehung zum eigenen Empfinden herzustellen, sodass dieses nicht nur wahrgenommen, sondern auch unmittelbar gelebt wird. Zum anderen ist es gerade bei dieser Konstellation wichtig, sich Umweltbedingungen zu schaffen, die der eigenen seelischen Konstitution, die nicht übertrieben robust ist, angemessen sind.

Folgende Krankheitsbilder sind möglich:
Nervöses Atmungssyndrom, auch Me/Ju; Bindehautentzündung; **Koffeinsucht;** Verdauungsschwäche; Eileiterschwangerschaft; Irritationen des Gleichgewichtssinns; alle Formen von Hirnerkrankungen; interstitielles Lungenödem; Austrocknen der Schleimhäute; Schluckauf; nervöse **Reizungen der Schleimhäute;** Schluckbeschwerden; Konzentrationsstörungen; destruktive Selbstanalyse; krankhafter Ehrgeiz.

Mond in Haus 7

Krankheitsauslöser sind hier immer die Umweltbeziehungen, wie z. B. Partnerschaftsprobleme. Bei dieser Konstellation ist oft eine mangelnde Konfliktfähigkeit vorhanden, sodass notwendigen Auseinandersetzungen aus dem Wege gegangen wird. Kommt es zur Konfrontation, besteht oft eine Aggressionshemmung, das heißt, man gibt sich freundlicher, als man sich fühlt.

Auffällig häufig besteht in der Kindheit und Jugend eine Hassliebe zum Vater, während die Beziehung zur Mutter eher konturlos bleibt.

Lernaufgabe und Herausforderung: Es geht darum, Unzuverlässigkeit und wechselnde Launen bei anderen als »ganz normale« menschliche Schwächen zu erleben. Das Unberechenbare in unseren Beziehungen zu anderen ist nur dann bedrohlich und beängstigend, wenn wir diese (unbewusst) als grundsätzlich überlegen einstufen.

Folgende Krankheitsbilder sind möglich:
Altersdiabetes, zus. So/Ve; Störungen der Bewegungskoordination, auch So/Me; **Blasenschwäche;** Blutdruckschwankungen; schwankender Blutzuckerspiegel; funktionelle Hormonstörungen; **Hypoglykämie;** Kohlehydratsucht; Zuckerunverträglichkeit; alle Erkrankungen der Mundschleimhaut; **Dysfunktion der Nieren;** periodische Niereninsuffizienz; Reizblase (zus. Ve/Ma); Parodontose (auch Ve/Sa); **Stoffwechselerkrankungen;** Wachstumsstörungen; Kupferallergie; nicht gelöste Mutterbindung bei Männern.

Mond in Haus 8

Grundsätzlicher Hinweis auf mögliche ererbte Krankheiten, die jedoch nur dann in Erscheinung treten können, wenn ein Bezug zum ersten oder zweiten Quadranten besteht. Andernfalls bleibt die Anlage in der Latenz und wird gegebenenfalls weitervererbt. Die Herkunft möglicher Erbkrankheiten ist hier wohl vornehmlich bei der Mutter und ihrer Verwandtschaft zu vermuten.

Auslösend für Krankheitsbilder ist hier das Ersetzen von Empfindungen durch Vorstellungen. Das heißt, die eigene Gefühlssphäre wurde (meist schon sehr frühzeitig) so verletzt, dass echte Empfindungen als schmerzhaft und gefährlich beiseitegedrängt und durch ein Wunschdenken ersetzt wurden. Man möchte also sehr wohl emotional sein, hat aber in aller Regel massive Angst davor.

Häufig liegt hier die psychologische Erfahrung vor, dass die Mutter-Kind-Beziehung von Anfang an in einem Maße gestört war, dass kein echtes Urvertrauen entstehen konnte. In der Folge entwickelte sich eine fatale Gleichsetzung von Leistung und Zuwendungsberechtigung: Liebe kann nur erwartet werden, wenn man sich diese verdient. Letztlich besteht bei dieser Konstellation also die Gefahr, sich als Person überhaupt nicht liebenswert zu empfinden. Diese fehlende seelische Geborgenheit in Verbindung mit einem ausgeprägten emotionalen Stress ist die eigentliche Ursache der angeführten Krankheitsbilder.

Lernaufgabe und Herausforderung: Es geht darum, die Themenverbindung »Liebe« und »Leistung« zu entkoppeln und zu lernen, sich so zu mögen, wie man ist – unabhängig von dem, was man tut.

Folgende Krankheitsbilder sind möglich:
Extreme **Angstvorstellungen;** Augeninfarkt; Hirnquetschung, zus. Mo/Sa; Empfängnisstörungen; Frauenhass; Hingabeangst; Hirntumor; Leistungszwang; Lymphknotentumore; Lymphkrebs; malignes Lymphom; Lymphosarkom (bösartiges Lymphon), auch Mo/Ne; Lymphtumor; Magenkrebs; sexueller Missbrauch durch die Mutter; **Magenpolypen; Brustkrebs,** auch Mo/Ne, zus. Ve/Ma; Nachtblindheit, zus. Ve; Ovarialkarzinom; psychosomatische Sehstörungen; Wahrnehmungstäuschungen; Tunnelblick; seelische Ungeborgenheit; **gestörte Mutterbeziehung.**

Mond in Haus 9

Diese Konstellation ist in der Regel nicht besonders krankheitsbezüglich. Erst bei deutlicher Verletzung und Bezug zum ersten oder zweiten Quadranten können psychosomatische Schwierigkeiten auftreten. Auslöser sind hier meist unklare bzw. instabile Umweltbeziehungen, wie z.B. häufig wechselnder Bekanntenkreis, zahlreiche Partnerwechsel, beruflich bedingte Reisen o.Ä. Diese Erscheinungen sind in der Regel nichts anderes als ein Symptom für eine weltanschauliche Desorientierung. Die eigene Weitsicht (Philosophie oder Religion) ist in sich unklar und Wechseln unterworfen. Dies kann sehr wohl zu emotionalem Stress führen, der meist mit kosmopolitischer Geste überspielt wird.

Lernaufgabe und Herausforderung: Schaffen Sie sich ein soziales Umfeld, in dem Sie sich geborgen fühlen können.

Folgende Krankheitsbilder sind möglich:
Störungen der Eiweißsynthese (z.B. Unverträglichkeit bestimmter Aminosäuren bzw. Unfähigkeit, diese zu bilden); Elephantiasis (zus. Ve/Ju); Störungen des Fettstoffwechsels; Zwerchfellbruch (zus. Mo/

Ne); übermäßiges Schwitzen, auch So/Ju; Hyperemotionalität; Hysterie, zus. So/Ur; Dysfunktion der Leber; **Leberinsuffizienz;** alveoläres Lungenödem; Lymphödeme; Magenerweiterung; Magenblutung; Manie; emotionales Pathos; Überfunktion des Parasympathikus; alle Formen von **Schleimhautschwellungen;** Wasserkopf (auch Mo/Ne); Zyklusstörungen; **Ödeme.**

Mond in Haus 10

Das eigene Empfinden konzentriert sich hier auf die aktuellen Zeitströmungen und bemüht sich, diesen – bei gleichzeitig konservativer Grundhaltung gerecht zu werden. Hierbei liegt die Erfahrung vor, dass allzu große Empfindsamkeit zu seelischer Instabilität führt, die wiederum einem reibungslosen Funktionieren im Interesse der eigenen hochgesteckten Ziele im Wege steht. Bei Bezug zum ersten und zweiten Quadranten kann es zu einer Reihe psychosomatischer Erkrankungen mit chronischer Tendenz kommen.

Lernaufgabe und Herausforderung: Die allgemeine Lebensorientierung (z.B. berufliche Ziele) im Interesse der eigenen emotionalen Bedürfnisse verändern.

Folgende Krankheitsbilder sind möglich:
Magensteine; alle Formen von **Depressionen;** Dyspepsie; **Essstörungen,** auch Mo/Ma; Empfängnisstörungen; Fettsucht; Frigidität; **Flüssigkeitsmangel;** Hypophysendysfunktion; eingeschränkte Hingabefähigkeit; Hirnschrumpfung; Hirnverkalkung; Unfruchtbarkeit bei der Frau; **Kalziuminsuffizienz;** Verkalkung der Lymphknoten; Magenschrumpfung; Magersucht, auch Mo/Ma; Magenuntersäuerung; Osteoporose; Altersweitsichtigkeit; Austrocknung der Schleimhäute; Ödeme.

Mond in Haus 11

Wesentliches Kriterium ist hier die emotionale Übererregbarkeit, die im Extremfall manisch-depressive Züge annehmen kann.

Ausgeprägtes Geltungsbedürfnis und starker Ehrgeiz gehen mit dem diffusen Empfinden einher, der Welt emotional schutzlos ausgeliefert zu sein. So ergibt sich ein gelegentlich eigentümlich anmutendes Abgrenzungsverhalten der Umwelt gegenüber, das einer irrationalen Angst vor seelischen Übergriffen entspringt. Psychologische Ursache dieser Disposition ist häufig die Kindheitserfahrung, dass emotionale Zuwendung seitens der Eltern unberechenbar erfolgte oder aber an Bedingungen geknüpft war (»Mamas Liebling sein müssen«). Die Konsequenz ist hier meist, dass im späteren Leben (trotz ausgeprägter Sehnsucht) jeder Form von Freundlichkeit und Interesse mit Misstrauen begegnet wird. Im Extremfall sucht man sich eine persönliche Umgebung, die einen abweist, da man sich hier am sichersten fühlt.

Lernaufgabe und Herausforderung: Menschen mit dieser Konstellation müssen lernen, dass wahre Zuwendung niemals an Konsequenzen gebunden ist. Ein Geschenk, für das ein Gegengeschenk *erwartet* wird, ist kein Geschenk, sondern ein Tauschobjekt. Natürlich besteht bei einem seelisch ausgeglichenen Menschen in aller Regel das *Bedürfnis,* die Nettigkeiten seiner Mitmenschen in irgendeiner Form zu erwidern.

Ein angemessener Umgang mit dem Geben und Nehmen von Zuwendung kann vielleicht am schnellsten erlernt werden, indem man sich Personen oder auch Institutionen aussucht, die man unterstützen, denen man eine Freude machen möchte. Dies ist ein erster Schritt aus der selbstgewählten emotionalen Mangelsituation, in der man sich, da man nicht nehmen kann, auch geizig im Geben verhält.

Folgende Krankheitsbilder sind möglich:
Magengeschwür, zus. Mo/Ma, gesteigerte Disposition bei Blutgruppe 0, **Magenschleimhautentzündung;** Reizbarkeit; geringe Belastungsfähigkeit; Hirnerschütterung; Miliaria (juckende Hautkrankheit durch Schweißretention); Schielen; gegenläufige Fehlsichtigkeit (ein Auge weit-, das andere kurzsichtig); multiple Sklerose (auch So/Ur); Epilepsie; **nervöser Reizmagen;** allgemeine Stoffwechselstörungen des Gehirns; Schilddrüsendysfunktion (Schwankungen zwischen Schilddrüsenüber- und -unterfunktion); Zinkallergie; Herzrhythmusstörungen.

Mond in Haus 12

Das Bedürfnis, im Gesellschaftlichen etwas darstellen zu wollen, geht meist mit einer gewissen Weltfremdheit oder gar Lethargie einher. Viele Menschen mit dieser Konstellation sind regelrechte Stubenhocker, während sie gleichzeitig von Ausflügen in die große weite Welt träumen. Für sich genommen, weist diese Konstellation lediglich auf eine gesteigerte Anfälligkeit für Infektionskrankheiten hin, insbesondere im Bereich des Magens. Diese Infektionsanfälligkeit ist allerdings häufig stark ausgeprägt, sodass hier auch mehrmalige Erkältungen innerhalb eines Jahres eher die Regel als die Ausnahme sind.

Lernaufgabe und Herausforderung: Es geht darum, romantisches Wunschdenken und nüchterne Realität in Einklang zu bringen, statt Wachträume als Fluchtnische aus dem Alltag zu missbrauchen.

Ernsthafte Erkrankungen, wie sie zum Teil unten aufgeführt sind, ergeben sich nur bei einer massiven Verletzung des Mondes oder der Spitze des zwölften Hauses und bei gleichzeitigem Bezug zum ersten oder zweiten Quadranten.

Folgende Krankheitsbilder sind möglich:
Amnesie, auch Me/Ne; Akne vulgaris, auch Ve/Sa, Mo/Ma; **Astigmatismus** (Hornhautverkrümmung des Auges); Empfindungslähmung; **Störungen des Endorphinstoffwechsels;** Gehirnerweichung; Bruch des Zwerchfelles, zus. Mo/Ju, Mo/Ma; Infektionen der Schleimhäute; Lebensmittelvergiftung; Lethargie; Lichthunger; Lymphosarkom (bösartiges Lymphon), auch Mo/Pl; Magenlähmung; krankhafte Magenerweiterung; Magenmetastasen; Magenneurose; Magendurchbruch, auch Mo/Ur; Brustkrebs, auch Mo/Pl, zus. Ve/Ma; **Brustdrüsenentzündung,** zus. Ma; Ausbleiben der Periode; Störungen des Schmerzempfindens; Winterdepression; Zyklusstörungen der Frau.

Die psychosomatischen Entsprechungen des Merkurs in den Häusern

Merkur in Haus 1

Instinktsicheres, schnelles und subjektives Denken. Oft leptosome Konstitution, schneller Stoffwechsel, verbale Aggressivität. Gelegentlich Hinweis auf eine homosexuelle Veranlagung. Allgemeine Neigung zu Nervosität. Gesteigerte Tendenz zu grippalen Infekten, Erkrankungen der Atemwege, Sprachstörungen, Erkrankungen des Dünndarms, Zwölffingerdarmgeschwüre. Diese Konstellation macht dünnhäutig: Gleich einem Rennpferd braucht man seinen »Auslauf«, um innere, nervale Spannungen abzureagieren.

Lernaufgabe und Herausforderung: Merkur in Haus 1 entspricht der Fähigkeit, seine instinktiven Bedürfnisse angemessen ausdrücken zu können. Nutzen und entwickeln Sie dieses Talent, ohne in die Falle des (sophistischen) Selbstbetrugs zu gehen. Mit der geistigen Beweglichkeit dieser Konstellation können Sie sich und anderen »beweisen«, was immer Sie wollen. So entsteht die Gefahr des standpunktlosen Opportunismus, bei dem man um kurzfristiger Vorteile willen eigene Interessen und Bedürfnisse aufgibt. Die Folge können selbstironischer Zynismus sowie die angegebenen Krankheitsbilder sein.

Folgende Krankheitsbilder sind möglich:
Aerophagie (Luftschlucken); Bronchienentzündungen; Dermatitis (inflammatorische Hautveränderungen); Durchfall; **Dünndarmblutungen; Eisenstoffwechselstörungen; Furunkel,** zus. Sa; Gallenwegserkrankungen; **Husten;** Karbunkel, zus. Sa, zus. Pl; Kurzatmigkeit; **Kurzsichtig-**

keit; Lungenfibrose, auch Ma/Ju; Morbus Crohn, zus. Mo/Ma, Ma/Ju, Ma/Pl; Neuritis (Nervenentzündung); Schmerzen in der Speiseröhre; Pleuritis; Schuppenflechte, zus. Ve/Sa; Rosazea, zus. Mo/Ma.

Merkur in Haus 2

Merkur im zweiten Haus ist oft ein Hinweis auf eine wenig ausgeprägte Ortsgebundenheit. Viele Native ziehen ständig um, haben mehrere Wohnungen gleichzeitig oder müssen beruflich ständig reisen. So steht die meist schon frühkindlich geprägte Erfahrung der Wurzellosigkeit einer besonderen Mobilität und Flexibilität gegenüber. Lernaufgabe und Herausforderung: Sicherheit, Schutz und Geborgenheit, die andere Menschen durch eine beständige Umgebung gewinnen, kann hier erreicht werden, indem man zur richtigen Zeit am richtigen Ort ist – also den äußeren Aufenthalt mit der inneren Verfassung in Übereinstimmung bringt. Obwohl die Konstitution im Allgemeinen nicht sehr robust ist, werden auf diese Weise kaum Krankheitsbilder manifest, oder sie halten sich zumindest in Grenzen.

Folgende Krankheitsbilder sind möglich:
Erhöhter Mineralbedarf; Hyperventilation; **Asthma;** Sinusitis; alle Erkrankungen der Sinnesorgane; Heuschnupfen; Aerophagie; Störungen der Zellatmung; Störungen der Osmose; Störungen der Gefäßpermeabilität; instabiler Blutzuckerspiegel; psychosomatisches (im Gegensatz zum allergischen) Asthma.

Merkur in Haus 3

Diese Konstellation hat keinen Krankheitswert.

Merkur in Haus 4

Diese Konstellation entspricht der Fähigkeit wie auch der Notwendigkeit, sich mit der eigenen Gefühlswelt kognitiv, also etwa durch

Sprache, auseinanderzusetzen. Viele Empfindungen können erst begriffen und bewältigt werden, wenn man einen Weg gefunden hat, sie angemessen zu formulieren. So kann bei Merkur in Haus 4 z.B. das Führen eines Tagebuchs zum vollwertigen Therapieersatz werden. Die Falle dieser Konstellation liegt in der Fähigkeit, seelische Unebenheiten glattzubügeln und sich damit eine innere Harmonie vorzuspielen, die man gar nicht besitzt.

Lernaufgabe und Herausforderung: Lernen Sie, Ihre Empfindungen angemessen zu formulieren, so, dass sie von Ihnen und anderen verstanden werden können. Vermeiden Sie hierbei jede Schönfärberei und das Streben nach einer konstruierten Stimmigkeit.

Folgende Krankheitsbilder sind möglich:
Alle Formen von Hirnerkrankungen; **Schluckbeschwerden;** Schluckauf; Verschleimung der Bronchien; krankhafter Ehrgeiz; **destruktive Selbstanalyse;** Koffeinsucht; Bindehautentzündung; Austrocknen der Schleimhäute; Zellulitis (Bindegewebsschwäche); **Wasserstoffwechselstörungen;** Dyspesie; interstitielles Lungenödem; Ösophagitis (Entzündung der Speiseröhre).

Merkur in Haus 5

Psychologisch gesehen liegt hier die Krankheitsbezüglichkeit oft in einem schöngefärbten Vaterbild: Brüche, Aggressionen und innere Ablehnung wurden nicht oder doch nicht ausreichend zugelassen. Als Folge ergibt sich eine mangelhafte Kritikfähigkeit dem eigenen Handeln gegenüber. Im Extremfall reduziert sich die Bewertung persönlicher Verhaltensweisen auf ihre Effektivität: je schneller und je reibungsloser umso besser. Die Handlungsinhalte, übergeordnete Ziele und Motive geraten so zur austauschbaren Nebensächlichkeit, aus Pragmatik wird seelenloser Opportunismus. Ist dieser Vorgang so weit fortgeschritten, dass auf Dauer an der eigenen Sinnhaftigkeit vorbeigelebt wird, können sich als Korrektiv die nachfolgend genannten Krankheitsbilder ergeben. Allerdings ist der mögliche Krankheitswert dieser Konstellation sehr stark abhängig vom persönlichen Entwicklungsniveau und von entsprechenden kritischen Aspekten zum Merkur oder der Spitze von Haus 5.

Lernaufgabe und Herausforderung: Bevor Sie etwas tun, sollten Sie sich darüber klar werden, *warum* Sie dies machen. Sie werden über die Ergebnisse Ihrer Selbstbefragung (so Sie ehrlich zu sich selbst sind) vermutlich sehr überrascht sein. Die Folge dieser kritischen Selbstbeobachtung können gravierende Verhaltensänderungen sein.

Folgende Krankheitsbilder sind möglich:
Koordinationsstörungen; Lähmungserscheinungen; **Nervosität;** Rededrang; Querschnittslähmung; Kinderlähmung; spastische Erkrankungen; leichte Herzrhythmusstörungen; eingeschränkte Kontrollfähigkeit; Pollutionen; Ejaculatio praecox; **Hypermotorik;** Hypochondrie.

Merkur in Haus 6

Diese Konstellation hat für sich genommen keinen Krankheitswert.

Merkur in Haus 7

Zur seelischen Eindrucksbewältigung braucht man bei dieser Konstellation immer ein Gegenüber: Entscheidungen und Standpunkte können erst durch die Auseinandersetzung – z.B. mit einem Partner – gewonnen werden.

Der ausgesprochenen Kontaktfähigkeit, die dieser Konstellation in der Regel zu eigen ist, steht also eine gewisse Begegnungsabhängigkeit gegenüber.

Um die (eventuell unbewusst) als lebensnotwendig eingestuften Beziehungen zu anderen nicht infrage stellen zu müssen, besteht hier die Fähigkeit und Tendenz zur Scheinharmonie. Gegensätze werden glattgebügelt und wegrationalisiert. So können hier nicht gelebte Konflikte Krankheitswert bekommen.

Lernaufgabe und Herausforderung: Ein nicht allzu kleiner, aber verbindlicher Freundeskreis sollte Ihnen die Möglichkeit zu etwas mehr Mut in der Betrachtung Ihres Gegenübers geben können.

Folgende Krankheitsbilder sind möglich:
Erhöhter Mineralbedarf; Hyperventilation; Asthma; Sinusitis; alle Erkrankungen der Sinnesorgane; Heuschnupfen; Aerophagie; Störungen der Zellatmung; Störungen der Osmose; Störungen der Gefäßpermeabilität; **instabiler Blutzuckerspiegel;** psychosomatisches (im Gegensatz zum allergischen) Asthma.

Merkur in Haus 8

Diese Konstellation hat eine enge Beziehung zu Erbkrankheiten, ohne dass diese beim Nativen in Erscheinung treten müssen. Körperliche Erkrankungen sind in jedem Fall nur bei einem Bezug zum ersten oder zweiten Quadranten möglich. Psychologisch gesehen liegt hier die Fähigkeit zu einem an Prinzipien orientierten Denken vor. Das heißt, einmal erarbeitete Lösungswege prägen sich tief ein und entwickeln sich somit schnell zu einer Denkschablone. Die Gefahr dieser Konstellation liegt darin, dass ursprünglich aus der Wirklichkeit hergeleitete Prinzipien und Vorstellungsbilder nach und nach jene ersetzen, das heißt, die Realität wird an die eigenen Vorstellungen angepasst. Im Extremfall entstehen hier Psychosen und Zwangsvorstellungen. Lernaufgabe und Herausforderung: der permanente Paradigmenwechsel. Die Sackgasse des dogmatischen Denkens kann also durch die Fähigkeit vermieden werden, immer wieder neue, gleichwertige Standpunkte einzunehmen. Wird dieser Vorgang erkannt und bewusst genutzt, entwickelt sich automatisch eine größere Toleranzfähigkeit – sich selbst und seiner Umwelt gegenüber.

Folgende Krankheitsbilder sind möglich:
Dünndarmkrebs; regressive Veränderungen des Dünndarms; **Dünndarmtumor;** Fallangst; Fibrom (gutartige Geschwulst des Bindegewebes); degenerativ oder tumorbedingte Störungen des Gleichgewichtssinns; Herpes; Verkrüppelung der Hände; **Virenerkrankungen der Nerven;** Neurom (Nervengeschwulst); Pilzerkrankungen; Speiseröhrenkrebs; Sprachstörungen; Erkrankungen des Stammhirns; Stoffwechselstörungen; **Warzen,** auch Ma/Pl; Zwangsvorstellungen; Über-

bein; Bauchspeicheldrüsenentzündung, auch Me/Sa, zusätzlich Ma/Sa oder Ma/Ne; Lungenemphysem; Bronchiektasen; Flatulenz; Meteorismus; Ösophagusvarizen.

Merkur in Haus 9

Grundsätzlich ist diese Konstellation wenig krankheitsbezüglich, insbesondere muss eine Verbindung zum ersten oder zweiten Quadranten vorhanden sein, um physische Erkrankungen zu ermöglichen. Sind diese Voraussetzungen erfüllt, kommt es hier schwerpunktmäßig zu Krankheiten des Darms und der Atemwege.

Das ausgeprägte Interesse an Sinnfragen (»Warum sind wir hier auf dieser Welt?«) einerseits, die ausgesprochen schmerzlich empfundene mangelhafte Heilsgewissheit andererseits kann zu einer Flucht in eine philosophisch-religiöse Scheingeborgenheit führen. Das heißt, man wählt oder erschafft sich eine Weltanschauung, die alles erklären kann und nimmt dabei ihre mangelnde Fundiertheit in Kauf.

Lernaufgabe und Herausforderung: Seinen Seelenfrieden in einem konstruktiven und positiven Nihilismus zu finden, sich also mit dem »Ich weiß, dass ich nichts weiß.« wohlwollend zufriedenzugeben.

Folgende Krankheitsbilder sind möglich:
Bauchspeicheldrüsenentzündung, auch Me/Sa, zus. Ma/Sa oder Ma/Ju; Lungenemphysem; Bronchiektasen; Flatulenz; Meteorismus; Ösophagusvarizen; Demyelinisierung der Nervenfasern; krankhafte Dehnung der Speiseröhre; alle Formen von **Lungenkrankheiten; Leberfunktionsstörungen;** alle Formen von Darmerkrankungen; Dünndarmerweiterung; Schwellungen der Extremitäten; Größenwahn.

Merkur in Haus 10

Bei dieser Konstellation konzentriert sich die Eindrucksbewältigung auf die persönliche Beziehung zu gesellschaftlichen Themen. Im Extremfall denkt man hier also genau auf jene Weise, wie dies von anderen, z.B. den eigenen Eltern, von einem erwartet wird. Durch Erziehung und frühkindliche Prägung wurde die Fertigkeit antrainiert, seine Empfindungen so zu strukturieren (und damit eben auch zu beschneiden), dass echte Subjektivismen nicht mehr empfunden werden bzw. nicht bis in das intellektuelle Wachbewusstsein vordringen. Da Eigenart nicht ausgesprochen werden darf und kann, hebt man häufig nur das Offensichtliche hervor: »Man redet gern vom Wetter.«

Herausforderung und Lernaufgabe: Die Fähigkeit zur Metakommunikation zu erlernen, also die Gesetze zu entdecken (und anwenden zu können), die eine echte, missverständnis-arme Verständigung zwischen Menschen erlauben. Auf diesem Wege ist es eben auch möglich, ein echtes Selbstverständnis zu entwickeln. Geschieht dies, sind die im folgenden beschriebenen Krankheitsbilder überflüssig. Es ist völlig unerheblich, auf welcher konkreten Ebene diese Entsprechung gelebt wird: Kommunikation ist auf alle Lebensbereiche anwendbar.

Folgende Krankheitsbilder sind möglich:
Dysphagie **(Schluckbeschwerden);** Amimie (reduziertes Mienenspiel); **Atemwegsobstruktion;** Katalepsie (auch So/Sa); Kalziumstoffwechselstörungen; Verengungen der Atemwege; Darmverschluss des Dünndarms; Morbus Raynaud (»Absterben« von Fingern); chronische **Bronchitis;** Refluxkrankheiten; Verengung der Speiseröhre.

Merkur in Haus 11

Eindrücke werden hier in einer Form bewältigt, die der Originalität und Individualität dienen sollen. Man denkt also anders als die anderen und legt hierauf auch großen Wert. Neben ausgeprägter intellektueller und verbaler Sprunghaftigkeit besteht durchaus die positive Fähigkeit, sich mit mehreren Themen gleichzeitig auseinanderzusetzen.

Auffallend bei dieser Konstellation ist die oft extreme Enervierbarkeit, die in aller Regel durch eine phosphorarme Diät deutlich gebessert werden kann.

Lernaufgabe und Herausforderung: Lernen Sie eine Originalität zu entwickeln, die tatsächlich der eigenen Persönlichkeit angemessen ist. Allzu häufig tappt man jedoch in die Falle, Originalität misszuverstehen als das Gegenteil von dem, was die anderen denken oder meinen. Dies ist jedoch eine Reaktion und somit keine echte Eigenständigkeit.

Folgende Krankheitsbilder sind möglich:
Ructus (Rülpsen, Aufstoßen); Schluckstörungen; Schwindel; Krätze, zus. Ne/Pl; Kopfläuse, zus. So/Sa; **Flechten,** zus. Ma/Ur im Extrem: Mo/Ur; alle Formen von Tremor (Zittern); multiple Sklerose (Zusatzkonstellation zu Mo/Ur und So/Ur); funktionelle Hirnstörungen; **halbseitige Koordinationsstörungen** (z.B. nach einem Schlaganfall); Schlaganfall; intellektuelle und verbale **Sprunghaftigkeit;** Asymmetrien der Extremitäten; **nervöse Dünndarmerkrankungen;** Hypermotorik, insbesondere bei Kindern; Phosphorhypersensibilität; nervöse Atemstörungen; nervöse Übererregbarkeit.

Merkur in Haus 12

Allgemein besteht hier eine gesteigerte Tendenz zu grippalen Infekten und Erkrankungen der Bronchien.

Diese Konstellation verweist auf eine besondere Abhängigkeit von aktuellen sozialen und gesellschaftlichen Entwicklungen in Verbindung mit einem überpersönlichen verbalen Selbstdarstellungsdrang, der vielfach das Licht der Öffentlichkeit sucht. Bei ungeeigneter Lebensführung ergibt sich eine massiv gesteigerte Infektionsneigung. Zu allem, was »in der Luft liegt«, besteht eine besondere Anziehung.

Herausforderung und Lernaufgabe: Lernen Sie, die angeborene Einsicht in die letztliche Gleichheit und Gleichwertigkeit aller Dinge der konkreten Welt nicht zu einem amoralischen Opportunismus verkommen zu lassen. Das heißt, Sie sollten nicht das sagen, was gerne gehört wird, sondern lernen, einen echten, persönlichen Standpunkt zu entwickeln, der dann gelebt und vermittelt werden kann.

Folgende Krankheitsbilder sind möglich:
Agnosie (Unfähigkeit, Wahrgenommenes zu erkennen); **Alzheimersche Krankheit;** Gedächtnisschwund (zus. Mo/Ne); Atemlähmung; besondere Anfälligkeit für Atemgifte; Sniffing (Schnüffelsucht); paralytischer Ileus des Dünndarms (Transportbehinderung von Darminhalt); **Nervenlähmung;** Stimmbandlähmung; allergisches **Asthma;** funktionelle Erkrankungen der Speiseröhre.

Die psychosomatischen Entsprechungen der Venus in den Häusern

Venus in Haus 1

Die Venus in Haus 1 entspricht der Kindheitserfahrung des nicht gehaltenen Versprechens. Der Betreffende wird in eine Sonderrolle hineingeboren, die ihm zahlreiche »Extras« in Aussicht stellt. Diese werden allerdings nicht oder nur teil- bzw. phasenweise gewährt. Durch das Verhalten der Eltern wird ein massives Wunschdenken provoziert, das jedoch weitgehend unbefriedigt bleibt. So werden enttäuschte Erwartungen, Wünsche und Hoffnungen zur bestimmenden Erfahrung der Kindheit. Konkret äußert sich dies in starker emotionaler Zerrissenheit, in der häufig schnelle Begeisterung in Mutlosigkeit umschlägt. Gleichzeitig besteht die Möglichkeit, eine objektbezogene Trieborientierung auszubilden. Man möchte etwas besitzen, und man hat gelernt, wie man es bekommt. Oft können hier bemerkenswerte manipulative Fähigkeiten festgestellt werden. Entwickelte Persönlichkeiten mit Venus in Haus 1 wissen, wie sie andere dazu bringen, ihre Wünsche zu erfüllen.

Herausforderung und Lernaufgabe: Lernen Sie, die angemessene Grenze zwischen Eigen- und Fremdbedürfnissen zu ziehen. So wie man in der Kindheit zu kurz kam, ist man als Erwachsener oft fähig, andere zu übervorteilen, was subjektiv als ausgleichende Gerechtigkeit interpretiert wird. Als bewältigt kann diese Konstellation allerdings nur dann aufgefasst werden, wenn man gelernt hat, eigene Ziele nicht auf Kosten anderer durchzusetzen. Im Idealfall geschieht dies in der Form, dass man deren Interessen und Bedürfnisse zu den eigenen macht, sodass beide Seiten gleichermaßen von den Ergebnissen profitieren.

Folgende Krankheitsbilder sind möglich:
Akutes Abdomen; Gefäßentzündung; **Anämie;** Blinddarmentzündung zusätzlich: Ma/Ne; extrem instabiler Blutzuckerspiegel; **Diabetes;** Zellulitis (Orangenhaut, Schwangerschaftsstreifen); Eisenmangel; Hautrisse, zus. Ma/Ur; Hämochromatose (Einlagerung krankhafter Eisenmengen in die Zellen), zus. Ma/Ne; Störungen der Blutgerinnung; Irritation der Körperabwehr: Krampfadern; Kreislauferkrankungen; Kupferallergie; Lippenverletzung; Mandelaffekte; **Brustdrüsenentzündung;** Mundverletzung; Nierenerkrankungen; verkürzte oder schmerzhafte Periode mit hohem Blutverlust (zus. Mo/Ma, Ve/Pl); Reizblase (zus. Mo/Ve); Schwankung von allgemeiner Abwehrschwäche zu Allergien; **Zahnfleischbluten;** schlechtes Zahnmaterial.

Venus in Haus 2

Diese Konstellation hat für sich genommen keinen Krankheitswert.

Venus in Haus 3

Eine unverletzte Venus (und Spitze 3) vorausgesetzt, weist diese Konstellation auf ein diplomatisches bis ästhetisches Selbstdarstellungsvermögen hin. Man kann sich so zeigen, wie einen der andere sehen möchte. Wenn sich diese Fähigkeit verselbstständigt, diktiert das Gegenüber, welche Bedürfnisse man zeigen darf und welche nicht. Somit kann diese Konstellation zum Bumerang werden: Das Talent, sich im besten Licht darstellen zu können, kann dazu führen, dass man sich so zeigen muss, wie einen der andere haben will.

Da auf diesem Wege Triebbedürfnisse unterdrückt und »schöngelogen« werden, sind zahlreiche psychosomatische Störungen die mögliche Folge. Dies gilt vor allem für Erkrankungen der Atemwege sowie für Störungen des Blutzuckerspiegels.

Lernaufgabe und Herausforderung: Entwickeln Sie die Fähigkeit, dem anderen durch die eigene Person einen Spiegel vorzuhalten. Dies kann auf einer rein körperlichen Ebene geschehen, z.B. durch die Mimik, oder auch verbal, z.B. durch Sprache oder Gesang. Allerdings handelt es sich hier keinesfalls um einen bewusst steuerbaren Vorgang. Vielmehr zeigen entwickelte Persönlichkeiten mit der Venus im 3. Haus die Fähigkeit, ihre eigenen Bedürfnisse so diplomatisch darzustellen, dass diese zu einer akzeptablen Kritik am anderen werden, ohne dass dieser das Gesicht verliert.

Folgende Krankheitsbilder sind möglich:
Irritationen der Gefäßpermeabilität; Störungen des Blutzuckerspiegels; Asthma; Aerophagie (Luftschlucken); **Heuschnupfen; Störungen des Gleichgewichtssinns;** Seekrankheit; Wanderniere, auch Ve/Ur; **Rollvenen,** auch Ve/Ur; Gefäßerkrankungen; nervöse Blasenschwäche; Schluckstörungen; Koordinationsstörungen; Nierenfunktionsstörungen; Venenblutungen, zus. Ve/Ma.

Venus in Haus 4

Diese Konstellation ist nur dann eindeutig krankheitsbezüglich, wenn besondere Verletzungen zur Venus bzw. zur Spitze des 4. Hauses vorliegen.

Wichtiges Kriterium ist hier das herausragende Harmoniebedürfnis, das Verlangen nach seelischem Gleichgewicht. So bietet sich die Scheinharmonie, in der Konflikte schöngelogen werden, als Falle an. Im anderen Extremfall wird der Partner konsequent für die persönliche seelische Instabilität verantwortlich gemacht.

Lernaufgabe und Herausforderung: Andere – insbesondere den Partner – in das Empfinden und Handeln mit einzubeziehen, ohne ihnen die eigenen emotionalen Kriterien überzustülpen.

Folgende Krankheitsbilder sind möglich:
Altersdiabetes, zus. So/Ve; Störungen der Bewegungskoordination,

auch So/Me; Blasenschwäche; Blutdruckschwankungen; Zuckerunverträglichkeit; schwankender Blutzuckerspiegel; Hypoglykämie; funktionelle **Hormonstörungen;** Karzinoid-Syndrom; Kohlehydratsucht; Kupferallergie; alle Erkrankungen der Mundschleimhaut; nicht gelöste Mutterbindung bei Männern; Dysfunktion der Nieren; periodische Niereninsuffizienz; Parodontose (auch Ve/Sa); Reizblase (zus. Ve/Ma); Stoffwechselerkrankungen; Wachstumsstörungen.

Venus in Haus 5

Hier herrschen das Bedürfnis und die Fähigkeit vor, andere in das eigene Verhalten mit einzubeziehen. Als Falle ergibt sich die Unfähigkeit zum selbstständigen Handeln, sodass andere – insbesondere der Partner – für die Eigeninteressen manipuliert werden.

Lernaufgabe und Herausforderung: Das Auffinden von »Reizobjekten«, die als so verlockend empfunden werden, dass sie zum Handeln motivieren, ohne dass es fremder Unterstützung oder Protektion bedarf. In Ihre persönlichen Aktivitäten müssen Sie niemanden manipulativ mit einbeziehen, also machen Sie sich auch nicht hiervon abhängig!

Folgende Krankheitsbilder sind möglich:
Akne; Blutdruckschwankungen; instabiler Blutzuckerspiegel; Durchblutungsstörungen; Erschöpfungszustände; chronische Passivität; Existenzangst; Handlungsschwäche; Herzinsuffizienz, zus. So/Ne; Herzrhythmusstörungen, zus. So/Ur; Körperfixierung; Kreislaufschwäche; **Kreislaufstörungen;** Niereninsuffizienz; Venenerkrankungen; Wachstumsstörungen; **Parasympathikusüberfunktion;** nicht gelöste Vaterbindung bei Frauen; Selbstüberforderung; Unselbstständigkeit.

Venus in Haus 6

Psychologisch ist hier meist das Empfinden des Ungeliebt-Seins maßgeblich, wobei die Ursache paradoxerweise in einer betont freundlichen, aggressionsarmen emotionalen Selbstdarstellung liegt: Aus Angst vor Ablehnung gibt man sich unangemessen lieb und erreicht damit nur, dass man zu wenig ernst genommen wird. Selbst wenn sich die ersehnte Zuwendung einstellt, wird diese doch nur dem »Tarnverhalten« und nicht der eigenen Person zugutegehalten. Als Liebesersatz ergibt sich häufig ein exzessiver Konsum von Süßigkeiten, der zu einer echten Kohlehydratsucht führen kann.

Lernaufgabe und Herausforderung: Sie müssen lernen, »nein« sagen zu können. Nur indem Sie sich abgrenzen, können Sie ernst genommen werden und Zuwendung von den Menschen erhalten, die Ihnen etwas bedeuten. Hören Sie auf, sich (fast) ausschließlich mit »Pflegefällen« zu umgeben!

Folgende Krankheitsbilder sind möglich:
Irritationen der Gefäßpermeabilität; Störungen des Blutzuckerspiegels; Asthma; Aerophagie (Luftschlucken); **Heuschnupfen;** Störungen des Gleichgewichtssinns; Seekrankheit; Wanderniere, auch Ve/Ur; Rollvenen, auch Ve/Ur; Gefäßerkrankungen; Erkrankungen der Bronchien; Schluckstörungen; nervöse Blasenschwäche; Koordinationsstörungen; **Nierenfunktionsstörungen; Venenblutungen,** zus. Ve/Ma; **Kohlehydratsucht;** Mittelohrentzündungen.

Venus in Haus 7

Diese Konstellation hat für sich genommen keinen Krankheitswert.

Venus in Haus 8

Herausragende Gefahr dieser Konstellation ist die Leitbildfixierung. Bestimmte Personen oder Ideologien werden als alleinseligmachende Wahrheit betrachtet. Dementsprechend versucht man, sein Leben darauf auszurichten, unabhängig davon, ob es einem damit gut geht oder nicht. Innere Zweifel und Verspannungen werden durch ein mehr oder weniger dogmatisches Belehren und Bekehren der persönlichen

Umwelt ausgeglichen. Je größer die Zweifel an den eigenen Prinzipien, umso ausgeprägter und intoleranter der Übergriff auf die Umgebung.

Lernaufgabe und Herausforderung: Um diese Konstellation angemessen und befriedigend leben zu können, ist eine tiefe innere Bindung an einen anderen Menschen hilfreich. Lernen Sie die Toleranz, die aus Liebe erwächst, zum einzigen Dogma in Ihrem Leben zu machen!

Folgende Krankheitsbilder sind möglich:
Bösartige **Mandelentzündung; Nierentumor;** Nierenmissbildungen; ererbte Organverformungen; Angiom (gutartige Gefäßgeschwulst); Melanom (Pigmentgeschwulst der Haut); angeborenes Fehlen einer Niere, zus. Ve/Sa; Ovarialkarzinom; Brustkrebs, zus. Mo/Pl; Gefäßmissbildung, zus. Me/Pl; Halszysten, zus. Ve/Ju; Harnblasenkrebs; Kehlkopfkrebs (auch Ve/Ne); Follikelzysten; Vulvakarzinom; Zungenkarzinom.

Venus in Haus 9

Diese Konstellation ist normalerweise nicht besonders krankheitsbezüglich. Um körperlich relevant zu werden, braucht diese Konstellation eine Verletzung der Venus bzw. der Spitze des neunten Hauses sowie eine Verbindung zum ersten oder zweiten Quadranten.

Die Falle kann hier in der Neigung bestehen, andere zu glorifizieren und dies als Ausrede zu gebrauchen, sein Leben nicht selbst in die Hand zu nehmen (»So gut wie der XY werde ich es sowieso nie können, also brauche ich es erst gar nicht zu probieren!«).

Herausforderung und Lernaufgabe: Bemühen Sie sich um die Entwicklung einer menschenfreundlichen Lebenseinstellung, die das Gute und Schöne bei anderen und vor allem bei Ihnen selbst sieht und fördert.

Folgende Krankheitsbilder sind möglich:
Erweiterung der Arterien und Venen; **Blasengeschwülste,** bei bösartigen Formen zus. Pl; **Zellulitis** (Orangenhaut); chronische Lippenschwellung; Zahnfleischgeschwulst; Halszysten, zusätzlich Ve/Pl; Hämorrhoiden; Korpulenz; Krampfadern; abnorme Vergrößerung

der Zunge; **Nierenzysten;** Zysten, auch Ve/Pl; apiastische Zystenniere (erblich bedingte Durchsetzung des Organs mit zahlreichen Zysten).

Venus in Haus 10

Die Affinität zu sozialen oder auch künstlerischen Berufen ist mit einer Kontakthemmung im persönlichen Bereich verknüpft. Anders ausgedrückt: Man macht die Beziehungen zu anderen Menschen eben deshalb zum Lebensthema, weil sie sonst nicht in der ersehnten Weise stattfinden. Venus in Haus 10 ist die Erwartung an sich und andere, sich im Gesellschaftlichen makellos, freundlich und ästhetisch ansprechend zu geben. Bei Verletzungen der Venus oder der Spitze des 10. Hauses kann sich eine Protesthaltung gegen die eigenen Ansprüche ergeben: Man tritt bewusst »unmanierlich« auf, um der Umwelt seine Eigenständigkeit zu beweisen.

Herausforderung und Lernaufgabe: Sie sollten ein natürliches und entspanntes Verhältnis zu den sozialen Spielregeln, die den zwischenmenschlichen Umgang bestimmen, entwickeln. Weder eine chronische Protesthaltung noch ein Benimmkult sind angemessen.

Folgende Krankheitsbilder sind möglich:
Akne vulgaris, auch Mo/Ma, Mo/Ne; Altersbrand (auch Ve/Pl); **Bindungsangst;** Nieren- und Blasensteine; Blaseninkontinenz; Don-Juan-Syndrom bei Männern; Störungen des Knochenwachstums; Harnverhaltung; Kontaktangst; Kontakthemmung; **Nierenembolie;** Venenverhärtung und -thrombose; **Schuppenflechte;** zus. Me/Ma; Schrumpfniere; Testosteronüberschuss bei Frauen; emotionale Unreife; Vaginismus, zus. Ve/Ur; Virilität bei Frauen; Frigidität; Lesbentum, zus. Ve/Ma; Östrogenüberschuss bei Männern.

Venus in Haus 11

Strebt eine individuelle Bedeutsamkeit im Gesellschaftlichen an, möchte als Person (nicht nur über Leistungen) berühmt und anerkannt sein, hat jedoch gleichzeitig Angst davor. Grundsätzliche Furcht, sich dem zu nähern, was man eigentlich begehrt. Sucht deshalb die Unterstützung und Förderung anderer, insbesondere des Partners, um den Mut zu finden, die eigenen hochgesteckten Ziele anzugehen.

Bedürfnis, als originell oder gar exzentrisch anerkannt und bewundert zu werden, bei gleichzeitiger Furcht, unangenehm aufzufallen.

Lernaufgabe und Herausforderung: Sie müssen lernen, dass jeder Mensch ein einmaliges Wesen ist, das seinen Eigenwert gerade durch seine Abweichung von der Norm erhält. Fördern und unterstützen Sie die Individualität anderer, ermuntern Sie Ihre Freunde und Bekannten, ihre eigene Individualität zu leben und zu entwickeln, und Sie werden ein entspannteres Verhältnis zu Ihrem Originalitätsstreben erreichen!

Folgende Krankheitsbilder sind möglich:
Androgynität; Angiospasmus (Gefäßkrampf); Blutsturz; instabiler Blutzuckerspiegel; alle Formen von Lippenentzündung; Wolfsrachen; Hasenscharte; entzündliche Erscheinungen an der Lippenschleimhaut; Chromosomenanomalien; Dysregulation im Östrogen- und Gestagenhaushalt; Störungen der **Drüsentätigkeit;** Störungen des Drüsenwachstums; emotionale Instabilität durch mangelhafte Hirnhemisphärensynchronisation; **Nierenfunktionsstörungen;** Nierenentzündung; Rollvenen; Schiefhals; Thrombosen; Scheidenkrampf, zus. Ve/Sa; Phosphorallergie; Krampfadern (auch Ve/Ne); Wanderniere; Zyklusstörungen (zus. Mo/Ur, Mo/Sa); Störungen der Zellteilung; (weiblicher) Masochismus.

Venus in Haus 12

Romantische Objektorientierung, bei der Zielvorstellungen so verklärt werden, dass man insgeheim schon Angst hat, sie zu erreichen, da man den »Realitätsschock« fürchtet. Gleichzeitig möchte man im Gesellschaftlichen etwas darstellen, was in der Tat u.a. über künstlerische Berufe erreichbar ist.

Die Falle dieser Konstellation liegt darin, dass man sich in Träumen verliert, die Illusion der Wirklichkeit vorzieht und tausend Entschuldigungen findet, warum man nicht versucht, seine hochgesteckten Ziele zu verwirklichen. Herausforderung und Lernaufgabe: Lernen Sie Nüchternheit, das heißt, die Fähigkeit, Dinge unbarmherzig so zu sehen, wie sie nun einmal sind, auch wenn dies nicht immer angenehm und schon gar nicht ästhetisch ist. Erst dann können Sie in Bereichen, die Ihnen wichtig sind, die Überhöhung der Realität anstreben, indem Sie die Wahrheit hinter der äußeren Form wahrnehmen und aufzeigen – ähnlich wie dies ein guter Maler tut. Ein gelungenes Gemälde beschreibt die Wirklichkeit besser als eine Fotografie, da es nicht (nur) die äußere Form abbildet, sondern die Wahrheit hinter der Form hervorhebt.

Folgende Krankheitsbilder sind möglich:
Nierennekrose; Venenentzündungen; Venenblutungen; Krampfadern; Unfruchtbarkeit bei Frauen; Lippenkrebs; Parodontose; Harninkontinenz; **Blasenentzündung;** Nierenentzündung und -Insuffizienz; Halsentzündung; Kehlkopfkrebs (auch Ve/Pl); Harnverhaltung durch Lähmung der Blasenmuskulatur; Zuckerkrankheit; Akne; Wassersucht; **Hormonstörungen;** Schwächung und Irritation der weiblichen Geschlechtshormone; Größenwahn, auch Mo/Ju; Weltfremdheit; Kontaktstörungen; Maßlosigkeit; Begegnungsunfähigkeit; irreales Wunschdenken.

Die psychosomatischen Entsprechungen des Mars in den Häusern

Mars in Haus 1

Diese Konstellation hat keinen Krankheitswert.

Mars in Haus 2

Oft Hinweis auf Entwicklungsstörungen durch mangelhafte Eisenresorption der Zellen.

Störungen in der eigenen Geschlechtsrolle, insbesondere bei Männern: Die Mutter wollte den Sohn als Mädchen. Tendenz, sich seine Männlichkeit zu beweisen durch Sport, erhöhte Risikobereitschaft u.Ä. – hierdurch gesteigerte Verletzungsneigung.

Lernaufgabe und Herausforderung: Lernen Sie um Ihr Existenzrecht und Ihre materielle Sicherheit zu kämpfen, ohne dabei selbstzerstörerisch zu sein.

Folgende Krankheitsbilder sind möglich:
Akutes Abdomen; **Gefäßentzündung;** Anämie; Blinddarmentzündung, zus. Ma/Ne; instabiler Blutzuckerspiegel; Eisenmangel; arteriovenöse Fistel; Fluorose (Schäden durch Fluorüberdosierung); Hautrisse (Ma/Ur); Hämochromatose (Einlagerung krankhafter Eisenmengen in die Zellen), zus. Ma/Ne; Störungen der Blutgerinnung; **Irritation der Körperabwehr;** Krampfadern; Kreislauferkrankungen; Kupferallergie; Mandelaffekte; Brustdrüsenentzündung; Nierenin-

farkt; **Nierenentzündung;** verkürzte Periode, oft schmerzhaft mit hohem Blutverlust (zusätzlich: Mo/Ma, Ve/Pl); Reizblase (zus. Mo/Ve); **Schwankung von allgemeiner Abwehrschwäche zu Allergien** (Heu-Shunt); Stimmbandaffekte; Venenentzündung; schlechtes Zahnmaterial; Schnupfen (zus. Me/Sa: Asthma).

Mars in Haus 3

Die aggressive Selbstdarstellung: Mars in Haus 3 entspricht immer dem Bedürfnis, Kraft und Energie zu demonstrieren, sich durch körperliche Aktivitäten abzureagieren. Für die physische Gesundheit ist deshalb ausreichend »Auslauf« von entscheidender Bedeutung. Lernaufgabe und Herausforderung: Wahrscheinlich ist Ihnen gar nicht bewusst, mit welcher Schärfe Sie manchmal Ihre Interessen anderen gegenüber vertreten. Lernen Sie sich durchzusetzen, ohne zu verletzen!

Folgende Krankheitsbilder sind möglich:
Sprachstörungen (Anstoßen mit der Zunge, Lispeln); Phobien (zusätzlich Ve/Ma); **akute Bronchitis;** Irritationen in der Sauerstoffaufnahme, verstärkt durch Rauchen; Sehnenscheidenentzündungen; Bänderrisse; Aufbrechen und Entzünden von Gelenkkapseln; Knorpelverletzungen; Unfallkonstellation; erhöhte Neigung zu Verletzungen im Straßenverkehr; Aerophagie (Luftschlucken); Bronchienentzündungen; Dermatitis (inflammatorische Hautveränderungen); Hautinfektion; Furunkel, zus. Sa; Karbunkel, zus. Sa, zus. PI; Kurzatmigkeit; Kurzsichtigkeit; Lungenfibrose, auch Ma/Ju; Morbus Crohn, zus. Mo/Ma, Ma/Ju, Ma/Pl; **Neuritis** (Nervenentzündung); Schmerzen in der Speiseröhre; Zwerchfellentzündung; Schuppenflechte, zus. Ve/Sa.

Mars in Haus 4

Das autoaggressive Empfinden: Oft bestand in der familiären Situation eine scharfe und verletzende Atmosphäre. Dies gilt in der Regel vornehmlich für den Mutterbezug. Wahrscheinlich bestand in Ihrer Kindheit die einzige Möglichkeit, Konflikte zu bewältigen, darin, dass Sie diese in sich hineinfraßen. Die Wut, die anderen galt, wurde selbstzerstörerisch.

Körperliche Entsprechungen bei unverletzter Marsstellung: Hinweis auf gesteigerte Empfängnisfähigkeit; erhöhte Wahrscheinlichkeit zu Geburten von Jungen (gilt insbesondere für die Erstgeburt).

Lernaufgabe und Herausforderung: Sie haben eine »Kämpferseele«, leben Sie Ihre Spannungen und Aggressionen aus. Hierzu ist natürlich der erste Schritt, dass Sie sich dieser bewusst werden. Denken Sie daran: Die Zeiten, wo andere die Macht hatten, Sie für Ihre Wut und Ihren Zorn zu bestrafen, sind vorbei!

Folgende Krankheitsbilder sind möglich:
Gesteigerte Tendenz zu allen Arten von **Magenerkrankungen;** Magenstechen; Magenschleimhautentzündung; bei Frauen: Eisprung unregelmäßig, dementsprechend wechselnde, manchmal auch massiv verkürzte Perioden; Tendenz zu Fehlgeburten; **Blutarmut und Eisenmangel,** insbesondere bei Frauen durch unzureichende Eisenaufnahme und -verwertung; Autoaggression; Essstörungen; Nasenbluten; Fettsucht; Magersucht; **Schleimhautentzündungen;** nächtliche Angstzustände; zu niedriger Noradrenalinspiegel.

Mars in Haus 5

Tendenz zur Selbstüberforderung mit entsprechenden Erschöpfungszuständen als Folge, bis hin zum Kreislaufkollaps. Bei mangelndem körperlichem Training (Ausgleichssport) Bluthochdruck (zus. Ma/Ne: niedriger Blutdruck). Vermutlich hatten Sie einen Vater, der entweder Choleriker oder Workaholic war. Von ihm konnten Sie lernen, wie man vor Problemen in die Arbeit (oder in die Aggression) flieht. Dieses Ausweichmanöver hat Suchtcharakter. Entspannung und Ruhepausen können nicht mehr als Erholung empfunden werden, da sich hier Melancholie und Leere, bis hin zu schweren Depressionen, einstellen. Zum Ausgleich suchen manche (unbewusst) in Entspannungsphasen den Konflikt mit anderen, um das Stressniveau aufrechterhalten zu können.

Lernaufgabe und Herausforderung: Manchmal scheint es, dass Sie sich nur dann lebendig vorkommen, wenn Sie alles im D-Zug-Tempo erledigen. Je mehr Sie sich erschöpfen, umso besser. Damit ist der Raubbau an der eigenen Gesundheit schon vorprogrammiert. Lernen Sie Quantität durch Qualität zu ersetzen und bemühen Sie sich um ein aktives Sexualleben!

Folgende Krankheitsbilder sind möglich:
Bei Frauen: Hinweis auf schmerzhafte und/oder komplizierte Geburten; bei Männern: Neigung zu Verletzungen der Geschlechtsorgane, Tendenz zu frühzeitiger **Glatzenbildung; Nasennebenhöhlenentzündung,** zus. So/Ne; Unfallkonstellation; autoaggressives Verhalten; Muskelrisse; **Verletzungsneigung;** Erkrankungen der Geschlechtsorgane des Mannes; Schlaganfall; Bluthochdruck, auch Ma/Sa; Herzschmerzen; Vaterproblematik.

Mars in Haus 6

Die aggressive Gefühlsdarstellung. Mit Mars im 6. Haus zeigt man besonders deutlich, was man nicht möchte. Dies geschieht im Zweifel so heftig, dass man sich und andere damit verletzen kann (im physischen wie im seelischen Sinne).

Vermutlich herrschte in Ihrer Kindheit eine Situation, in der die Unterwerfung als bewusst demütigendes Erziehungsmittel angewendet wurde, sodass eine gewisse Trotzhaltung zum Charaktermerkmal wurde.

Lernaufgabe und Herausforderung: Intensität und Eindeutigkeit im Gefühlsausdruckmuss nicht identisch mit Verletzung und Aggression sein. Sie müssen sich gegen weit weniger Unterdrückung wehren, als Sie möglicherweise empfinden. Je eindeutiger Sie Ihre Empfindungen zeigen, umso weniger kann man Sie übergehen.

Folgende Krankheitsbilder sind möglich:
Durchfallerkrankungen; autoallergische Reaktionen der inneren Organe, insbesondere des Dünndarms; Zahnprobleme; erhöhte Schmerz-

bereitschaft; schneller Stoffwechsel, deshalb manchmal Neigung zu Untergewicht; oft extreme Koffeinunverträglichkeit (die den Betroffenen in der Regel gar nicht bewusst ist); Aerophagie (Luftschlucken); Bronchienentzündungen; **Dermatitis** (inflammatorische Hautveränderungen); Dünndarmblutungen; **Eisenstoffwechselstörungen;** Hautinfektionen; Furunkel, zus. Sa; Karbunkel, zus. Sa, zus. Pl; Gallenwegserkrankungen; vasomotorischer Kopfschmerz; Kurzatmigkeit; Kurzsichtigkeit; Kehlkopfentzündung; Lungenfibrose, auch Ma/Ju; **Nervenentzündungen;** Schuppenflechte, zus. Ve/Sa; Rosazea, zus. Mo/Ma; Speiseröhrenerkrankungen.

Mars in Haus 7

Mars im siebten Haus ist ein Hinweis darauf, dass die Beziehung zu anderen – insbesondere die zum Partner – krankheitsauslösend (nicht verursachend) wirken kann. Dies zeigt sich vornehmlich in der Tendenz, das Gegenüber als bedrohlich und aggressiv zu erleben. Als Folge entsteht ein Begegnungsstress, der sich bei Bezug zum ersten oder zweiten Quadranten im Physischen niederschlägt.

Lernaufgabe und Herausforderung: Sie benötigen die konstruktive Auseinandersetzung mit anderen. Lernen Sie sich gewinnbringend zu streiten, indem Sie sich um eine *echte* Klärung von Meinungsverschiedenheiten bemühen.

Folgende Krankheitsbilder sind möglich:
Geschlechtsrollenproblematik; Begegnungsaggressivität; manchmal sado-masochistische Neigungen; Tendenz zum Homo- bzw. Bisexuellen; akutes Abdomen; Gefäßentzündung; Anämie; Blinddarmentzündung (zus. Ma/Ne); instabiler Blutzuckerspiegel; Diabetes; Eisenmangel; Hautrisse (Ma/Ur); Hämochromatose (Einlagerung krankhafter Eisenmengen in die Zellen), zus. Ma/Ne; Störungen der Blutgerinnung; **Irritation der Körperabwehr;** Kupferallergie; Mandelaffekte; Brustdrüsenentzündung; **Nierenerkrankungen;** verkürzte oder schmerzhafte Periode mit hohem Blutverlust (zus. Mo/Ma, Ve/Pl); Reizblase (zus.

Mo/Ve); Schnupfen (zus. Me/Sa: Asthma); Schwankung von allgemeiner Abwehrschwäche zu Allergien (Heu-Shunt); Venenentzündung; **Zahnfleischbluten;** schlechtes Zahnmaterial.

Mars in Haus 8

Mars in Haus 8 entspricht der Überhöhung der individuellen Eigenarten zum Leitbildhaften. Subjektive Triebe werden verdichtet und generalisiert. Die Kategorisierung kann so weit gehen, dass in der (fanatischen) Ideologie individuelle Unterschiede zum Makel werden.

Mars in Haus 8 repräsentiert die Kräfte, welche sich mit dem Kollektiven identifizieren, die eigene Kraft in den Dienst einer »großen Sache« stellen wollen. Die Faszination (und die Gefahr) dieser Konstellation liegt in ihrer Trivialität. Die Fantasieprodukte wie James Bond oder Superman symbolisieren undifferenzierte, widerspruchsfreie Übermenschen, die zur Identifikation auffordern. Diese Konstellation entspricht dem (oft unbewussten) Wunsch, sich für eine große Sache symbolisch oder tatsächlich zu opfern.

In etwas menschlicheren Entsprechungen symbolisiert Mars in Haus 8 die Aufforderung, sich konsequent um die Durchsetzung der eigenen Wertmaßstäbe (nicht Neigungen!) zu bemühen. Krankheiten – sofern sie nicht genetisch bedingt sind – treten hier nur auf, weil man zu lange und zu intensiv gegen die eigene Wahrheit gehandelt hat. Hierbei muss die Übersteigerung nach zwei Seiten vermieden werden: Es ist weder angebracht, die eigene Subjektivität zur Wahrheit zu erklären und anderen tyrannisch aufzuzwingen, noch kann es sinnvoll sein, eine Opferrolle anzustreben, in der man sich für »die gute Sache« vollständig verschleißt.

Lernaufgabe und Herausforderung: Engagiert man sich in gesunder Weise für seine Prinzipien, stehen einem außergewöhnliche Energien und Regenerationskräfte zur Verfügung, die sogar eine heilende Wirkung haben und in der Regel die folgenden Krankheitsentsprechungen überflüssig bzw. im Rahmen des biologisch Möglichen rückgängig machen.

Folgende Krankheitsbilder sind möglich:
Überproduktion geschlechtsspezifischer Hormone (z.B. Östrogene); Blindheit; Prostatatumor; Bluthochdruck; **Hämorrhoiden** (zus. Ve/Ju); (Mast-)Darmstörungen; Darmkrebs; **Vireninfektionen;** Parasiten und Wucherungen (zus. Ju); Dauerstress; Schlaganfall; Verkalkung der Herzkranzgefäße (zus. So/Sa); Hypertrophie (Erweiterung) der linken Herzkammer; Blähsucht, Meteorismus, Darmkoliken; Parodontose; nervöses Zittern; seitliche Rückgratverkrümmung (zus. Ma/Ur); Sonnenallergie; Milchschorf; Brusttumore (zus. So/Pl); Hinweis auf Erbkrankheiten, die nicht notwendigerweise beim Nativen ausbrechen müssen, aber weitervererbt werden; Nebennierentumor; Hodenkarzinom; krankhafte Aggressionsangst; Aggressionshemmung; Aggressivität; Angstpsychose; Suizidneigung; Hypochondrie; Zwangsneurosen (insb. Waschzwang).

Mars in Haus 9

Um krankheitsbezügliche Entsprechungen aufzuweisen, müssen bei dieser Konstellation zusätzlich Verletzungen zur Spitze von Haus 9 bzw. zum Mars sowie ein Bezug zum ersten oder zweiten Quadranten gegeben sein.

Das aggressive soziale Umfeld: Verletzungen und Unfälle finden in der persönlichen Umgebung statt oder werden durch diese verursacht. Die Falle besteht hier in aggressiver Scheintoleranz, die den anderen angeblich duldet, ihn jedoch unterschwellig bekämpft.

Lernaufgabe und Herausforderung: Lernen Sie sich Ihre Aggressionen einzugestehen und hören Sie auf damit, diese auf Ihre Umgebung zu projizieren. Was Ihnen an Zorn und Ablehnung entgegenkommt, ist nichts anderes als Ihre eigene verleugnete Wut.

Folgende Krankheitsbilder sind möglich:
Lungenfibrose (Verletzung der Lungenbläschen); **Arterienerweiterung;** Störungen der Hämoglobinsynthese; Splenomegalie (entzündliche Milzschwellung); **Lungenentzündung; Dickdarmblutungen;** Colitis ulcerosa, auch Ju/Ur; Lungenembolie (zus. Ma/Sa); Bauchspei-

cheldrüsenentzündung; Angst, sich in der sozialen Umwelt zu zeigen; Angst, in der persönlichen Umgebung im Mittelpunkt zu stehen; Agoraphobie (Angst vor großen Plätzen).

Mars in Haus 10

Mars in Haus 10 entspricht der Selbstdurchsetzung in übergeordneten Maßstäben, das heißt, Triebmomente werden in das Korsett allgemeinverbindlicher Spielregeln gezwängt. Das Instinktive wird bis hin zu Schwerfälligkeit und Starre diszipliniert.

Auf der anderen Seite verweist die Analogie auf das Durchbrechen von Begrenzungen. Man will selbst neue Maßstäbe setzen oder zumindest alte stürzen. Dies gilt nicht im Sinne spontaner Auflehnung und Rebellion, sondern ist als chronische Lebenseinstellung aufzufassen, wobei die Attraktivität eines Zieles mit seiner Schwierigkeit wächst.

Die Widerstands- und Konfliktorientierung, die dieser Konstellation zu eigen ist, führt oft zu Berufen, die eine ausgeprägte Durchsetzungsfähigkeit erfordern oder martialische Neigungen begünstigen. So haben z. B. überdurchschnittlich viele Berufsoffiziere den Mars im 10. Haus. Eine weitere Entsprechung liegt in Konflikten und Auseinandersetzungen am Arbeitsplatz, die es zu bestehen gilt. Lernaufgabe und Herausforderung: Um krankmachenden Effekten vorzubeugen, muss die angesprochene (berufliche) Konfliktorientierung in den Dienst echter Pionierleistungen gestellt werden. Der Betreffende sollte um die Durchsetzung von Neuerungen kämpfen, deren Notwendigkeit und Richtigkeit er erkannt hat. Wird die eigene Streitbarkeit für derartige Anliegen genutzt, so entfällt in den meisten Fällen die Notwendigkeit der im folgenden aufgezählten Erkrankungen.

Folgende Krankheitsbilder sind möglich:
Knochenbrüche, Knochenentzündungen, Knochentuberkulose; Thromboseneigung (Verlangsamung des Blutflusses, erhöhte Gerinnungstendenz); **Gallensteine;** Gallenkolik (zus. Ur); Rheuma; rheumatische Schwerhörigkeit; Nagelbettentzündungen; **Arteriosklerose;** Entzündung der Haarfollikel; akuter arterieller Gefäßverschluss, zus. Ur;

arterielle Hypertonie; renale Hypertonie (Bluthochdruck durch Verschluss von Nierenarterien), zus. Ve.

Mars in Haus 11

Hier repräsentiert Mars die »ausgekuppelte« Aggression, die von konkreter Bezüglichkeit losgelöste Selbstdurchsetzung und die Unabhängigkeit von Folgerichtigkeiten im Handeln.

Wesentliches Kriterium ist hier die Beißhemmung, das heißt, die Schwierigkeit, eigene Interessen gegen konkreten Widerstand durchzusetzen. Im Gegensatz zum Mars in Haus 10, der Blockierung und Begrenzung geradezu benötigt, um die Freisetzung von Eigeninitiative zu ermöglichen, wird hier gerne die Existenz von Unvereinbarem verleugnet und die Weigerung, instinktive Interessen durchzusetzen bzw. zu verteidigen, intellektuell gerechtfertigt. Die Aggression wird vom Auslöser abgekoppelt und somit zur frei fluktuierenden Energie, um sich unerwartet und unberechenbar explosionsartig (und inadäquat) zu entladen. Je nach Entwicklungsniveau und Verwirklichungsebene kommt es dann zu Übersprungshandlungen und Übergriffen.

Nicht gelebte Aggression verwirklicht sich in Form von Angst. Wobei hier das Angstobjekt die Gesellschaft ist bzw. deren Vertreter wie Behörden und Polizei. Lernaufgabe und Herausforderung: Lassen Sie Ihre Aggressionen an denen aus, die sie verursacht haben!

Folgende Krankheitsbilder sind möglich:
Schmerzhafte Erkrankungen der Wirbelsäule; Störungen der Reizleitung im vegetativen Nervensystem; Reflexirritationen (unwillkürliche Zuckungen u.Ä.); plötzlicher Blutdruckabfall und entsprechende Ohnmachtsneigung in Belastungssituationen; Phantomschmerzen; Hypermotorik; Nervosität; Muskeltremor; **Krämpfe; Migräne;** Nervenentzündungen; Tics (Ma/Pl); Muskel- und Bänderrisse; Katalepsie; Bandscheibenschäden; Epilepsie (auch Me/Ur, Mo/Ur); Spasmen; Koordinationsschwierigkeiten; Kollaps; Störungen in der Blutgerinnung; Herzrhythmusstörungen; Kolik; Gallenkolik; ziellose Aggression;

cholerische Anfälle; **Konzentrationsschwäche; Unfallneigung;** plötzlicher Kontrollverlust; Parkinsonsche Krankheit.

Mars in Haus 12

Mars in Haus 12 symbolisiert die mangelnde Durchsetzungsfähigkeit persönlicher Bedürfnisse, eine Tendenz zu Immunschwäche und Lähmungen (Bezug erster und zweiter Quadrant) sowie richtungslose Aggression bzw. Aggressionslähmung.

Lernaufgabe und Herausforderung: Diese Konstellation bietet die Herausforderung, das geschwächte, unklare oder nicht vorhandene Vaterbild selbst neu zu erschaffen und einzulösen, indem man sich im gesellschaftlichen Bereich als durchsetzungsfähigen Pionier darstellt. Ein Beispiel für diese Entsprechung wäre der »Paradeheilpraktiker« Manfred Köhnlechner, der diesen Inhalt zeitweise vorbildlich lebte.

Gelingt eine echte durchsetzungsbetonte Selbstdarstellung auf gesellschaftlicher Ebene, entfällt in der Regel die Notwendigkeit der nachfolgenden Krankheitsbilder. Alle physischen Entsprechungen benötigen einen dominanten Bezug zum ersten bzw. zweiten Quadranten.

Folgende Krankheitsbilder sind möglich:
Narkoseschäden; Geschlechtskrankheiten; Muskelschwäche; allgemeine Kraftlosigkeit; Bewusstlosigkeit; Willensschwäche; **Abwehrschwäche;** Tendenz zum chronischen Kränkeln; Handlungslähmung; Aufschwemmung; **Sehnenscheidenentzündung;** Muskelentzündungen; Minderwertigkeitskomplexe; Lähmung; Hospitalismus; Unempfindlichkeit gegenüber Schmerzen; schlechte Blutgerinnung; Störungen in der Hormonbildung des Nebennierenmarks; Adrenalinschwäche; Noradrenalinschwäche; niedriger Blutdruck; Anämie; Eisenmangel; Neigung zu Infektionen der Geschlechtsorgane; Nebennierenrindeninsuffizienz (Morbus Addison); Diabetes mellitus (zusätzlich Ma/Sa); okkulte Blutungen; Hämolyse (Zerfall der roten Blutkörperchen); Neigung zur Drogensucht; **Überempfindlichkeit gegen Medikamente.**

Die psychosomatischen Entsprechungen des Jupiters in den Häusern

Jupiter in Haus 1

Eine der seltenen Konstellationen, die der instinktiven Eigenart des Nativen zu viel Freiraum einräumen. Das heißt, die angeborenen Bedürfnisse und Neigungen werden oft nicht in ausreichendem Maße diszipliniert und sozialisiert. Psychologische Ursache kann hier sein, dass das Kind unbeaufsichtigt, unkontrolliert und ohne echte Zuwendung aufwächst. Es ist jedoch auch möglich, dass es übermäßig verwöhnt oder Opfer einer falsch verstandenen antiautoritären Erziehung wird. Die Folge ist häufig ein überzogener Egoismus, der weder den Betreffenden noch seine Umgebung zufriedenstellt. Als Gegenpol kann eine ebenso unangemessene Opferrolle eingenommen werden, indem man die Interessen und Bedürfnisse des Partners uneingeschränkt und kritiklos über die eigenen stellt. In beiden Fällen fehlt die »innere Erlaubnis«, Eigeninteressen gegen Widerstand (des Partners) durchzusetzen, das heißt, es besteht nur eine sehr eingeschränkte Konflikt- und Auseinandersetzungsfähigkeit.

Lernaufgabe und Herausforderung: Sie müssen lernen, dass wir für alles, was wir tun, selbst die Rechnung zu bezahlen haben. Niemand übernimmt für uns die Verantwortung. Lernen Sie, sich Ihres eigenen Egoismus bewusst zu werden, und – noch wichtiger – lernen Sie, mit Ihren außergewöhnlichen Freiräumen zufrieden zu sein! Hierbei ist ein Bemühen um Selbstdisziplin hilfreich, die verhindert, dass jedes Bedürfnis unbedingt, vollständig und sofort befriedigt werden muss.

Folgende Krankheitsbilder sind möglich:
Allergien; Autoimmunerkrankungen; Agoraphobie (Angst vor großen Plätzen); Arterienerweiterung; Colitis ulcerosa, auch Ju/Ur; Dickdarmblutungen; Störungen der Hämoglobinsynthese; Leberentzündung; Leberverletzung; Hepatitis; Lungenembolie (zus. Ma/Sa); Verletzung der Lungenbläschen, auch Me/Ma; krankhafte Milzvergrößerung; Muskelüberdehnung; **Bauchspeicheldrüsenentzündung;** Lungenentzündung; entzündliche Milzschwellung; Tennisarm.

Jupiter in Haus 2

Manchmal Hinweis auf Korpulenz. Vermehrte Bildung von Fettzellen. Gute Zellfunktion, ausgeprägte Synthesefähigkeit. Beschleunigtes Körperwachstum. Manchmal mangelhafte Körperentgiftung. Eventuell Tendenz zu Ödemen und blauen Flecken. Bei unverletzter Jupiterstellung: robuste Konstitution.

Diese Konstellation entspricht der (unbewussten) persönlichen Forderung und Erwartung an die Gesellschaft, dass diese die Möglichkeit zur eigenen Existenzsicherung zur Verfügung stellt, was erklärt, warum z.B. recht häufig der Beamtenstatus angestrebt wird. Obwohl zumindest ein unverletzter Jupiter oft deutlich auf Protektion hinweist – eine Förderung der eigenen beruflichen und materiellen Interessen somit gegeben ist –, bedeutet dies nicht unbedingt subjektive Zufriedenheit: Die Glückserwartung liegt deutlich höher als bei vielen anderen Konstellationen. Das heißt, man will mehr vom Leben als andere und ist dementsprechend schwerer zufriedenzustellen. Als Falle ergibt sich die Maßlosigkeit, welche sich auf das Besitzstreben allgemein, aber auch auf die Nahrungsaufnahme oder den Alkoholkonsum beziehen kann.

Lernaufgabe und Herausforderung: Entwickeln Sie Zufriedenheit mit Ihrer körperlichen und materiellen Existenz. Die Fähigkeit zur Sinnenfreude, die viele andere Konstellationen übersteigt, sollte ausgebildet und gefördert werden. So wird das »Haben« durch »Sein« überflüssig gemacht.

Folgende Krankheitsbilder sind möglich:
Blasengeschwülste, bei bösartigen Formen zus. Pl; Venenerweiterung; Orangenhaut; chronische Lippenschwellung; Zahnfleischgeschwulst; Halszysten, zus. Ve/Pl; Hämorrhoiden; Korpulenz; **Krampfadern;** Makroglossie (abnorme Vergrößerung der Zunge); Nierenzysten; Wilson-Krankheit (exzessive Kupferspeicherung, vor allem in Leber und Gehirn); Zysten, auch Ve/Pl; apiastische Zystenniere (erblich bedingte Durchsetzung des Organs mit zahlreichen Zysten).

Jupiter in Haus 3

Massiv gesteigerter Bewegungsdrang. Bei verletzter Jupiterstellung: Hinweis auf Erkrankungen des Atmungssystems. Manchmal Hinweis auf Hüftleiden. Stoffwechselstörungen (insbesondere des Dickdarms). Möglicherweise Sprechstörungen wie z.B. Redezwang. Gelegentlich Hinweis auf mangelnde Differenzierungsfähigkeit der Sinnesorgane, z.B. auf die mangelhafte Fähigkeit, Gerüche oder Geschmäcke zu unterscheiden. Bei gleichzeitiger Mond/Jupiter-Verbindung kann Weitsichtigkeit auftreten. Erkrankungen von Gelenkkapseln, Schleimbeutelentzündungen. Mögliche Schäden an Bandscheiben und Knorpeln.

Jupiter in Haus 3 verweist auf ein expansives Selbstdarstellungsbedürfnis, das sich sowohl im verbalen als auch im physischen Bereich (z.B. Tanz, Sport) äußern kann. Häufig liegt eine besondere Rede- und Kommunikationsbegabung vor.

Bei verletzter Jupiterstellung ergibt sich häufig die Angst vor der eigenen Zurschaustellung. Man fürchtet sich, unangenehm aufzufallen.

Das Problem dieser Konstellation liegt in einem eingeschränkten Differenzierungsvermögen. Man schert Dinge über einen Kamm, die nicht zusammengehören. Dies kann aus Bequemlichkeit, Gleichgültigkeit oder auch zu manipulativen Zwecken geschehen, indem man anderen Scheinargumente serviert.

Lernaufgabe und Herausforderung: Sie sollten Ihre kommunikativen Fähigkeiten dazu nutzen, um sich und anderen zu helfen, echte Gemeinsamkeiten zu entdecken und zu entwickeln.

Folgende Krankheitsbilder sind möglich:
Nervöses Atmungssyndrom, auch Mo/Me; **Blutstau in den Extremitäten;** Blutstau in den Fingern; Bronchiektasen; **Darmerkrankungen;** Demyelinisierung der Nervenfasern; Funktionsstörungen des Dickdarms; Dünndarmerweiterung; Schwellung der Extremitäten; Flatulenz; Fingerschwellungen; Größenwahn; **Leberfunktionsstörungen;** Lungenemphysem; Lungenkrankheiten; Meteorismus; krankhafte Dehnung oder Ausbuchtung der Speiseröhre.

Jupiter in Haus 4

Das reichhaltige Seelenleben. Jupiter im 4. Haus entspricht einem besonders ausgeprägten Bedürfnis nach emotionaler Zuwendung. Psychologisch liegt hier häufig in der Kindheit eine materiell abgesicherte Situation vor, in der ein Mangel an Liebe oder einfach Zeit durch Geschenke oder Geld kompensiert wurde.

Oft war das Kind auch noch »Aushängeschild« der Familie und damit zur Demonstration einer positiven Lebenshaltung verpflichtet.

Das Problem liegt hier in einem subjektivistischen Empfinden, das momentanen Stimmungen absoluten Wahrheitsanspruch zubilligt. Die eigene Gefühlswelt ist so intensiv, dass hierzu oft keinerlei kritische und regulierende Distanz mehr möglich ist. Im Gegenteil, man steigert sich immer mehr in eine bestimmte Emotion hinein, bis diese einen vollständig vereinnahmt.

Lernaufgabe und Herausforderung: Entwickeln Sie eine liebevolle und großzügige Einstellung sich selbst gegenüber, ohne in falsche – oft statusbezogene – Selbstwichtigkeit zu verfallen.

Folgende Krankheitsbilder sind möglich:
Magenerweiterung; Neigung zur »Überfütterung«; Fette können schlecht verdaut werden; **Fetthunger;** erhöhter Flüssigkeitsbedarf; gesteigerte Empfängnisfähigkeit bei Frauen (bei unverletzter Jupiterstellung); manchmal Hinweis auf eine Veranlagung zu Mehrlingsgeburten (zus. Me oder Ur); **Störungen der Eiweißsynthese** (z.B. Unverträg-

lichkeit bestimmter Aminosäuren bzw. Unfähigkeit, diese zu bilden); Elephantiasis (zus. Ve/Ju); Zwerchfellbruch (zus. Mo/Ne); übermäßiges Schwitzen, auch So/Ju; **Dysfunktion der Leber;** Leberinsuffizienz; alveoläres Lungenödem; Lymphödeme; Überfunktion des Parasympathikus; Schleimhautschwellungen; Wasserkopf (auch Mo/Ne); Zyklusstörungen; Ödeme; Hyperemotionalität; Hysterie; emotionales Pathos.

Jupiter in Haus 5

Jupiter in Haus 5 entspricht der Fähigkeit zum erfolgreichen Handeln. Die eigenen Aktivitäten werden in der Regel von der sozialen Umwelt positiv zur Kenntnis genommen und unterstützt. Die Falle dieser Konstellation ist der Hang zu Übertreibungen und Exzessen: Körper und Seele wird immer etwas mehr zugemutet, als diese eigentlich verkraften können.

Bei unverletzter Jupiterstellung: Gesteigerte Gebärfähigkeit bei Frauen – trotz oft überdurchschnittlich schwerer und großer Babys keinerlei Schwierigkeiten bei der Entbindung. Bei verletzter Jupiterstellung: Hinweis auf eine Tendenz zu Kaiserschnitten.

Bei Männern gibt die Jupiterstellung in Haus 5 Auskunft über deren Zeugungsfähigkeit. Oft ergeben sich hier Einschränkungen, insbesondere durch Krampfadern (Hodenüberwärmung).

Lernaufgabe und Herausforderung: Entwickeln Sie die Fähigkeit, subjektive Interessen mit einem sozialen Engagement zu verbinden. Auf diesem Wege kann eine dünkelfreie, sinnvolle Führungsposition im persönlichen Umfeld erreicht werden.

Folgende Krankheitsbilder sind möglich:
Alkoholismus; Angina pectoris; **Bewegungsmangel;** Bluthochdruck; **Dickdarmerkrankungen;** Erschöpfungszustände durch Überlastung; Neigung zu Exzessen; **Fettherz;** Störungen des Fettstoffwechsels; Fettsucht; eingeschränkte Fruchtbarkeit; Größenwahn; Hüfterkrankungen; Krampfadern; mangelhafte Körperabwehr; Lebererkrankungen; gestörtes Schmerzempfinden; Mangel an Selbstkritik; **Glorifizierung des Vaters;** Zwangshandlungen.

Jupiter in Haus 6

Tendenz zu Pathos und Überschwang im Gefühlsausdruck. Dementsprechend intensiver Einfluss der Stimmungslage auf das gesundheitliche Wohlbefinden.

Gute Adaptionsfähigkeit an veränderte Umweltbedingungen. Zum Beispiel wird ungewohnte Nahrung in der Regel problemlos vertragen. Bei verletzter Jupiterstellung ist das Gegenteil der Fall.

Die Stärke der Anpassungsfähigkeit kann hier jedoch auch zu einem Problem werden, wenn man sich z.B. ohne Not mit einer unbefriedigenden Lebenssituation abfindet, bloß weil man eben in der Lage ist, diese zu ertragen. Lernaufgabe und Herausforderung: die Entwicklung eines großen seelischen Freiraums, der Ihnen die Souveränität gibt, Ihre Gefühle so darzustellen, dass diese von Ihrer Umwelt positiv wahrgenommen werden. Hiermit verbunden ist natürlich die Ermutigung für andere, sich die ihnen zustehenden Freiräume zu nehmen.

Folgende Krankheitsbilder sind möglich:
Nervöses Atmungssyndrom, auch Mo/Me; Blutstau in den Extremitäten; Blutstau in den Fingern; Bronchiektasen; alle Formen von **Darmerkrankungen;** Demyelinisierung der Nervenfasern; alle Funktionsstörungen des Dickdarms; **Dünndarmerweiterung;** Schwellungen der Extremitäten; Flatulenz; Fingerschwellungen; Größenwahn; **Leberfunktionsstörungen;** Lungenemphysem; Lungenkrankheiten; Meteorismus; krankhafte Dehnung der Speiseröhre.

Jupiter in Haus 7

Tendenz zur Hysterie, vor allem bei Frauen. Instabiles seelisch-körperliches Gleichgewicht. Stimmungsschwankungen, Suchtneigung, alle Arten von Stoffwechselstörungen.

Auslöser (nicht Verursacher) von Erkrankungen ist hier immer die direkte Beziehung zur Umwelt, insbesondere die zum Partner. Dies ist für alle Planeten im 7. Haus der Fall, gilt aber für Jupiter in herausragendem Maße, da hier eine Tendenz zur Idealisierung des Partners vorliegt, die ihm eine gewisse Erlöserfunktion zuweist, mit der er in aller Regel überfordert ist. (Es gibt wahrscheinlich keine Klientin mit dem Jupiter in Haus 7, die sich *nicht* in ihren Therapeuten verliebt.) Hier liegt auch die Falle: Zu verlockend ist das Angebot, die Eigenverantwortung auf ein Gegenüber zu projizieren. Dies gilt für Positives und Negatives gleichermaßen. Schließlich ist ja auch die Glorifizierung des Partners ein probates Mittel, ihm die Themen zuzuweisen, die einem selbst unangenehm sind: Wenn ich den Mut meines Partners bewundere, ist es auch seine Aufgabe, für mich in den dunklen Keller zu gehen. Lernaufgabe und Herausforderung: Erkennen Sie, dass Ihnen nichts begegnet, das nicht ein Spiegel Ihres Selbst ist. Die Bewunderung, die wir für andere hegen, bezieht sich auf Eigenschaften, die wir selbst besitzen wollen. So bestünde vielleicht ein erster Entwicklungsschritt darin, mit dem gleichen positiv gefärbten Blick, mit dem wir andere betrachten, einmal auf uns selbst zu schauen.

Folgende Krankheitsbilder sind möglich:
Gefäßerweiterung; Blasengeschwülste, bei bösartigen Formen zus. Pl; **gutartiger Blasentumor;** erhöhter Cholesterinspiegel; Überzuckerung; Hämorrhoiden; **Krampfadern;** Leberinsuffizienz; Funktionsstörungen der Leber; Nierenzysten; krankhafte **Nierenvergrößerung;** gutartiger Nierentumor; Wilson-Krankheit (exzessive Kupferspeicherung, vor allem in Leber und Gehirn); Zysten, auch Ve/Pl; aplastische Zystenniere (erblich bedingte Durchsetzung des Organs mit zahlreichen Zysten).

Jupiter in Haus 8

Manchmal Hinweis auf Mehrfachgeburten, insbesondere bei künstlicher Befruchtung. Im Extremfall Neigung zu religiösen Wahnvorstellungen.

Bei unverletzter Jupiterstellung sehr gute Regenerationsfähigkeit. Krankheiten und Verletzungen heilen überdurchschnittlich schnell aus. Hinweis auf gesundes Erbmaterial (d.h. keine Übertragung von

Erbkrankheiten auf die Nachkommen). Bei verletzter Jupiterstellung gilt das Gegenteil. Bei Männern: Prostataerkrankungen.

Jupiter in Haus 8 entspricht einem expansiven Bindungsbedürfnis. Dies gilt für Wertvorstellungen, Zugehörigkeit zu irgendwelchen Vereinigungen und Gruppen sowie für Freundschaften und Partnerschaften gleichermaßen.

In Verbindung mit der Fähigkeit zu intensivem Wunschdenken besteht hier die Gefahr, in Krisensituationen die Wirklichkeit immer mehr durch Vorstellungen zu ersetzen, was im Extremfall ins Wahnhafte übersteigert werden kann.

Lernaufgabe und Herausforderung: Die Entwicklung einer toleranten Lebensphilosophie, die unterschiedliche Wertsysteme und ihre Dogmen nebeneinander bestehen lassen kann.

Folgende Krankheitsbilder sind möglich:
Akromegalie (Riesenwuchs nach Abschluss der normalen Wachstumsphase); Lebertumor; Virushepatitis; **Dickdarmtumor;** genetisch bedingte **Fettstoffwechselstörungen;** Hämorrhoiden (auch Ve/Ju); **Lungentumor;** Mastdarmerweiterung; Pankreaskarzinom; Erkrankungen des subkutanen Fettgewebes; Polypenbildung im Darm; Rektumsenkung.

Jupiter in Haus 9

Diese Konstellation hat keinen Krankheitswert.

Jupiter in Haus 10

Lebensziel und Berufung liegen im sozialen und gesellschaftlichen Bereich. Dies kann eine Lehrtätigkeit wie auch z.B. die Beschäftigung mit Jura bedeuten. Das Problem liegt in der Anmaßung, sich selbstherrlich eine den persönlichen Neigungen entgegenkommende Rechtsauffassung zu basteln, die mit zweierlei Maß misst, das heißt, der Betreffende fordert Pflichten von anderen ein, die er selbst nicht zu erfüllen bereit ist.

Lernaufgabe und Herausforderung: die Entwicklung einer toleranten und großzügigen Lebensphilosophie, die auch tatsächlich gelebt wird.

Folgende Krankheitsbilder sind möglich:
Störungen des Knochenwachstums; Silikose (Lungenfibrose durch Quarzstaub); Hagelkorn; **chronische Erkrankungen des Dickdarms;** Glasknochenkrankheit, zus. Sa/Ur; Hypersplenismus (Milzerkrankung); gutartiger Hypophysentumor; krankhafte Hypophysenvergrößerung und -überfunktion; Knochenerweichung; chronische Erkrankungen der Leber; Lebersteine; Lebertuberkulose; Leberzirrhose; Lungenembolie; **Lungentuberkulose;** ZNS-Demyelinisierung; Kalklunge.

Jupiter in Haus 11

Mit Jupiter im 11. Haus sieht man sich meist in einer gehobenen gesellschaftlichen Position, die einen Sonderstatus einräumt. Eine solche Position kann auch oft durch Protektion, die man hier vielfach erfährt, erreicht werden. Lernaufgabe und Herausforderung: Die Hilfe und Unterstützung durch andere nicht als Selbstverständlichkeit abtun, sondern ein angemessenes Gefühl der Achtung und Dankbarkeit entwickeln. Dies kann u.a. auch in der Weise geschehen, dass man andere im Rahmen ihrer Möglichkeiten fördert.

Folgende Krankheitsbilder sind möglich:
Übermäßige Zellteilung und hierdurch Bildung von Überbeinen; Disposition zur Warzenbildung; krankhafte Schilddrüsenvergrößerung bis hin zum Kropf (Struma); Schilddrüsenüberfunktion; **erhöhter Jod- und Lecithinbedarf;** Hornhaut- und Schuppenbildung; alle Krankheiten, die die schützende Myelinschicht der Neuronen angreifen, z. B. multiple Sklerose; **Bandscheibenschäden;** Dickdarmentzündung und -geschwüre; **Darmkoliken; Störungen der Eiweißsynthese;** Störun-

gen des Fettstoffwechsels; Lungeninfarkt; Dysfunktion der Thymusdrüse; Wachstumsstörungen.

Jupiter in Haus 12

Jupiter in Haus 12 entspricht dem Anspruch und der Fähigkeit, sich im Gesellschaftlichen als Wohltäter darzustellen. Das Problem liegt hier in der Gefahr, mangelndes Selbstwertgefühl ausgleichen zu wollen durch Übertreibungen und Versprechungen, die man letztlich nicht halten kann. Die Spannung zwischen Anspruch und Wirklichkeit kann im Extremfall zur Flucht in ein Wunschdenken führen, das keinerlei echte Selbstkritik mehr zulässt.

Lernaufgabe und Herausforderung: Man kann nur das ohne Hochstapelei gesellschaftlich zur Schau stellen, was durch eigene Arbeit erreicht wurde. Dann »lobt das Werk den Meister«, und Übertreibungen oder gar Wirklichkeitsverlust sind als destruktiver Ersatz nicht mehr notwendig.

Folgende Krankheitsbilder sind möglich:
Manchmal Hinweis auf Alkoholismus; Tendenz zu **Infektionserkrankungen der Leber,** insb. **Hepatitis;** Krankheiten, die zu einer Auflösung der Zellwände führen; das Platzen von Gefäßen durch Osmosestörungen; Ödeme; Hinweis auf **Enzymstörungen im Dünndarmbereich;** Hypophysendysfunktion; Lähmung und Infektionserkrankungen des Dickdarms; Verstopfung; krankhaft **erhöhter Cholesterinspiegel;** Epiphysentumor; Störungen des Fettstoffwechsels; Fettsucht; Hormonüberprodukion; Kleinwüchsigkeit; Stoffwechselstörungen der Leber; Leberinsuffizienz; Lebernekrose (Absterben von Lebergewebe); Lungenemphysem (zus. Me/Sa); Lungentuberkulose, zus. Sa/Ne; Manie (irreales Glücksempfinden); destruktiver Nihilismus; Verlust des Realitätssinns; Scheintoleranz; Unfähigkeit zum Schmerzempfinden; religiöse Wahnvorstellungen; lebensfeindliche Weltanschauung.

Die psychosomatischen Entsprechungen des Saturns in den Häusern

Saturn in Haus 1

Saturn in Haus 1 entspricht der Selbstdurchsetzung in übergeordneten Maßstäben, das heißt, Triebmomente werden in das Korsett allgemeinverbindlicher Spielregeln gezwungen, das Instinktive bis hin zur Schwerfälligkeit und Starre diszipliniert.

Auf der anderen Seite verweist die Analogie auf das Durchbrechen von Begrenzungen, man will selbst neue Maßstäbe setzen oder zumindest alte stürzen. Dies gilt nicht im Sinne spontaner Auflehnung und Rebellion, sondern ist als chronische Lebenseinstellung aufzufassen, wobei die Attraktivität eines Zieles mit seiner Schwierigkeit wächst.

Die eigene Durchsetzungsfähigkeit ist an gesellschaftliche Maßstäbe und Normen gebunden. Das heißt, entweder fühlt man sich durch die allgemeine Konvention eingeschränkt und unterdrückt und kämpft dementsprechend (und erfolglos) gegen diese an, oder man gelangt selbst in die glückliche Situation, anderen Maßstäbe diktieren zu können.

Herausforderung und Lernaufgabe: Es gilt, für eine angemessene Form von Gerechtigkeit zu kämpfen. Mindestvoraussetzung ist hier, dass man nicht mit zweierlei Maß misst und nicht von anderen etwas fordert, das man selbst zu erbringen nicht bereit ist. In einem weiteren Schritt ist die Einsicht notwendig, dass nicht alle Menschen über die gleiche Fähigkeit zur unbedingten Konsequenz verfügen wie Sie.

Folgende Krankheitsbilder sind möglich:
Aortenverengung; Arteriosklerose; Follikulitis (Entzündung der

Haarfollikel); Gallenkolik (zus. Ur); Gallensteine; akuter arterieller Gefäßverschluss (zus. Ur); **Bluthochdruck;** Knochenbrüche; Knochenentzündungen; Muskelatrophie, zus. Ma/Ne; Paronychien (Nagelentzündungen); Rheuma; rheumatische Schwerhörigkeit; **Thromboseneigung;** Knochentuberkulose; Zahnstein.

Saturn in Haus 2

Prägendes Element dieser Konstellation ist der Substanzmangel bzw. die existenzielle Verhärtung. Bei massiver Verletzung der Spitze von Haus 2 oder von Saturn kann es hier zu angeborenen Funktionsstörungen kommen, die insbesondere die Drüsentätigkeit, aber auch den Zellstoffwechsel betreffen.

Das psychologische Thema dieser Konstellation ist das gesellschaftsbezogene Sicherheitsstreben. Krankheiten sind hier häufig die Folge übertriebener Existenzängste. Man fühlt sich gesellschaftlich oder sozial ungesichert, was sich z.B. in einer (meist irrationalen) Angst vor Enteignung äußern kann. Ein grundsätzliches Misstrauen gegenüber öffentlichen Einrichtungen lässt die Nativen ihre wirtschaftlichen Rücklagen im Extremfall lieber im Sparstrumpf aufbewahren, als sie einer Bank anzuvertrauen. Man glaubt, zu wenig zu besitzen (im konkreten oder übertragenen Sinne) und gibt deshalb auch zu wenig von sich her. Solange nicht ein gesunder Mittelweg zwischen Behalten, Haben-Wollen und Hergeben-Können gefunden ist, sind gravierende Stoffwechselstörungen wahrscheinlich. Ursache ist hier eine mangelhafte Körperentgiftung auf der zellulären Ebene: Man hat Angst, etwas herzugeben, selbst die »Abfälle« werden behalten. So besteht in der zweiten Lebenshälfte eine gesteigerte Wahrscheinlichkeit zu krankhafter Verstopfung und Gefäßverkalkung.

Lernaufgabe und Herausforderung: Für Sie geht es darum, Sicherheitsgefühl durch soziale Gerechtigkeit zu bekommen. Geben Sie dem »Cäsar, was des Cäsars ist«. Will heißen: Zahlen Sie Ihre Steuern pünktlich und korrekt, kommen Sie Ihrer sozialen Verantwortung anderen Menschen gegenüber nach, und niemand wird mehr ein Interesse daran haben, Ihnen etwas wegzunehmen. Anders formuliert: Lernen Sie zu geben, dann wird sich Ihr existenzielles Mangelempfinden auflösen!

Folgende Krankheitsbilder sind möglich:
Künstliche Mangelerscheinungen aufgrund unzureichender Fähigkeit der Körperzellen, Mineralstoffe einzulagern; Störungen in der Gefäßpermeabilität; **verzögerte Körperentwicklung;** Gefäßverhärtung; Störungen des Knochenwachstums; Altersbrand (auch Ve/Pl); Verschluss tiefer Venen; postthrombotisches Syndrom; Nierensteine; Blasensteine; Schuppenflechte, zus. Me/Ma; Akne vulgaris, auch Mo/Ma, Mo/Ne; Vaginismus, zus. Ve/Ur; Harnverhaltung; Harngrieß; **Venenverhärtung;** Schrumpfniere.

Saturn in Haus 3

Diese Konstellation entspricht einer Selbstdarstellungshemmung, verbunden mit einer (unbewussten) Bestrafungserwartung, wenn man sich so zeigt, wie man ist. So versteckt man sich gerne hinter einem formalistischen Auftreten, man sucht Sicherheit in der Tagesordnung. Eigene Bedürfnisse anderen gegenüber und der uneingestandene Geltungsdrang werden aus Angst nicht gezeigt. Man nimmt eine unbefriedigende Verzichtposition ein. Wagt man sich doch, Ansprüche vorzubringen, tritt man aus Unsicherheit oft übertrieben abgrenzend oder gar ruppig auf, sodass sich die befürchtete Ablehnung meist auch prompt einstellt. Als Fluchtpunkt bleibt hier nur noch eine eher infantile Trotzhaltung.

Lernaufgabe und Herausforderung: Bemühen Sie sich um die Fähigkeit, sich und Ihre Bedürfnisse so zu zeigen, dass Sie von anderen eindeutig verstanden werden, ohne dass sich diese abgelehnt fühlen.

Folgende Krankheitsbilder sind möglich:
Sprachstörungen, oft Stottern; Angst, sich zur Schau zu stellen; Phobien (zusätzlich Ve/Ma); chronische Bronchitis; Erkrankungen der Speiseröhre; im Alter Tendenz zu **Gicht** und **Rheuma; Behinderungen des Bewegungsapparates;** Amimie (reduziertes Mienenspiel);

Atemwegserkrankungen; Arthrose; Schluckbeschwerden; Gefühl erschwerter Atmung; Kalziumstoffwechselstörungen; Katalepsie (auch So/Sa); Morbus Raynaud (»Absterben« von Fingern); Refluxkrankheiten; **Funktionsstörungen der Sinnesorgane.**

Saturn in Haus 4

Diese Konstellation entspricht der strukturierten bzw. der gehemmten Seele. Der Betreffende musste schon in frühester Kindheit lernen, mit einer emotionalen Mangelsituation auszukommen. Im späteren Leben hilft dies, sich von der Zustimmung anderer unabhängig zu machen und konsequent an der Verfolgung eigener Ziele festzuhalten. Herausragendes psychologisches Moment dieser Konstellation ist die Tendenz zum Depressiven bzw. Melancholischen. Das panisch vermiedene (weil angstbesetzte) Empfinden einer inneren Leere geht einher mit einem permanenten emotionalen Leistungsanspruch, dem man nicht vollständig gerecht werden kann. In manchen Fällen kann hier von einer Workaholic-Konstellation gesprochen werden, bei der sich die Betreffenden nur in der Arbeit wirklich wohlfühlen.

Lernaufgabe und Herausforderung: Entwickeln Sie ein harmonisches Gleichgewicht zwischen emotionaler Abgrenzung und Offenheit anderen gegenüber. Gefühle zuzulassen bedeutet weder, dass Sie dafür Ihre Seele verkaufen müssen, noch, dass Sie verpflichtet sind, sich seelisch an jemanden zu binden, der Sie schon lange nicht mehr haben möchte.

Folgende Krankheitsbilder sind möglich:
Unverträglichkeit von Nahrungsmitteln, z.B. Laktoseunverträglichkeit; **Verdauungsstörungen:** Nahrungsmittel verbleiben oft stundenlang unverarbeitet im Magen; **Magenuntersäuerung;** massiv **erhöhter Flüssigkeitsbedarf;** bei Frauen: chronische Erkrankungen der Geschlechtsorgane; Störungen der Libido; Störungen der Schwangerschaft in den ersten dreieinhalb Monaten; Magensteine; Depressionen; Fettsucht; Flüssigkeitsmangel; Hypophysendysfunktion; eingeschränkte Hingabefähigkeit; Hirnverkalkung; Unfruchtbarkeit der Frau; Kalzi-

uminsuffizienz; Verkalkung der Lymphknoten; Magersucht, auch Mo/Ma; Osteoporose; Altersweitsichtigkeit; **Austrocknung der Schleimhäute.**

Saturn in Haus 5

Handeln im Sinne gesellschaftlicher Maßstäbe. Dies ist eine Karrierekonstellation par excellence: Sämtliche Aktivitäten dienen hochgesteckten Zielen. Psychologisch ist hier oft eine problematische Vaterbeziehung die Ursache. Man glaubt, erst dann etwas wert zu sein, wenn man diesen an Rang und Namen überflügelt hat.

Ehrgeiz und Zielstrebigkeit sind sicherlich wünschenswerte Eigenschaften. Sind diese allerdings zu stark ausgeprägt, kann es zu paradoxen Reaktionen kommen. Die eigene Handlungsfähigkeit wird gelähmt, da man so viel auf einmal möchte, dass gar nichts mehr unternommen werden kann. Selbst bei schwächerer Ausprägung ist diese Tendenz nicht unproblematisch. Man verschleißt sich in einem verkrampften Dauerstress, der in chronische und sogar lebensbedrohliche Krankheitsbilder münden kann. Lernaufgabe und Herausforderung: Bemühen Sie sich um die Fähigkeit, bei einer intensiven Zukunftsorientierung die Gegenwart nicht zu vergessen. Tragen Sie sich Ihre Freizeitwünsche, die geplante Zeit für Hobbys, Freunde und Partner verbindlich in Ihren Terminkalender ein und kommen Sie Ihrer »Vergnügungspflicht« nach. Sie werden sich damit besser fühlen!

Folgende Krankheitsbilder sind möglich:
Arteriosklerose- und Thrombosegefahr; Kreislaufstörungen, häufig kalte Hände und Füße; Herzschwäche, mangelhafte Versorgung der Herzkranzgefäße, **Verengung der Herzarterien;** Sympathikusübersteuerung: Neigung zu allen Formen von Stresserkrankungen; meist massiv **erhöhter Vitamin-C-Bedarf** (1–2 Gramm täglich und mehr); bei Männern manchmal Hinweis auf Störungen im Sexualbereich; Unfruchtbarkeit; Erkrankungen der Geschlechtsorgane, Potenzstörungen oder reduzierte Orgasmusfähigkeit; Angina pectoris; Rheuma; Gicht; Erkrankungen der Kniegelenke; Bluthochdruck in der zweiten Le-

benshälfte, niedriger Blutdruck in der ersten Lebenshälfte; **Hemmung im Gefühlsausdruck;** Kopfläuse, zus. Me/Ur.

Saturn in Haus 6

Wie allen Planeten in Haus 6, so kommt auch dieser Saturnstellung eine besondere psychosomatische Komponente zu. Grundsätzlich besteht hier eine Disposition zu allen chronischen Krankheitsformen. Konkret können folgende Organe und Funktionen betroffen sein: Nebenschilddrüse, Kalziumstoffwechsel, Hypophyse, Hypothalamus, Knochen, Haare, Fingernägel sowie die Zähne. Die psychologische Ursache liegt hier fast immer in einer Hemmung, seine Gefühle zu zeigen. Der emotionale Ausdruck kann so blockiert sein, dass seelische Vorgänge noch nicht einmal vom Betreffenden selbst ausreichend wahrgenommen werden. Die innere Kontrolle kostet so viel Energie, dass darunter die Anpassungsfähigkeit an veränderte Umweltbedingungen leidet, was sich z.B. in besonderer Wetterfühligkeit, Unverträglichkeit ungewohnter Nahrungsmittel u.Ä. zeigen kann.

Lernaufgabe und Herausforderung: Es geht darum, einen strukturierten Gefühlsausdruck zu erlernen, der anderen die eigene emotionale Befindlichkeit vermittelt, ohne aufdringlich oder abweisend zu sein.

Folgende Krankheitsbilder sind möglich:
Amimie (reduziertes Mienenspiel); Atemwegsobstruktion; **Atemwegstenosen** (Verengungen der Atemwege); Arthrose der Extremitäten; Behinderungen des Bewegungsapparats; Schluckbeschwerden; Gefühl erschwerter Atmung; obstruktiver Ileus des Dünndarms; **Kalziumstoffwechselstörungen;** Muskelstarre (auch So/Sa); **Bauchspeicheldrüsenentzündung,** auch Me/ju; Refluxkrankheiten; Funktionsstörungen der Sinnesorgane.

Saturn in Haus 7

Wenn es bei dieser Konstellation zu psychosomatischen Erkrankungen kommt, so ist der auslösende Faktor immer die Beziehung zu anderen, in erster Linie zum Partner. Psychologische Ursache dieser Dispositionen ist eine Begegnungshemmung, das heißt, die Nativen benötigen gleichsam erst eine Hingabeerlaubnis. Die mangelhafte Offenheit für andere ist gekoppelt mit massiven Ablösungsschwierigkeiten, wenn eine Bindung einmal zustande gekommen ist.

Lernaufgabe und Herausforderung: »Begegnungsspielregeln« zu erlernen, die ein Einlassen wie auch ein Ablösen in Bezug auf andere ermöglichen.

Folgende Krankheitsbilder sind möglich:
Verzögerte Regelmechanismen im Körper: Zum Beispiel kann sich bei der Nahrungsaufnahme das Sättigungsgefühl so spät einstellen, dass bereits viel zu viel gegessen wurde und Völlegefühl oder gar Übelkeit die unmittelbare Folge ist. Das Gleiche gilt für den Blutzucker- und Adrenalinspiegel. Körperliche und seelische Unausgeglichenheit; erhöhter Flüssigkeitsbedarf; funktionelle Nierenschäden; Störungen des Knochenwachstums; postthrombotisches Syndrom; **Nierensteine; Blasensteine; Psoriasis** (Schuppenflechte), zus. Me/Ma; Vaginismus, zus. Ve/Ur; Harnverhaltung; Harngrieß; Venenverhärtung; **Krampfadern;** Hämorrhoiden; Schrumpfniere.

Saturn in Haus 8

Diese Konstellation ist ein grundsätzlicher Hinweis auf eine Disposition zu Erbkrankheiten aller Art. Wie intensiv diese in Erscheinung treten, ist von den Aspekten zu Saturn und zur Spitze des 8. Hauses einerseits sowie von den persönlichen Umweltbedingungen abhängig. Entscheidend für den Ausbruch und die Überwindung von Erkrankungen ist hier die Fähigkeit, seine eigenen Prinzipien und Wertvorstellungen mit den sozialen und gesellschaftlichen Anforderungen in Übereinstimmung zu bringen.

Diese Konstellation bietet die Chance, sich für die gesellschaftliche Durchsetzung und Verbreitung der persönlichen Wahrheit einzusetzen. Geschieht dies nicht, können insbesondere ausgeprägte Angstzustände die Folge sein. Lernaufgabe und Herausforderung: Es geht darum, für die eigenen Werte zu kämpfen und – besonders schwierig – die

Fähigkeit zu entwickeln, die Einstellung des Andersdenkenden ohne Groll oder Hybris zu ertragen.

Folgende Krankheitsbilder sind möglich:
Hypophysentumor; obstruktiver Ileus des Mastdarms; **Pilzerkrankung im Kopfbereich;** Talgzysten; Melanom; trockenes Gangrän; manchmal Hinweis auf **Störungen in der Fortpflanzungsfähigkeit** (*kein* Hinweis auf Potenzstörungen) eingeschränkte Regenerationsfähigkeit; Tendenz zur Tumorbildung.

Saturn in Haus 9

Für sich genommen kommt dieser Konstellation kein besonderer Krankheitswert zu. Manchmal kann ein verletzter Saturn in Haus 9 auf eine Verletzung oder Narbe im Bereich des linken Auges hinweisen.

Das psychologische Problem dieser Konstellation liegt in der Gefahr einer normierenden Toleranz. Was tolerabel ist und was nicht, bestimmt der Betreffende. Das heißt, es besteht die Gefahr, persönliche Neigungen und Interessen mit Toleranz zu verwechseln.

Lernaufgabe und Herausforderung: Auseinandersetzung mit sozialen Themen sowie die Beschäftigung mit Metakommunikation: Wie kann ich es erreichen, dass Menschen aus unterschiedlichen sozialen und kulturellen Umfeldern sich sinnvoll verständigen können?

Folgende Krankheitsbilder sind möglich:

Mangelhafte Proteinsynthese: Erkrankungen, die auf die Unfähigkeit des Körpers, bestimmte Eiweißstoffe selbst herzustellen, zurückzuführen sind; manchmal Hinweis auf disproportionales oder verzögertes Längenwachstum; Störungen des Knochenwachstums; obstruktiver Ileus des Dickdarms; alle Formen von ZNS-Demyelinisierung.

Saturn in Haus 10

Diese Konstellation hat für sich genommen keinen Krankheitswert.

Saturn in Haus 11

Saturn in Haus 11 entspricht einer massiven inneren Anspannung, die daraus erwächst, gleichzeitig unvereinbaren Traditionen verpflichtet zu sein. Psychologische Ursache sind hier meistens unterschiedliche Wertsysteme der Eltern, an die das Kind durch die Erziehung gebunden wird.

Lernaufgabe und Herausforderung: Es gilt, das Unvereinbare vereinbar zu machen, das heißt, aus zwei gegensätzlichen Traditionen, die zu seelischer Zerrissenheit führen, eine dritte, hoch individuelle Form von Wertsystem und persönlichen Normen zu entwickeln, die auch zum Maßstab für andere werden können.

Folgende Krankheitsbilder sind möglich:
Gravierende **Störungen des Nervensystems,** im Extremfall Epilepsie; **asynchrone Tätigkeit der beiden Hirnhemisphären;** Erkrankungen, die halbseitig auftreten, z. B. Gürtelrose (**Herpes** zoster); Schizophrenie; Leukämie; Rückenmarkskompression.

Saturn in Haus 12

Saturn im 12. Haus entspricht der Aufforderung, auf einer gesellschaftlichen Ebene Ordnung und Struktur zu repräsentieren – eine Ordnung und Struktur, die man in der Regel nicht hat. Saturn in Haus 12 kann als »Jurist« bezeichnet werden: Es geht darum, das Recht darzustellen.

Lernaufgabe und Herausforderung: Eine Form der Fairness zu demonstrieren, die man in der Tat auch selbst leben kann. Geschieht dies nicht, ergibt sich häufig eine Affinität zu verschiedensten Formen von (meist langwierigen) Infektionskrankheiten.

Folgende Krankheitsbilder sind möglich:
Hormonstörungen; oft Überhang der primär gegengeschlechtlichen Sexualhormone, das heißt Testosteronüberschuss bei Frauen, Östrogenüberschuss bei Männern; Neigung zu **Hauterkrankungen** und Hautallergien; erhöhte **Infektionsneigung;** hypophysärer Zwergwuchs; Bluterkrankheit; Störungen in der Blutgerinnung; Haarausfall, zus. Ma; Hirnhautentzündung; Tuberkulose; **Akne;** Tendenz zu Depressionen, die durch Licht günstig beeinflusst werden können.

Die psychosomatischen Entsprechungen des Uranus in den Häusern

Uranus in Haus 1

Uranus in Haus 1 repräsentiert die »ausgekuppelte« Aggression, die von konkreter Bezüglichkeit losgelöste Selbstdurchsetzung, die Unabhängigkeit von Folgerichtigkeiten im Handeln sowie die aus der Tradition der Sippe heraus mutierende Anlage. Wesentliches Kriterium ist hier die »Beißhemmung«, das heißt die Schwierigkeit, eigene Interessen gegen konkreten Widerstand durchzusetzen. Bei dieser Konstellation wird die Existenz von Unvereinbarem verleugnet und die Weigerung, instinktive Interessen durchzusetzen bzw. zu verteidigen, (intellektuell) gerechtfertigt. Die Aggression wird vom auslösenden Moment abgekoppelt und somit zur frei fluktuierenden Energie, die sich unerwartet und unberechenbar irgendwann explosionsartig entlädt. Wird dies in der passiven Form gelebt, ergibt sich in diesen Perioden eine gesteigerte Unfallneigung.

Lernaufgabe und Herausforderung: Erwerben Sie die Fähigkeit, sich eigene Bedürfnisse einzugestehen und leben zu können. Die durch die Kindheitsbedingungen (Unvereinbarkeit der Eltern – das Kind als neutralisierender Faktor, um diese zu überspielen) antrainierte Unentschlossenheit im Wollen führt zu seelischer Blutarmut und instinktiver Orientierungslosigkeit. Triebmuster können nicht befriedigt werden, da ihre Existenz nicht wahrgenommen wird. Daher ist es bei dieser Konstellation notwendig, sich vom antrainierten Programm der Eltern, zwischen allen Stühlen zu sitzen, zu befreien.

Folgende Krankheitsbilder sind möglich:
Ziellose Aggression; cholerische Anfälle; irrationale Angstzustände;

Bandscheibenschäden; plötzlicher Blutdruckabfall; Gallenkolik; Herzrhythmusstörungen; Hypermotorik; Muskelstarre; Kolik; Kollaps; plötzlicher Kontrollverlust; Konzentrationsschwäche; Koordinationsschwierigkeiten; Kopfverletzungen; Krämpfe; Migräne; Muskel- und Bänderrisse; Muskeltremor; Nervenentzündungen; Nervenzusammenbrüche; Nervosität; Neuritiden; Parkinsonsche Krankheit; Phantomschmerzen; unwillkürliche Zuckungen u.Ä.; Schleudertrauma; Störungen der Reizleitung; Störungen in der Blutgerinnung; Tics, (zus. Ma/Pl); Trigeminusneuralgie; Unfallneigung; Übererregbarkeit, auch Me/Ma; schmerzhafte Erkrankungen der Wirbelsäule; Wirbelsäulenverletzung; Schilddrüsenverletzung; Masochismus beim Mann, zus. Ma/Sa; Sadismus der Frau, zus. Ma/Sa.

Uranus in Haus 2

In psychologischer Hinsicht entspricht Uranus in Haus 2 dem »Tanz auf dünnem Eis«, dem Versuch, Sicherheit im Unbeständigen und Irrationalen zu finden. Dabei kommt es zu einer Scheinselbstständigkeit durch den Wechsel von materiellen) Abhängigkeiten. Das Beständige ist gleichzeitiges Thema von Sehnsucht und Angst.

Psychologische Ursache ist hier vermutlich eine existenzielle Verunsicherung in den ersten Kindheitsjahren. Immer dann, wenn Vertrauen und ein Gefühl von Sicherheit entstand, wurde dieses unversehens wieder entzogen. Dies kann z.B. für die elterlichen Bezugspersonen gelten, wenn ein Kind bei einem alleinerziehenden Elternteil aufwächst und permanent neue Väter und Mütter vorgesetzt bekommt, die dann verschwinden, wenn man sich endlich an sie gewöhnt hat. Auch häufige Umzüge in Verbindung mit einem permanenten Wechsel des sozialen Umfeldes können angezeigt sein. Die Lektion der Kindheit ist in all diesen Fällen die gleiche: »Lasse dich auf nichts und niemanden wirklich ein, sonst wirst du nur enttäuscht.«

Lernaufgabe und Herausforderung: Versuchen Sie, so viel echtes Selbstbewusstsein zu entwickeln, dass Sie auch dann ein Gefühl von Sicherheit und Vertrauen zulassen können, wenn es keine Garantie gibt, dass die Situation so bleibt, wie sie sich im Moment darstellt.

Folgende Krankheitsbilder sind möglich:
Androgynität; Gefäßkrämpfe; Blutsturz; Lippenentzündung; Chromosomenanomalien; **Dysregulation im Östrogen- und Gestagenhaushalt;** Störungen der Drüsentätigkeit; Nierenentzündung; Nierenfunktionsstörungen; **Phosphorallergie;** Rollvenen; Schiefhals; Thrombosen; Trisomie; Vaginismus, zus. Ve/Sa; Krampfadern (auch Ve/Ne); Wanderniere; Störungen der Zellteilung; emotionale Instabilität durch mangelhafte Hirnhemisphärensynchronisation.

Uranus in Haus 3

Die exzentrische Selbstdarstellung. Uranus in Haus 3 verweist immer auf das Bedürfnis, als etwas Besonderes zu gelten und dies auch zu demonstrieren. Je nach Entwicklungsniveau mag dies im Verbalen oder über die Kleidung stattfinden.

Auch auf der intellektuellen Ebene kann sich diese Konstellation recht unterschiedlich auswirken: Hier reicht die Bandbreite von »genial« über »zerfahren und unkonzentriert« bis zur völligen Unfähigkeit, einen logischen Gedankengang nachzuvollziehen. Jede Konstellation stellt gegensätzliche Pole zur Verfügung, so wie jeder Stock notwendigerweise zwei Enden hat.

Da hier meist eine Kindheitssituation vorliegt, in der unvereinbare Forderungen seitens der Eltern an das Kind gestellt wurden, ergibt sich oft die Flucht ins Intellektuelle. So mag beispielsweise die widersprüchliche Forderung der Eltern vorgelegen haben, sich einerseits zu einer selbstbewussten und eigenständigen Persönlichkeit zu entwickeln, ihnen andererseits jedoch widerspruchslos zu gehorchen. In diesem Falle (es ist wie gesagt nur eine Möglichkeit von vielen) könnte der Betreffende lernen, seinen Eltern formal korrekt zu gehorchen und sie andererseits damit in den Wahnsinn treiben. (Beispiel aus der Praxis: Die Eltern verlangen »Räume das Wohnzimmer auf.« – Der Betreffende stellt alle Möbel in den Flur, entfernt den Wohnzimmerteppich und beginnt den darunterliegenden Linoleumboden zu bohnern, um anschließend den Teppich intensiv zu shamponieren usw.).

Die Falle dieser Konstellation liegt im Sophismus: Jeder Standpunkt ist gleichwertig einnehmbar, und es ist nur eine Frage der intellektuellen Kapazität, ihn überzeugend zu vertreten.

Lernaufgabe und Herausforderung: Es geht darum, höhere Ebenen zu entdecken, auf denen sich reale Widersprüche als Folge eines gemeinsamen Prinzips erweisen. So wie Albert Einstein der Nachweis gelang, dass Energie und Materie nicht (wie bis dahin geglaubt) unvereinbare Gegensätze, sondern lediglich verschiedene Zustände eines Urstoffes sind.

Folgende Krankheitsbilder sind möglich:
Amalgamallergie; **nervöse Atemstörungen;** Schluckstörungen; **nervöse Dünndarmerkrankungen;** Asymmetrien der Extremitäten; **Hautjucken,** auch Sa/Ur; Händezittern; funktionelle Hirnstörungen; Hypermobilität von Gelenken; **Hypermotorik,** insb. bei Kindern; halbseitige Koordinationsstörungen (z.B. nach einem Schlaganfall); Flechten, zus. Ma/Ur, im Extrem: Mo/Ur; Magnesiumstoffwechselstörungen; multiple Sklerose (Zusatzkonstellation zu Mo/Ur und So/Ur); alle Erkrankungen des Nervensystems; Ohrensausen; Kopfläuse, zus. So/Sa; Phosphorstoffwechselstörungen; **Erkrankungen der Sprunggelenke;** Schwindel; Zinkallergie; **Zwölffingerdarmgeschwür;** Speiseröhrenkrampf; intellektuelle und verbale Sprunghaftigkeit.

Uranus in Haus 4

Die emotionale Unberührbarkeit und die verletzte Seele. Hier lag in der Kindheit meist eine schizoide Situation im Elternhaus vor: Einerseits war man Liebling und wurde entsprechend verwöhnt, andererseits wurde Zuwendung unerwartet und unberechenbar entzogen. Entscheidend ist hier der Mutterbezug. Manchmal war die Mutter so sehr mit der »Welt« beschäftigt, dass sie weder Zeit noch Geduld für ihr Kind übrighatte. Wesentlich häufiger ergibt sich der (scheinbar) gegenteilige Effekt: Die Mutter erlebt sich von ihrem Partner enttäuscht und im Stich gelassen, wagt jedoch nicht den Sprung in die Unabhängigkeit. Als Ersatzlösung wird das Kind zum zweiten Ich der Mutter. Es soll all die Dinge verwirklichen, zu denen sie selbst nicht den Mut fand. Bei Töchtern geht dies exemplarisch so weit, dass die Mutter zutiefst persönlich beleidigt ist, wenn diese einen Mann ehelicht, der zuerst einmal ihr und nicht der Mutter zusagt. Offensichtlich wird der als Fürsorglichkeit getarnte mütterliche Egoismus, wenn der Betreffende selbst in eine Krise kommt und emotionale Unterstützung dringend nötig hätte. Teilt z. B. die Tochter der Mutter mit, dass ihre Partnerschaft leider gescheitert ist, wird mit hoher Wahrscheinlichkeit ein Satz wie dieser fallen: »Wie kannst du mir das antun, dass du dich scheiden lässt?«

Bei einem Sohn würde eher die Aufforderung erfolgen, dann doch wieder nach Hause zu ziehen. Unabhängig davon, ob sich eine Mutterproblematik in der angedeuteten Form gezeigt hat oder nicht, ist das wesentliche Kriterium die permanente Ambivalenz im Empfinden: Wenn ich etwas möchte, ist meine Angst vor dem zu entrichtenden Preis so groß, dass ich auch genauso gut darauf verzichten könnte.

Lernaufgabe und Herausforderung: Wir alle haben nur selten völlig eindeutige Empfindungen. Wir können einen Menschen z. B. gleichzeitig lieben und hassen. Oder wir wollen sehr früh aufstehen, um einen Ausflug zu machen, sind aber so müde, dass wir doch weiterschlafen usw. usw. Lernen Sie, die eigenen emotionalen Widersprüche zu akzeptieren oder sogar zu lieben und Sie werden weniger Schwierigkeiten mit der emotionalen Ambivalenz anderer haben.

Folgende Krankheitsbilder sind möglich:
Magengeschwür, zus. Mo/Ma, gesteigerte Disposition bei Blutgruppe 0; **Magenschleimhautentzündung;** Hirnerschütterung; Miliaria (juckende Hautkrankheit durch Schweißretention); **Schielen; gegenläufige Fehlsichtigkeit** (ein Auge weit-, das andere kurzsichtig); multiple Sklerose (auch So/Ur); nervöser Reizmagen; Schilddrüsendysfunktion; Herzrhythmusstörungen; Herzklappenfehler; **Absencen** (Vorstufe zur Epilepsie), auch So/Ur; Epilepsie; Reizbarkeit, Übererregbarkeit; geringe emotionale Belastbarkeit.

v

Uranus in Haus 5

Hier liegt in aller Regel ein widersprüchliches Vaterbild vor, das heißt, es bestand beim Betreffenden gleichzeitig das Empfinden von Faszination und Ablehnung. Ursache können z.B. gegensätzliche Wesenszüge des Vaters sein, der vielleicht an einem Tag lieb und sanft, am nächsten cholerisch und abweisend war. So befindet man sich in einem permanenten Annäherungs-Vermeidungs-Konflikt. Man möchte zum Vater, weil man sich nach seiner Zuwendung sehnt, hat jedoch gleichzeitig Angst, grob abgewiesen zu werden. In der späteren Entwicklung erwächst hieraus eine Pseudo-Selbstständigkeit, in der permanent eine Unabhängigkeit demonstriert wird, die man in Wirklichkeit nie erworben hat.

Insbesondere bei Frauen zeigt sich dies oft in der Vorliebe für scheinstarke Partner, deren vereinnahmenden Zugriff man als Sicherheitsrahmen benötigt, um sich im konkreten Verhalten dem anderen zu entziehen: die partnerbezogene demonstrative Unabhängigkeit.

Lernaufgabe und Herausforderung: Spontanität im Handeln. Lernen Sie, aus dem Augenblick heraus zu agieren, ohne sich in Verbindlichkeiten zu zwängen, die Sie nicht einhalten können und wollen. Übernehmen Sie dabei die Verantwortung für sich selbst, denn niemand kann Sie letztlich an der Verwirklichung Ihrer Interessen hindern, nur Sie selbst!

Folgende Krankheitsbilder sind möglich:
Absencen; Epilepsie; **Herzrhythmusstörungen;** Hysterie; Kreislauflabilität; unbewusste Leistungsverweigerung; multiple Sklerose; Nervenschmerzen; Neuralgien; Schilddrüsenunter- oder -Überfunktion; **Schlafstörungen; Synkope** (plötzlicher, kurzzeitiger Bewusstseinsverlust); alle Formen von Wirbelsäulenerkrankungen; Übererregbarkeit; Anpassungsängste; **Autoritätsängste; seelische Berührungsängste;** zwanghafter Bewegungsdrang; Erfolgsangst; Exzentrizität; Exaltiertheit im Gefühlsausdruck; **Unruhe;** krankhafte Unzuverlässigkeit.

Uranus in Haus 6

Die provokative Anpassung. Man reagiert auf Umweltsituationen, indem man reflexhaft die Gegenposition einnimmt, Advocatus Diaboli spielt, unabhängig vom wirklichen eigenen Standpunkt.

Psychologische Ursache kann eine rigide Erziehung sein, in der die Eltern ihren eigenen Standpunkt so dominant vertraten, dass ein Beipflichten niemals Zustimmung, sondern immer nur Unterwerfung sein konnte. Im späteren Leben kann Sicherheit über die eigene emotionale Identität nur durch ein Dagegen- oder zumindest Anderssein gewonnen werden.

Alle Planeten im 6. Haus haben einen besonderen Bezug zu psychosomatischen Reaktionen: Uranus in Haus 6 verweist auf die verschiedenen Formen von Erkrankungen des Nervensystems.

Lernaufgabe und Herausforderung: Unser eigener Standpunkt wird nicht dadurch weniger richtig, weil ihn auch jemand anderes einnimmt, selbst dann nicht, wenn es sich um eine Person handelt, gegen die wir uns abgrenzen wollen. Lernen Sie, Ihre Gefühle eigenwillig und originell darzustellen, aber machen Sie sich frei vom reflektorischen Zwang, einen gegenteiligen Standpunkt einnehmen zu müssen.

Folgende Krankheitsbilder sind möglich:
Amalgamallergie; nervöse Atemstörungen; **nervöse Dünndarmerkrankungen;** Hautjucken, auch Sa/Ur; Händezittern; Hypermotorik, **halbseitige Koordinationsstörungen** (z. B. nach einem Schlaganfall); **Flechten,** zus. Ma/Ur; Magnesiumstoffwechselstörungen; multiple Sklerose (Zusatzkonstellation zu Mo/Ur und So/Ur); Erkrankungen des Nervensystems; Ohrensausen; Phosphorstoffwechselstörungen; Rülpsen, Aufstoßen; Schlaganfall; Erkrankungen der Sprunggelenke; intellektuelle und verbale Sprunghaftigkeit; Tics; Zwölffingerdarmgeschwür; Speiseröhrenkrampf.

Uranus in Haus 7

Die Begegnungsambivalenz: Uranus im 7. Haus ist ein Indiz dafür, dass wir andere, insbesondere den Partner, schnell als zwiespältig erleben. Praktisch kann dies bedeuten, dass wir uns z.B. in Personen verlieben, die wir (unbewusst) ablehnen.

Psychologische Ursache ist hier unsere unbewusste Angst vor einer eindeutigen Entscheidung: Diese könnte ja falsch sein, und wir würden schuldig werden bzw. säßen in einer Falle, aus der wir nicht mehr herauskommen. Wenn diese Konstellation krankheitsbezüglich ist, so ist hier meist der Partner der Auslöser (nicht die Ursache). Das heißt, unsere eigene Widersprüchlichkeit, unsere Angst vor Eindeutigkeit, wirkt schließlich krankmachend. Lernaufgabe und Herausforderung: Lernen Sie Eindeutigkeit in der Zwiespältigkeit. Kein Mensch besitzt ausschließlich liebenswerte Eigenschaften, und niemand ist in allen Aspekten seines Wesens verabscheuungswürdig. Lernen Sie, andere – insbesondere Ihren Partner – differenzierter zu betrachten. Wenn Sie sich eindeutig zu dem bekennen, was Sie an ihm nicht mögen, werden Sie auch das Empfinden zulassen können, dass Sie manche seiner Eigenschaften lieben.

Folgende Krankheitsbilder sind möglich:

Androgynität; Gefäßkrampf; Blutsturz; **instabiler Blutzuckerspiegel;** Chromosomenanomalien; Dysregulation im Östrogen- und Gestagenhaushalt; **Störungen der Drüsentätigkeit;** emotionale Instabilität durch mangelhafte Hirnhemisphärensynchronisation; weiblicher Masochismus, zus. Ma/Sa; männlicher Sadismus, zus. Ma/Sa; Nierenentzündung; **Nierenfunktionsstörungen;** Phosphorallergie; Rollvenen; Thrombosen; Vaginismus, zus. Ve/Sa; Krampfadern (auch Ve/Ne); Wanderniere; Zyklusstörungen, zus. Mo/Ur, Mo/Sa.

Uranus in Haus 8

Diese Konstellation ist häufig ein Hinweis auf die Möglichkeit von Erbschäden, die durch mutative Vorgänge entstanden sind. Auslöser können hier z.B. Chemikalien oder Radioaktivität sein.

Ohne Bezug zum ersten Quadranten werden diese jedoch nicht an der eigenen Person, sondern erst bei den Nachkommen in Erscheinung treten. Dabei kann die Variationsbreite der Möglichkeiten von harmlosen und kaum bemerkbaren Abweichungen bis hin zu deutlichen körperlichen Handicaps reichen.

Psychologisch weist Uranus in Haus 8 auf eine ausgesprochene Bindungsangst hin, die bis zur Psychose reichen kann. Das heißt, je intensiver die Bindung an einen Partner, umso größer die (meist irrationale) Angst, verlassen zu werden.

Auslösend können hier traumatische Kindheitserfahrungen sein. So konnte in Reihenuntersuchungen festgestellt werden, dass bei überdurchschnittlich vielen Nativen der Versuch eines Schwangerschaftsabbruchs unternommen wurde und dies vielfach den Kindern auch noch in den ersten Lebensjahren erzählt wurde. Deutlicher kann die Erfahrung des Ungewolltseins nicht gemacht werden. Lernaufgabe und Herausforderung: Sicherheit und Verbindlichkeit durch andere – insbesondere den Partner – kann nicht erzwungen werden. Je mehr Sie andere festnageln, umso mehr schlagen Sie diese in die Flucht. Sie sollten ein »Dogma der Freiheit« entwickeln, in welchem sich Verbindlichkeit aus den wechselseitigen Bedürfnissen zweier Menschen entwickelt. Nur so haben Sie die Chance zu einer harmonischen Partnerschaft, in der sich der andere auf *Sie* und nicht auf Ihre Zwänge bezieht.

Folgende Krankheitsbilder sind möglich:
Erkrankungen des Anus; **Afterjucken; Afterkrampf; Angst, feste Beziehungen einzugehen;** Erbschäden; Fisteln; Gürtelrose; **Herpes;** Klaustrophobie; Kleptomanie; Funktionsstörungen der Keimdrüsen; Mutationen bei den Nachkommen; Proktitis (Entzündung der Rektumschleimhaut), zus. Mo; Rückenmarkstumor; krankhafte Schuldgefühle; medulläres Schilddrüsenkarzinom; Schilddrüsenkrebs; Schizophrenie; Verfolgungswahn.

Uranus in Haus 9

Uranus im 9. Haus ist nur selten krankheitsbezüglich. Hierzu müssen kritische Aspekte sowie ein Bezug zum ersten oder zweiten Quadranten vorliegen.

Auslöser sind hier meist ungeeignete Umweltbedingungen wie z.B. Allergien auf bestimmte Umgebungsstoffe (Blüten, Katzenhaare und dergleichen). Insbesondere Zinkallergien scheinen bei dieser Konstellation öfters vorzukommen.

Lernaufgabe und Herausforderung: Überwinden Sie Ihre Tendenz zu einer flatterhaften Weltanschauung, und entwickeln Sie eine freiheitliche (»anarchistische«) Philosophie, die danach strebt, alle Menschen gleichermaßen zu respektieren.

Folgende Krankheitsbilder sind möglich:
Bandscheibenschäden; Schilddrüsenüberfunktion; Basedow; **Colitis ulcerosa** (Dickdarmgeschwüre); Dickdarmentzündung; Darmkoliken; **Störungen der Eiweißsynthese; Störungen des Fettstoffwechsels;** Dysfunktion der Thymusdrüse; gutartige Tumore; Überbein; Wachstumsstörungen; Zinnallergie.

Uranus in Haus 10

Diese Konstellation entspricht zwiespältigen oder sogar widersprüchlichen Normvorstellungen, wie sie z.B. bei Menschen entstehen, deren Eltern sich nicht auf einen gemeinsamen Erziehungsstil einigen konnten. Eine weitere Möglichkeit wäre die chronische Inkonsequenz in der Grenzsetzung: Was das Kind heute nicht darf, ist ihm morgen erlaubt und umgekehrt.

Die mangelnde Eindeutigkeit in der Kindheit setzt sich im Erwachsenenalter fort. Es fällt schwer, klare Zielvorstellungen und Lebenspläne zu entwickeln. Man lebt in den Tag hinein, ohne dabei jedoch eine Befriedigung zu erfahren.

Lernaufgabe und Herausforderung: Hier gibt es zwei Möglichkeiten. Am leichtesten ist es, sich einen Beruf oder eine soziale Funktion zu wählen, die es erlaubt, einen gewissen Gegenkurs zu den aktuellen gesellschaftlichen Strömungen zu steuern – vergleichbar der Politik eines Oppositionsführers im Verhältnis zur Regierung. Die schwierigere Herausforderung besteht darin, die widersprüchlichen Normen, die zu Persönlichkeitsanteilen geworden sind, zu integrieren, sodass eine eigenständige, vom Zeitgeist unabhängige Lebensorientierung entsteht.

Folgende Krankheitsbilder sind möglich:
Schlaganfall; Bechterew (chronische, entzündliche Wirbelsäulenerkrankung); Lidkrampf; alle Formen von Ekzemen; Wundrose; Ery-

thema (entzündliche Hautrötung); offene Fontanellen; Glasknochenkrankheit; Buckel; alle **Schädigungen des Knochenmarks;** Knochenriss; Leukämie; **Rückenmarkskompression;** Schizophrenie; chronische Schilddrüsenunterfunktion; Verlust des Zeitgefühls.

Uranus in Haus 11

Diese Konstellation hat für sich genommen keinen Krankheitswert.

Uranus in Haus 12

Hier ist meist der Wunsch und der Anspruch vorhanden, in der Öffentlichkeit etwas Besonderes und Außergewöhnliches darzustellen. Oft sind die eigenen Fantasien hier so maßlos, dass man sie noch nicht einmal sich selbst einzugestehen wagt. Gerade hierdurch kann man jedoch das Scheitern der eigenen Karriere vorprogrammieren. Man möchte sich gerne normal und bescheiden geben, fällt durch sein Anderssein dennoch auf und provoziert damit genau die Ablehnung, die man doch mit allen Mitteln vermeiden wollte.

Lernaufgabe und Herausforderung: Die Grenzen dessen, was wir im Leben erreichen können, setzen wir uns letztlich selbst. Machen Sie sich deshalb frei von einem falschen Realismus, und finden Sie einen Weg, Ihre hochgesteckten Träume so weit wie möglich zu verwirklichen!

Folgende Krankheitsbilder sind möglich:
Schlaganfall; **Erweichung des Rückenmarks;** Querschnittslähmung, auch So/Me; thyreogene Fettsucht; **alle Formen von Nervenlähmung.**

Die psychosomatischen Entsprechungen des Neptuns in den Häusern

Neptun in Haus 1

Herausragende Eigenschaft dieser Neptunstellung ist die Betäubung der individuellen Triebstruktur. Das heißt, angeborene Bedürfnisse und Neigungen können nur stark eingeschränkt empfunden und gelebt werden. Psychologische Ursache ist hier meist eine Kindheitssituation, in der das Zeigen von Eigenart vom Betreffenden als bedrohlich empfunden wurde, da mit ihm die (unbewusste) Angst vor einem Ausschluss aus der Familie verbunden war. Oft wird dies von Kindern mit Formulierungen umschrieben wie: »Wenn meine Eltern wüssten, wie ich wirklich bin, hätten sie mich nicht mehr lieb« oder auch »Ich darf nie tun, was ich will, sonst werde ich bestraft.« Dieses Empfinden ist, psychologisch gesehen, durchaus richtig, da Menschen mit dieser Konstellation tatsächlich oft Fremdkörper in der eigenen Sippe sind und damit ihre Umgebung irritieren, was eben zu den genannten Abwehrreaktionen führen kann.

Was in der Kindheit notwendiger und sinnvoller Schutz war, wird im späteren Leben jedoch oft zum Handicap. Man hat so gründlich gelernt, die eigene Triebstruktur zu verleugnen und zu tarnen, dass ein Zugang zu ihr oft auch dann nicht mehr möglich ist, wenn man ihn möchte.

Die astrologische Entsprechung dieser Situation ist eine massiv reduzierte Körperabwehr, die sich vor allem in einer gesteigerten Neigung zu Infektionskrankheiten sowie Kreislaufstörungen äußert.

Lernaufgabe und Herausforderung: Lernen Sie, »niedrige« Bedürfnisse wie Sexualität, Konkurrenzorientierung, Ess- und Trinkvorlieben, körperliche Aktivitäten usw. zu empfinden und leben zu lernen, ohne sich dabei auf Auseinandersetzungen mit anderen einzulassen. Dies hat nichts mit Heimlichkeit zu tun, sondern lediglich mit der Erkenntnis, dass ein richtig verstandener Egoismus letztlich allen nützt: Nur ein zufriedener Mensch kann auch zum Wohlbefinden anderer beitragen.

Ob Sie auf dem richtigen Weg sind, können Sie leicht an Ihrem körperlichen Befinden ablesen: Je stabiler und robuster Sie sich erleben, umso besser ist auch Ihre Lebensführung.

Folgende Krankheitsbilder sind möglich:
Labiles und **geschwächtes Immunsystem; reduzierte Abwehrkräfte;** Muskelschwäche; Muskelatrophie; Neigung zu angeborenen Störungen im Fettstoffwechsel; Funktionsstörungen des Nebennierenmarks: Unterproduktion von Adrenalin und Noradrenalin – als Folge symptomatische Depressionen; **Durchsetzungs- und Aggressionsschwäche;** Störungen des Blutgerinnungssystems; bei mangelnder körperlicher Betätigung Tendenz zu chronisch niedrigem Blutdruck; Kollapsneigung; Eisenmangel insb. bei Frauen; **Narkotikaunverträglichkeit;** allgemein erhöhte Infektionsneigung; Tendenz zu Erkrankungen der Geschlechtsorgane; Aufschwemmung; okkulte Blutungen; Hospitalismus; Hämochromatose (krankhafte Eisenresorption), auch Ve/Ma; Hämolyse (Zerfall der roten Blutkörperchen); Lähmung; **Überempfindlichkeit gegen Medikamente;** Medikamentensucht; Nebennierenrindeninsuffizienz (Morbus Addison); Unfähigkeit zum Schmerzempfinden; Sehnenscheidenentzündungen.

Neptun in Haus 2

Hier herrscht oft das Empfinden vor, keinen rechten Boden unter den Füßen zu haben. Die nackte Realität wird oft als undurchschaubar oder sogar als bedrohlich empfunden. Oft ist die Erfahrung der Wurzellosigkeit die psychologische Ursache. Das heißt, der Betreffende fühlte sich bereits in seiner Kindheit durch sein soziales Umfeld (die Familie, den Verwandtschafts- und Freundeskreis) wenig geschützt und lebte aus dem unbewussten Erleben heraus, nie recht zu wissen, wo er hingehört.

Im späteren Leben äußert sich dies oft in der Schwierigkeit, mit den praktischen Dingen des Alltags angemessen umzugehen. Arbeiten und Geldverdienen sind für die Betreffenden geheimnisvolle und unbegreifliche Dinge, von denen man sich vielleicht überfordert fühlt.

Lernaufgabe und Herausforderung: Den spirituellen Aspekt des Materiellen erkennen und nutzen zu lernen. Geld z.B. ist weder »schmutzig« noch »unter Ihrer Würde«, sondern ein immenser Machtfaktor, der für Schlechtes und Gutes gleichermaßen genutzt werden kann.

Folgende Krankheitsbilder sind möglich:
Korpulenz; dünnwandige Gefäße; **erhöhte Blutungsneigung,** bekommt meist **schnell blaue Flecke; mangelhafte Körperentgiftung;** Venenentzündungen, Venenblutungen; Krampfadern; Unfruchtbarkeit bei Frauen; Zahnfleischschwund; Harninkontinenz (Unfähigkeit, den Harn zurückzuhalten); Blasenentzündung; Nierenentzündung; Halsentzündung; Kehlkopfkrebs (auch Ve/Pl), Harnverhaltung durch Lähmung der Blasenmuskulatur; genitale Fettsucht.

Neptun in Haus 3

Psychologisches Moment ist hier die (unbewusste) Angst, sich zur Schau zu stellen und dadurch Strafe und Ablehnung zu provozieren. So hält man sich oft lieber im Hintergrund und gibt sich undurchschaubar und unauffällig. Da damit jedoch eine große Unzufriedenheit verbunden ist – man fühlt sich nicht genügend geschätzt und anerkannt –, finden manche hier eine Scheinlösung durch ein Rollenspiel: Man demonstriert Inhalte, die gar nicht der eigenen Person entsprechen. Dies kann von Schönfärbereien bis hin zur regelrechten Hochstapelei reichen. Lernaufgabe und Herausforderung: Unbedingte Wahrhaftigkeit zu erlernen und zu vermitteln.

Folgende Krankheitsbilder sind möglich:
Erkrankungen des Atmungssystems; Lungenleiden; **Stoffwechselstörungen** (insb. des Dünndarms); Agnosie (Unfähigkeit, Wahrgenommenes zu erkennen); Alzheimersche Krankheit; Gedächtnisverlust (zusätzlich Mo/Ne); besondere Anfälligkeit für Atemgifte; Sniffing (Schnüffelsucht); **Nervenlähmung;** Stimmbandlähmung; verschleimte **Bronchien,** exogen-allergisches Asthma; Achalasie (neuromuskuläre

Störung der Speiseröhre); Legasthenie; Alexie (Leseunfähigkeit aufgrund eines neurologischen Schadens).

Neptun in Haus 4

Hinweis auf ein mangelhaft entwickeltes Urvertrauen, das durch die Fähigkeit zur seelischen Betäubung kompensiert wird. Psychologisch gesehen ist hier in der Regel ein gestörtes Mutterbild die Ursache. Die Mutter war unzugänglich, nicht greifbar und damit auch nicht in der Lage, die seelische Geborgenheit zu vermitteln, die für eine problemlose Empfindungsfähigkeit notwendig wäre. In der äußeren Form entspricht dies manchmal einer neurotischen Erkrankung oder auch einer Tabletten- bzw. Alkoholsucht der Mutter.

Lernaufgabe und Herausforderung: Seelische Geborgenheit durch Loslassen erlernen. Wenn Sie sich emotional an nichts klammern, gibt es auch nicht die Möglichkeit einer schrecklichen Enttäuschung, so, dass dann wieder mehr Hingabefähigkeit möglich wird.

Folgende Krankheitsbilder sind möglich:
Gedächtnisverlust, auch Me/Ne; Akne vulgaris, auch Ve/Sa, Mo/Ma; Astigmatismus (Hornhautverkrümmung des Auges); **Empfindungsdissoziation; Störungen des Endorphinstoffwechsels;** Gehirnerweichung; Zwerchfellbruch zus. Mo/Ju, Mo/Ma; Infektionen der Schleimhäute; Lebensmittelvergiftung; Lethargie; Lichthunger; Lymphosarkom (bösartiges Lymphom), auch Mo/Pl; **Magenerkrankungen;** Brustkrebs, auch Mo/Pl, zus. Ve/Ma; Brustdrüsenentzündung, zus. Ma; Ausbleiben der Periode; **Störungen des Schmerzempfindens;** Winterdepression, Zyklusstörungen.

Neptun in Haus 5

Neptun in Haus 5 ist ein zuverlässiger Hinweis auf ein gestörtes und vor allem geschwächtes Vaterbild. Der Vater war psychisch und physisch zu sehr abwesend, um eine gesunde Identifikation mit ihm zu ermöglichen. So wird der Vater und mit ihm das Männliche an sich idealisiert, was bei Männern oft zu einem überzogenen Leistungsdenken führt, dem man sich seelisch nicht gewachsen fühlt.

Zwei Extreme sind möglich: Entweder besteht eine grundsätzliche Handlungsschwäche, d.h., man tritt gar nicht erst an, da man den eigenen Ansprüchen sowieso nicht gerecht werden kann, oder man überfordert sich bis zur völligen Erschöpfung, um dann letztlich zu resignieren. Lernaufgabe und Herausforderung: Den individuellen Lebensweg finden und dabei auf alle Vorbilder verzichten. Daran kann auch der Auftrag geknüpft sein, anderen dabei zu helfen, sie selbst zu sein, ohne sich um scheinbare oder wirkliche Überväter zu scheren.

Folgende Krankheitsbilder sind möglich:
Herzschwäche; alle Formen von Lähmungen; Depressionen; Handlungsunfähigkeit; Schlafkrankheit; **Nasennebenhöhlenentzündungen,** zus. So/Ma; Lethargie; Hysterie; Kreislaufkollaps; Ohnmacht; **Vergiftungen;** Alkoholismus; Nykturie (vermehrtes nächtliches Wasserlassen als Folge von Herzinsuffizienz).

Neptun in Haus 6

Neptun in Haus 6 ist so gut wie immer mit der (uneingestandenen) Angst verbunden, Gefühle zu zeigen. Mögliche Ursache können hier traumatische Zurückweisungserlebnisse sein. Damit verknüpft ist oft die Befürchtung, durch emotionale Offenheit in Konsequenzen hineingedrängt zu werden, die man nicht tragen möchte. So erscheinen die Betreffenden oft unzuverlässig und wenig verbindlich.

Lernaufgabe und Herausforderung: Emotionale Ehrlichkeit. Nur wenn Sie zeigen, was Sie wirklich fühlen, haben Sie überhaupt eine Chance, die Rückmeldung zu erhalten, die Sie sich wünschen. Außerdem wirkt wahre emotionale Aufrichtigkeit immer entwaffnend, sodass ernsthafte Sanktionen nicht zu befürchten sind.

Folgende Krankheitsbilder sind möglich:
Agnosie (Unfähigkeit, Wahrgenommenes zu erkennen); **Alzheimersche Krankheit;** Gedächtnisverlust (zusätzlich Mo/Ne); paralytischer

Ileus des Dünndarms (Transportbehinderung von Darminhalt), im Einzelfall auch Me/Sa; Hypoventilation; Nervenlähmung, Stimmbandlähmung; exogen-allergisches Asthma; Pleuratumoren (zus. Ju/Pl); Achalasie (neuromuskuläre Störung der Speiseröhre); alle Formen von **Stoffwechselstörungen.**

Neptun in Haus 7

Das Problem liegt hier in einem abgehobenen bis weltfremden Denken, das vor lauter Idealismus die lästige Realität aus den Augen verliert. Die Chance liegt in der Fähigkeit, hinter die Dinge zu schauen, also die Wahrheit hinter der äußeren Form zu erkennen.

Auslösender Faktor für Krankheiten sind hier die Beziehungen zu anderen, insbesondere zum Partner, die jedoch nichts anderes sind, als ein Spiegel der eigenen Innenwelt. Lernaufgabe und Herausforderung: Erst wenn man gelernt hat, mit den oft lästigen Aspekten der Alltagsrealität angemessen umzugehen, wandelt sich die Gefahr des beschönigenden Selbstbetrugs in die Chance, »scheuklappenfrei« in die Welt zu blicken.

Folgende Krankheitsbilder sind möglich:
Venenentzündungen; Venenblutungen; Krampfadern; Unfruchtbarkeit bei Frauen; Parodontose (Zahnfleischschwund); Harninkontinenz (Unfähigkeit, den Harn zurückzuhalten); Blasenentzündung; Nierenentzündung; Anurie (Harnverhaltung) durch Lähmung der Blasenmuskulatur; genitale Fettsucht; **Niereninsuffizienz; Zuckerkrankheit;** Akne; Wassersucht; Größenwahn, auch Mo/Ju; Weltfremdheit; **Kontaktstörungen;** Maßlosigkeit; Begegnungsunfähigkeit; irreales Wunschdenken; krankhafte Idealisierung des Partners.

Neptun in Haus 8

Bei dieser Konstellation ist oft eine ausgeprägte Angst vor Verbindlichkeit gegeben, die als bedrohlich und einschränkend empfunden wird. Dies kann zu massiven Partnerschaftsproblemen führen, indem man aus Angst, dem anderen ausgeliefert zu sein, einer echten inneren Bindung aus dem Weg geht. Wird diese Thematik vollständig negiert, sucht man sich Partner, die für einen die Unverbindlichkeit leben, z. B. durch mangelnde Offenheit, Fremdgehen etc.

Das Erbgut für die körperliche Ebene ist oft schwach, das heißt, es können genetische Defekte vorliegen, die nicht notwendigerweise an der eigenen Person in Erscheinung treten, aber an die Nachkommen weitergegeben werden. In manchen Fällen kommt es hier zu selbst verursachten Schädigungen des Erbguts, z.B. durch Drogen- oder Medikamentenmissbrauch.

Lernaufgabe und Herausforderung: Die wahren eigenen Wertvorstellungen und Prinzipien herausfinden und sich nicht die Dogmen anderer aufzwingen lassen. Auf diesem Wege kann die Gefahr der Einengung vermieden und eine alle Seiten befriedigende Zuverlässigkeit erreicht werden.

Folgende Krankheitsbilder sind möglich:
Abszesse; AIDS; Schädigungen des Erbguts; paralytischer Ileus des Mastdarms; alle Formen von Krebs; geschwächte Körperabwehr; **Infektionen des Mastdarms;** alle Formen von **Pilzinfektionen;** Erkrankungen der Prostata; Schwäche und Infektionen der Keimdrüsen; Stuhlinkontinenz; genetisch bedingte Unfruchtbarkeit; krankhafte Unzuverlässigkeit; Wahnvorstellungen; Angstneurosen; Bindungsunfähigkeit; ausgeprägte Sinnlosigkeitsgefühle.

Neptun in Haus 9

Neptun im 9. Haus ist nicht besonders krankheitsbezüglich. Körperliche Schädigungen sind nur möglich, wenn Neptun verletzt ist und eine Beziehung zum ersten oder zweiten Quadranten besteht.

Die Gefahr liegt hier in einer falsch verstandenen Toleranz. Aus Angst, Flagge zu zeigen und damit eventuell Ablehnung und Widerspruch zu provozieren, schützt man sich gern mit einer Weltanschauung, die alles und jedes gelten lässt.

Lernaufgabe und Herausforderung: Eine Philosophie entwickeln, die Dinge nach ihrer inhaltlichen Bedeutung und nicht nach ihrer äußeren Form beurteilt. Zum Beispiel sollten Sie die Qualität einer Rede nicht an der ansprechenden oder abstoßenden Erscheinung des Sprechers, sondern ausschließlich am Gesagten messen.

Folgende Krankheitsbilder sind möglich:
Alkoholismus; **Infektionen des Dickdarms;** Störungen des Fettstoffwechsels; krankhafte Hormonüberproduktion (z.B. Basedow); paralytischer Ileus des Dickdarms; Infektionen auf Fernreisen; Leberinsuffizienz; Lungenerkrankungen; **Luft im Pleuraraum;** Unfähigkeit zum Schmerzempfinden; Erkrankungen und Infektionen der Thymusdrüse; Wachstumsstörungen; religiöse Wahnvorstellungen; lebensfeindliche Weltanschauung; Manie; Nihilismus; **Scheintoleranz.**

Neptun in Haus 10

Neptun in Haus 10 ist oft ein Hinweis auf ein gestörtes Normempfinden. Man hat Schwierigkeiten, gesellschaftliche Spielregeln zu erkennen und anzuerkennen.

In der Kindheit ist die Erziehung entweder so rigide, dass die elterlichen Maßstäbe und Forderungen ausgeblendet werden müssen, damit das Kind nicht an ihnen zerbricht, oder die Eltern sind im Gegenteil zu schwach, um eine brauchbare Lebensorientierung anzubieten.

Im späteren Leben ergibt sich deshalb oft die Schwierigkeit, sich angemessene Ziele zu setzen, die man erreichen möchte, was meist unangenehm als Orientierungslosigkeit empfunden wird.

Lernaufgabe und Herausforderung: Die Einsicht, dass Normen und Gesetze nicht Werte an sich sind, sondern lediglich dazu dienen, das Zusammenleben in größeren Systemen zu erleichtern. So ist es z.B. für den Straßenverkehr völlig gleichgültig, ob Linksverkehr (wie in Großbritannien) oder Rechtsverkehr gilt. Allerdings bedarf es einer Übereinkunft, damit nicht jeder so fährt, wie es ihm gerade passt.

Folgende Krankheitsbilder sind möglich:
Akne; Haarausfall, zus. Ma; Schuppen; **cerebrale Fettsucht;** Abbrechen der Fingernägel; Hautallergien; alle Formen von **Hormonmangel;** hypophysärer Zwergwuchs; Hypophysendysfunktion; Hämophilie (Bluterkrankheit); Störungen in der Blutgerinnung; Kalziummangel; Erkrankungen des Knochenmarks; **Knochenerweichung;** Hirnhautentzündung; Tuberkulose; Orientierungslosigkeit; Haltlosigkeit; Autoritätsangst.

Neptun in Haus 11

Hier besteht meist die Angst, den eigenen gesellschaftlichen Ansprüchen nicht gewachsen zu sein. So stellt man im Beruf möglicherweise sein Licht unter den Scheffel, aus der irrationalen Angst heraus, sich damit auch einer Kritik auszusetzen, der man hilflos ausgeliefert ist.

Lernaufgabe und Herausforderung: Es geht um die Einsicht, dass in der gesellschaftlichen Selbstverwirklichung sehr viel weniger Grenzen existieren, als man befürchtet. Karrieren vom Tellerwäscher bis zum Millionär sind möglich, und es soll auch Millionäre geben, die als Tellerwäscher enden. Wenn Sie Ihre Arbeit so ausführen, wie es Ihrer Individualität entspricht, wird die erreichte Qualität die beste sein, zu der Sie fähig sind. Schaffen Sie sich die Bedingungen, unter denen Sie dies auch leben können!

Folgende Krankheitsbilder sind möglich:
Schlaganfall; **Myelomalazie** (Erweichung des Rückenmarks); Querschnittslähmung, auch So/Me; thyreogene Fettsucht; **Nervenlähmungen.**

Neptun in Haus 12

Diese Konstellation hat keinen Krankheitswert.

Die psychosomatischen Entsprechungen des Plutos in den Häusern

Pluto in Haus 1

Pluto im 1. Haus stellt der instinktiven Eigenart so ausgeprägte Urenergien zur Verfügung, dass diese von den meisten nicht angemessen gelebt werden können, da sie sich (unbewusst) vor ihren eigenen Energien fürchten. So kommt es, dass hier oft statt überschäumender Lebensfreude Ängste, bis hin zum Verfolgungswahn, zu verzeichnen sind.

Lernaufgabe und Herausforderung: Es geht darum, überpersönliche Aufgaben zu finden, mit denen man sich identifizieren kann und die Verwirklichung angeborener Neigungen und Bedürfnisse ermöglichen. Dies kann eine Philosophie, die Zugehörigkeit zu einer Gruppe oder auch ein Beruf sein. Wichtig ist, dass dieser Rahmen die individuelle Triebstruktur nicht unterdrückt und in ein unangemessenes Schema presst, sondern dass er im Gegenteil die Bedingungen für ihre angemessene Verwirklichung schafft.

Folgende Krankheitsbilder sind möglich:
Krankhafte **Aggressions- und Konfliktangst;** Aggressionshemmung; unkontrollierbare **Angstzustände;** Verfolgungswahn; Autoimmunerkrankungen; Koffeinunverträglichkeit; **Warzen;** Gewaltfantasien; unkontrollierbarer Geschlechtstrieb; Angst vor Sexualität; Hodenkarzinom (zus. Pl/Pl); Hämangiosarkom (bösartiger Blutgefäßtumor); Hodenretention; entartete Leberflecken; Muskeltumor; **Nebennierentumor** (adrenaler Virilismus); Prostatatumor; Filzläuse; Psychose; alle Formen von Schmarotzerkrankheiten; Peniskarzinom; **Virenerkrankungen.**

Pluto in Haus 2

Hier ist oft eine (unbewusste) Angst vor der eigenen Körperlichkeit gegeben. Man traut seinem Körper nicht, hat Angst, er könnte nicht so funktionieren, wie man es von ihm erwartet. Als Kompensation richtet man seine Aufmerksamkeit häufig auf materielle Werte wie Geld und Besitz, an die man sich zunehmend klammert. Im Extremfall kann es hier zu einer regelrechten Raffgier kommen, die einem überhaupt nicht mehr die Zeit und Muße lässt, die angehäuften Besitztümer auch zu genießen. Lernaufgabe und Herausforderung: Es geht darum, ein natürliches Verhältnis zur eigenen Körperlichkeit zu entwickeln. Zum anderen sollte man materielle Mittel – sofern man diese erworben hat – zur Existenzsicherung anderer einsetzen. Dies sollte nicht über Almosen geschehen, sondern dadurch, dass man anderen durch Vorbildfunktion und eventuelle Lehrtätigkeit den Weg weist, wie eine wirtschaftliche Absicherung erreicht werden kann. In diesem Sinne ist der Pluto in Haus 2 die »Herausforderung zur Entwicklungshilfe«.

Folgende Krankheitsbilder sind möglich:
Altersbrand (auch Ve/Sa); bösartige Mandelentzündung; Angiom (gutartige Gefäßgeschwulst); **Feigwarzen an Geschlechtsorganen;** Dysplasie (ererbte Organverformungen); alle Formen von Gefäßmissbildung, zus. Me/Pl; Harnblasenkrebs; Kehlkopfkrebs (auch Ve/Ne); Lippentumor; Brustkrebs, zus. Mo/Pl; Melanom (Pigmentgeschwulst der Haut); angeborenes Fehlen einer Niere, zus. Ve/Sa; Nierentumor; Degeneration der Nieren; Missbildungen und Tumore der weiblichen Geschlechtsorgane; Zungenkarzinom; Zysten.

Pluto in Haus 3

Pluto in Haus 3 ist die dogmatische Selbstdarstellung. Verbale oder körperliche Äußerungen haben Unbedingtheitscharakter bis hin zum Zwanghaften.

Psychologische Ursache ist häufig, dass der einzige Bereich, in dem man sich in der Kindheit durchsetzen konnte, die eigenen körperlichen oder rhetorischen Fähigkeiten waren. So klammert man sich an den Strohhalm, den das eigene Selbstwertgefühl hat, und glorifiziert Intellekt oder körperliche Stärke.

Man versucht also mit dem einen »Plus«, das man sich selbst zubilligt, andere zu überzeugen und für sich zu gewinnen, erreicht aber leider häufig das Gegenteil. Je zwingender die eigene Argumentation ist, umso mehr bringt man andere auf Distanz, denn keiner möchte gerne gezwungen werden. Weniger wäre hier also mehr.

Lernaufgabe und Herausforderung: Der Erwerb einer Vorbildfunktion ohne erhobenen Zeigefinger, ohne Forderung an andere und ohne Belehren – ausschließlich durch das eigene Sein.

Folgende Krankheitsbilder sind möglich:
Bronchialtumor; regressive **Veränderungen des Dünndarms;** Dünndarmtumor; **Fibrom** (gutartige Geschwulst des Bindegewebes); Störungen des Gleichgewichtssinns; Herpes; Virenerkrankungen der Nerven; Neurom (Nervengeschwulst); Pilzerkrankungen; **Speiseröhrenkrebs;** alle Erkrankungen des Stammhirns; regressive Stoffwechselstörungen; Warzen, auch Ma/Pl; Überbein; Gefäßmissbildungen, zus. Ve/Pl; Hämangiom (gutartige Gefäßgeschwulst); Hautsarkom (vom Bindegewebe ausgehende bösartige Geschwulst); Kleinhirntumor; genetische Schäden des Kleinhirns; Fallangst; **Zwangsvorstellungen; Sprachstörungen.**

Pluto in Haus 4

Die Kindheitserfahrung, dass Liebe auch immer an Leistung gebunden ist, wirkt hier prägend. Häufig ist diese Konstellation ein Hinweis auf eine problematische Mutterbeziehung, die sich in ihrer Unfähigkeit zu bedingungsloser Zuwendung zeigte. Das Kind musste immer erst bestimmte Forderungen erfüllen, um sich die Zuwendung der Mutter zu verdienen.

Im Extremfall ist Pluto in Haus vier ein Hinweis auf eine psychische Krankheit der Mutter, welche die Geborgenheit in der Familie entscheidend beeinträchtigte.

Als Konsequenz ergibt sich in der späteren Entwicklung oft eine ausgeprägte Empfindungsangst: »Wenn mir etwas gefällt, wird es mir weggenommen. Will ich dies verhindern, muss ich Leistung bringen und Opfer auf mich nehmen.«

Lernaufgabe und Herausforderung: Lernen Sie, Ihre Leidenschaftlichkeit zu leben und die Angst vor Ihren intensiven Empfindungen zu verlieren. Dies ist genug »Leistung«, um die Menschen, die Ihnen etwas bedeuten, zu faszinieren und an sich zu binden!

Folgende Krankheitsbilder sind möglich:
Hirnquetschung, zus. Mo/Sa; **Empfängnisstörungen;** Hirntumor; Lymphknotentumore; **Magenkrebs; Magenpolypen;** Brustkrebs, auch Mo/Ne, zus. Ve/Ma; **Nachtblindheit,** zus. Ve; Ovarialkarzinom; psychosomatische Sehstörungen; seelische Ungeborgenheit; Wahrnehmungstäuschungen; **Frauen- und Mutterhass;** gestörte Mutterbindung; Hingabeangst; extreme Angstvorstellungen; **Leistungszwang.**

Pluto in Haus 5

Pluto in Haus 5 kann das Opfer der eigenen Spontanität bedeuten, die immer mehr durch rigides, reglementierendes und schablonenhaftes Verhalten ersetzt wird. Psychologische Ursache ist hier häufig eine problematische Vaterbeziehung. In extremen Fällen kann es hier auch zum sexuellen Missbrauch durch den eigenen Vater kommen.

Lernaufgabe und Herausforderung: Ihnen steht ein ungeheures Energiereservoir im Gefühlsausdruck zu Verfügung. Lernen Sie, die Heftigkeit Ihrer Gemütsbewegungen in kreatives Handeln umzusetzen, anstatt sie zu unterdrücken.

Folgende Krankheitsbilder sind möglich:
Autoimmunkrankheiten; Blinddarmreizungen; Gewalttätigkeit; Herzinfarkt; Entzündungen der Schweißdrüsen, zus. Ma; alle Formen von Krebs; Tagblindheit; Prostataerkrankungen; **alle Formen von Regression;** verschiedenste (sexuelle) Suchtformen; Verfolgungswahn; Störungen

der Zeugungsfähigkeit; Zwangshandlungen; **psychotisches Verhalten;** Besessenheit; Gewalttätigkeit; krankhafter Ehrgeiz.

Pluto in Haus 6

Wie alle Planeten im 6. Haus hat auch Pluto einen besonderen Bezug zu psychosomatischen Erkrankungen, die sich hier vor allem auf die Regenerationsfähigkeit, die Abwehrkräfte und die Keimdrüsen beziehen. Psychologisch gesehen kann Pluto in Haus 6 auf die Angst, Gefühle zu zeigen, hindeuten. Die Unterdrückung der emotionalen Selbstdarstellung kann durch eine rigide Kindheitssituation entstanden sein, in der das Kind bei Strafe so zu funktionieren hatte, wie man dies von ihm erwartete.

Da Anpassung und Unterordnung nur als Zwang erfahren wurden, geht im späteren Leben die Fähigkeit, auf Umweltsituationen angemessen zu reagieren, teilweise verloren. Man widersteht trotzig den Gegebenheiten, ohne zu merken, dass man sich damit selbst Schaden zufügt. Lernaufgabe und Herausforderung: Entwickeln Sie die Fähigkeit zu einem leidenschaftlichen Gefühlsausdruck.

Folgende Krankheitsbilder sind möglich:
Regressive Veränderungen des Dünndarms; **Dünndarmtumor;** Störungen des Gleichgewichtssinns; Herpes; Erkrankungen der Nerven; Pilzerkrankungen; Sprachstörungen; Erkrankungen des Stammhirns; regressive Stoffwechselstörungen; **Warzen,** auch Ma/Pl; alle Formen von **Gefäßmissbildungen,** zus. Ve/Pl; Hämangiom, (gutartige Gefäßgeschwulst); Kleinhirntumor; genetische Schäden des Kleinhirns; **Zwangsvorstellungen;** Fallangst.

Pluto in Haus 7

Pluto in Haus 7 kann der Schwierigkeit entsprechen, hinter der Vorstellung von einem anderen Menschen diesen selbst wahrzunehmen. So kann bei intensivem Partnerschaftsinteresse gleichzeitig die Angst vor dem anderen Raum greifen. Das Ergebnis ist häufig, dass man, während man auf das andere Geschlecht oft faszinierend wirkt, sich in der Zweierbeziehung isoliert und keine innere Nähe zum Partner herstellen kann. Wie bei allen Planeten im 7. Haus können auch hier unbewältigte Partnerschaftsprobleme zum Auslöser von Krankheiten werden.

Lernaufgabe und Herausforderung: Versuchen Sie, in Ihrem Partner das Archetypische seines Geschlechts zu sehen, also das Weibliche an sich bei einer Frau und das Männliche an sich bei einem Mann. Auf dem Umweg über diese Urprägungen können Sie vielleicht die Individualität ihres Partners entdecken, die mit Sicherheit völlig anders ist als Ihre Vorstellung von ihm. Je mehr Ihnen dies gelingt, umso entbehrlicher werden Ihre (unbewussten) Begegnungsängste.

Folgende Krankheitsbilder sind möglich:
Feigwarzen an Geschlechtsorganen; Dysplasie (ererbte Organverformungen); Fibroadenom; Gefäßmissbildungen, zus. Me/Pl; Harnblasenkrebs; Brustkrebs, zus. Mo/Pl; Melanom (Pigmentgeschwulst der Haut); **angeborenes Fehlen einer Niere,** zus. Ve/Sa; Nierendystopie (Nierenmissbildung); Nierentumor; Missbildungen und Tumore der weiblichen Geschlechtsorgane; Zungenkarzinom; Tinea cruris (Fadenpilzerkrankung der Leistenbeuge); **Zysten.**

Pluto in Haus 8

Diese Konstellation hat für sich genommen keinen Krankheitswert.

Pluto in Haus 9

Diese Konstellation ist normalerweise nicht besonders krankheitsbezüglich. Um hier auslösend zu wirken, sind kritische Aspekte zum Pluto bzw. zur Spitze des 9. Hauses notwendig.

Pluto in Haus 9 entspricht in psychologischer Hinsicht der Gefahr, die eigenen Kriterien für allein selig machend zu halten und dementsprechend missionieren zu wollen. Jedes intensive Verlangen, andere von der eigenen Einstellung überzeugen zu müssen, kann jedoch als möglicher Hinweis auf (uneingestandene) Zweifel an der eigenen Überzeugung aufgefasst werden. Indem man den anderen bekehrt, bekehrt man auch immer wieder sich selbst. Lernaufgabe und Herausforderung: Der Sinn des Lebens lässt sich nicht auf wenige widerspruchsfreie Formeln reduzieren. Wir müssen lernen zu akzeptieren, dass die Realität vielschichtiger als unser Vorstellungsvermögen ist.

Folgende Krankheitsbilder sind möglich:
Agoraphobie (Angst vor großen Plätzen); Akromegalie (Riesenwuchs nach Abschluss der normalen Wachstumsphase); Darmtumore; genetisch bedingte Fettstoffwechselstörungen; Hämorrhoiden (auch Ve/Ju); Lebertumor; **Lungentumor;** Mastdarmerweiterung; Pankreaskarzinom; Polypenbildung im Darm; **Rektumsenkung;** Virushepatitis.

Pluto in Haus 10

Möglicherweise hat man Ihnen in Ihrer Kindheit kräftig Angst- und Schuldgefühle bereitet und Ihnen damit gleichzeitig Autoritätsangst und -gläubigkeit vermittelt. In vielen Fällen ist hier die Konsequenz, dass das eigene Verhalten von der Angst vor Strafe und nicht von den eigenen Interessen bestimmt wird. Um der als drückend empfundenen Eigenverantwortlichkeit zu entfliehen, klammern sich viele an irgendwelche Überväter, die ihnen Halt und Orientierung sein sollen. Persönliche Freiheit wird aufgegeben, damit man sich unschuldig und beschützt fühlen kann.

Oft zieht es einen deshalb zu Berufen mit einer strengen Hierarchie (Militär, Polizei, Krankenhaus, Beamtenapparat etc.), da man die Autorität auf der einen Seite fürchtet, ihrer Anerkennung jedoch dringend bedarf.

Lernaufgabe und Herausforderung: Machen Sie die Auseinandersetzung mit der Macht und ihrer konstruktiven Anwendung zu Ihrem Lebensthema. Seien Sie Ihr eigener Guru!

Folgende Krankheitsbilder sind möglich:
Hypophysentumor; ***Nebenschilddrüsenerkrankungen;*** obstruktiver Ileus des Mastdarms; **Pilzerkrankung** im Kopfbereich; Talgzysten; trockenes Gangrän; krankhafte **Hautabschuppung;** Krebserkrankungen der Haut und der Knochen.

Pluto in Haus 11

Pluto in Haus 11 entspricht dem kosmischen Auftrag, eine persönliche Machtposition in der Gesellschaft zu erreichen. Es geht darum, übergeordnete Kriterien, die dann für andere bindend werden, zu entwickeln. Psychologisch gesehen kann hier von einem extremen psychischen Druck ausgegangen werden, unter dem der Betreffende permanent steht. Vermutlich wurde er als Kind nach unvereinbaren Wertesystemen erzogen, wo jedes Verhalten notwendigerweise zur Schuld führte. Schuld und die Angst sollen durch persönliche Macht überwunden werden: Der Mächtige entscheidet selbst über Gut und Böse und ist keinem Urteil mehr ausgeliefert. Lernaufgabe und Herausforderung: Ihre persönlichen Kindheitserfahrungen haben ja deutlich gezeigt, dass der objektive Wert von Dogmen und Tabus sehr gering ist, sonst könnten ihre Gegensätze nicht parallel bestehen. Lernen Sie deshalb, Ihr eigenes Wertesystem zu entwickeln, das die Widersprüche Ihrer Erziehung überwindet. Es gibt keine ewig gültigen Gebote und Verbote.

Folgende Krankheitsbilder sind möglich:
Entzündungen und Erkrankungen im Analbereich; Fisteln; Herpes; Gürtelrose; Funktionsstörungen der Keimdrüsen; Mutationen bei den Nachkommen; **Rückenmarkstumore;** Schilddrüsenkrebs; Schizophrenie; Verfolgungswahn; Angst, feste Bindungen einzugehen; Klaustrophobie; Kleptomanie; **krankhafte Schuldgefühle.**

Pluto in Haus 12

Pluto in Haus 12 kann darauf hinweisen, dass man ohne echte Vorbilder, an denen man sich orientieren konnte, aufwuchs. Die Folge kann eine grundsätzliche Lebensunsicherheit sein, da man aus der permanenten Furcht heraus lebt, etwas falsch zu machen.

Oft geht hiermit eine gewisse Prinzipienlosigkeit einher: Man weiß nicht so recht, welchen Stellenwert man den Dingen geben soll. So wirkt man vielleicht gelegentlich etwas opportunistisch. Unbewusst besteht das Bedürfnis nach einer reglementierenden sozialen Umgebung, die einem Werte vorgibt, nach denen man sich richten und über die man sich hinwegsetzen kann.

Lernaufgabe und Herausforderung: Die Entwicklung einer gesellschaftlichen Rolle, in der man selbst zum Vorbild für andere wird.

Folgende Krankheitsbilder sind möglich:
Abszesse; AIDS; Schädigungen des Erbguts; paralytischer Ileus des Mastdarms; alle Formen von Krebs; geschwächte Körperabwehr; Infektionen des Mastdarms; Pilzinfektionen; Erkrankungen der Prostata; Schwäche und Infektionen der Keimdrüsen; Krätze zus. Me/Ur; Stuhlinkontinenz; genetisch bedingte Unfruchtbarkeit; krankhafte Unzuverlässigkeit; Wahnvorstellungen; **Angstneurosen;** Bindungsunfähigkeit; starkes Gefühl von Sinnlosigkeit.

III. Praktische Anwendungen

Vitamine

Nachdem mit der Synthetisierbarkeit zahlreicher Vitamine vor einigen Jahrzehnten insbesondere in den USA ein regelrechter Vitaminkult einsetzte, hat das allgemeine Interesse an diesen lebenswichtigen Substanzen inzwischen sehr nachgelassen. Der moderne gesundheitsbewusste Mensch beschränkt sich in der Regel auf eine möglichst naturbelassene Nahrung und vertraut im Übrigen auf die gängige Lehrmeinung, dass bei ausgewogener Ernährung die Einnahme zusätzlicher Vitamine überflüssig oder gar schädlich sei.

Dieser Standpunkt gilt mittlerweile unter Kennern als völlig überholt. Umso erstaunlicher, dass er von Schulmedizinern und Pharmazeuten (Apothekern) noch nahezu einhellig eingenommen wird.

Grundsätzlich müssen zwei Formen von Vitaminen unterschieden werden: Die fett- und die wasserlöslichen.

Die wasserlöslichen Vitamine gelten allgemein als harmlos, da Überdosierungen mit dem Urin ausgeschieden werden. Die fettlöslichen Vitamine hingegen werden im Körper gespeichert und können im Extremfall bei exzessiver Überdosierung tödlich wirken.

Zu den wasserlöslichen Vitaminen gehören: B-Komplex und C, zu den fettlöslichen: A, D, E und K.

Die ideale Tagesdosis von Vitaminen ist nicht bekannt und die z.B. von der amerikanischen Gesundheitsbehörde oder von der WHO (Welt-Gesundheits-Organisation) empfohlenen Mengen sind lediglich Schätzwerte, bei denen man sich sicher ist, dass keine Mangelerscheinungen auftreten. Man bewegt sich hier also am unteren Ende der Skala, indem man Werte angibt, bei denen man noch nicht krank wird.

Der Unterschied zwischen »nicht krank« und »gesund« kann aber im Einzelfall gewaltig sein. Manch eine Topfpflanze mag es z.B. unbeschadet überleben, dass man sie lange Zeit in einem halbdunklen Raum, ohne Düngung und mit minimaler Wasserversorgung hält – *optimal* ist dieser Zustand sicher nicht. Für die Einnahme relativ hoch dosierter Vitaminmengen spricht noch ein weiterer Grund. Wie der Nobelpreisträger Pauling in seinen Forschungen herausfand, spielen Vitamine bei der Körperentgiftung eine wesentliche Rolle. Die allgemeine Schadstoffbelastung in der Nahrung, im Wasser und in der Luft ist mittlerweile sehr viel höher als in den Kindertagen der Menschheit. Hinzu kommen noch die zahlreichen Genussgifte wie Kaffee, Alkohol und Tabak, die den Körper zusätzlich belasten. All diese Substanzen sind an der Bildung sogenannter freier Radikale beteiligt. Freie Radikale sind deformierte Moleküle, die im Körper wie kleine Scheren wirken, indem sie Zellen und die DNA zerschneiden und damit zerstören. Nach Pauling u.a. sind die freien Radikale maßgeblich am Alterungsprozess beteiligt. Das Vitamin C und einige andere Stoffe scheinen in der Lage zu sein, diese freien Radikale zu binden und aus dem Körper auszuscheiden, bevor diese Schaden anrichten können. Das heißt, Vitamin C könnte bei hoch dosierter Anwendung in der Lage sein, den Alterungsprozess zu verlangsamen.

Paulings Theorien sind durchaus umstritten, allerdings scheinen sie zumindest bei ihm zu funktionieren: Er ist um die 90 Jahre alt und sieht sehr viel jünger aus.

Ich habe, teilweise zusammen mit Mitarbeitern und Freunden, die Theorie hoch dosierter Vitamineinnahmen im Selbstversuch getestet und bin mittlerweile überzeugt, dass Paulings Theorien der Wahrheit näher kommen als die seiner Gegner.

Als subjektiven Beweis führe ich die Ergebnisse meiner Selbstversuche an:

Bevor ich damit begann, regelmäßig Megadosen von Vitamin C einzunehmen, war ich, auch aufgrund chronischer Überarbeitung und dem entsprechenden Schlafmangel, etwa 4- bis 5-mal im Jahr erkältet. Von den Folgen anstrengender Seminare erholte ich mich oft erst nach 2 Wochen oder mehr.

Dies gehört glücklicherweise der Vergangenheit an: Ich hatte seitdem nie wieder eine Erkältung oder einen Schnupfen, Wunden heilen um ein

Mehrfaches schneller als früher, die Erholungszeit nach einem Seminar hat sich auf einen halben bis einen ganzen Tag verkürzt und dies alles, obwohl mein Arbeitspensum eher größer als kleiner geworden ist.

Damit soll bitte nicht behauptet werden, dass Vitamin C ein Allheilmittel wäre, doch die Annahme der Wirkungslosigkeit hoher Dosen Ascorbinsäure (Vitamin C) ist für mich persönlich eindeutig widerlegt.

Ähnliches gilt für die übrigen Vitamine: Ich litt jahrelang unter einer schmerzhaften Entzündung des linken Auges, die periodisch auftrat. Alle Therapieversuche namhafter Augenärzte scheiterten kläglich. Durch die tägliche Einnahme von 15 000 I. E. Vitamin E verschwand die Entzündung binnen einer Woche und ist seitdem nie wieder aufgetaucht.

Beispiele dieser Art ließen sich vermehren; wer sich zum Thema Vitamine und ihrer medizinischen Wirkung genauer informieren möchte, sei auf die entsprechende Fachliteratur im Anhang verwiesen.

Wer die Wirkung hoch dosierter Vitamine am eigenen Leib erproben möchte, kann das untenstehende Rezept als Orientierungshilfe verwenden. Zwei grundsätzliche Dinge sind hier jedoch als Faustregel zu beachten: Je größer Ihr Körpergewicht, umso höher muss die Tagesdosis angesetzt werden. Je weniger Genussgifte Sie konsumieren und je geringer die Umweltbelastungen sind, denen Sie ausgeliefert sind, umso niedriger können Sie die Vitamine dosieren. Je größer Ihre körperlichen oder geistigen Belastungen sind, umso höher ist Ihr Vitaminbedarf.

Mein Dosiervorschlag bezieht sich auf eine Person von etwa 75 kg Körpergewicht, die in der Stadt lebt (starke Umweltbelastung), mäßig Genussgifte (Kaffee, Tee, Alkohol, Zigaretten) konsumiert und durchschnittlichen körperlichen und geistigen Belastungen ausgesetzt ist:

Ascorbinsäure (Vitamin C): ______ 1–2 g
Vitamin E ______ 250 mg
B-Komplex und Spurenelemente in Form von Bierhefe ______ 20 Tabl.
Vitamin A ______ 5000 I. E.
(Für Menschen, die viel am Computer arbeiten, bis zu 15 000 I.E.!)

Folgendes müssen Sie noch beachten: Die Vitamine sollten möglichst über den Tag verteilt und zu den Mahlzeiten eingenommen werden.

Insbesondere beim Vitamin C und der Bierhefe kann es zu Nebenwirkungen kommen: Überdosierungen von Vitamin C verursachen (harmlose) Durchfälle, Überdosen Bierhefe führen zu Blähungen. Wenn Sie mit niedrigen Dosen beginnen und diese langsam steigern, entfallen diese Nebenwirkungen.

Ein gewisses Risiko besteht bei einer extremen und chronischen Überdosierung der fettlöslichen Vitamine. Diese kann der Körper speichern, sodass ernsthafte gesundheitliche Schäden möglich sind. Obwohl ich persönlich Schäden bei den oben angegebenen Dosierungen für ausgeschlossen halte, sollten besonders empfindliche Personen vor der Vitaminkur mit einem Arzt oder Heilpraktiker ihres Vertrauens Rücksprache halten.

Grundsätzlich gilt: Sobald Sie irgendwelche Unpässlichkeiten spüren, die Sie auf die Vitamingaben zurückführen, sollten Sie die Dosis verringern oder das Präparat ganz absetzen. Bierhefe – eine der wertvollsten Nahrungsergänzungen überhaupt – wird leider von manchen Menschen aufgrund einer Hefeallergie nicht vertragen. In diesem Falle (Allergietest!) können Sie problemlos auf ein hefefreies B-Komplexpräparat umsteigen.

Vitamine konkurrieren miteinander, das heißt, hohe Gaben einzelner Stoffe können die Resorption anderer behindern. So hemmen Megadosen Vitamin E z.B. die Aufnahme von Vitamin A und umgekehrt. Von spezifisch therapeutischen Einsätzen abgesehen sollte man auf hohe Gaben isolierter Vitamine verzichten.

Einzige Ausnahme ist hier das Vitamin C, das in mehrfacher Hinsicht unter den Vitaminen eine Sonderstellung einnimmt. Selbst die von konservativer Seite empfohlene Tagesdosis von 75–100 mg übertrifft die Mengenangaben für andere Vitamine um das 10- bis 20-Fache. Manche Wissenschaftler vermuten, dass in den Zeiten, als wir noch »auf den Bäumen hockten«, der hohe Anteil an Früchten und Blättern in unserer Ernährung zur Aufnahme astronomischer Mengen von Vitamin C führte, auf die sich unser Stoffwechsel eingestellt hat. Andere meinen, dass das Vitamin C eine so essenzielle Rolle in unserer Physiologie spielt, dass unser Körper früher in der Lage gewesen sein muss, es selbst zu bilden und diese Fähigkeit dann verloren ging.

Wie auch immer, meiner Überzeugung nach ist eine Überdosierung von Vitamin C unbedenklich, solange die beschriebenen (harmlosen) Nebenwirkungen nicht einsetzen.

Da es bis jetzt kein »objektives Wissen« über die richtige Langzeitanwendung von Vitaminpräparaten gibt, muss die Entscheidung über ihre Einnahme der Erfahrung und dem Empfinden des einzelnen überlassen sein. Wie bei allen »weichen« Medikationen zeigt sich auch hier eine extreme individuelle Variationsbreite. Also: Probieren geht über Studieren!

Planeten und Vitamine

Vitamin C	=	Sonne, Merkur
B-Komplex	=	Merkur
Vitamin D	=	Saturn
Vitamin E	=	Mars
Vitamin A	=	Venus

Massive Verletzungen der jeweiligen Planetenprinzipien können auf einen erhöhten Bedarf des entsprechenden Vitamins hindeuten.

Aminosäuren

Aminosäuren sind die Bausteine des Lebens: Unser Körper ist zu wesentlichen Teilen aus Eiweißen (besser: Proteinen) aufgebaut, die wiederum aus Aminosäuren in den unterschiedlichsten Zusammensetzungen bestehen. Jeder Organismus benötigt zu seinem Überleben eine Vielzahl von Proteinen, die er sich auch mithilfe seiner Nahrung selbst herstellt. Aufgenommenes Protein wird in seine Bestandteile – die Aminosäuren – zerlegt und neu zusammengesetzt. Dies ist durchaus mit einem Gebilde aus Bauklötzen vergleichbar, welches auseinandergenommen wird, um daraus etwas Neues zusammenzusetzen.

Daher kommt auch die Unterscheidung von »vollwertiges« und »minderwertiges« Protein: Nahrungsmittel, die alle Aminosäuren enthalten, die wir für unseren Organismus benötigen, werden als »vollwertig«, Nahrungsmittel, die nicht alle Aminosäuren enthalten, als »minderwertig« bezeichnet.

Da der Körper bestimmte Aminosäuren selbst bilden kann, andere jedoch nicht, unterscheidet man noch zwischen essenziellen und nichtessenziellen Aminosäuren.

Erst seit relativ kurzer Zeit weiß man, dass die isolierte Gabe von Aminosäuren eine hohe medizinische Wirkung haben kann. Manche fördern z.B. die geistige Fitness oder lassen Hirnverletzungen schneller heilen. Andere sind wirkungsvoll bei der Bekämpfung von Depressionen. Bestimmte Aminosäuren beschleunigen den Aufbau von Muskulatur und Kraft in einem Maße, dass sie die verbotenen und gefährlichen Anabolika ersetzen können. Manche Aminosäurekombinationen sind effektivere Schlafmittel als die suchtbildenden Tranquilizer usw.

Insiderkreisen sind die »Aminosäurencocktails« durch sogenannte »weiße Drogen« bekannt geworden. Das heißt, es gelang, drogenähnliche Effekte auf natürlichem Wege, nämlich über Nahrungsmittelkombinationen, zu erreichen.

Die Praxis hat allerdings gezeigt, dass wirklich Süchtige von der Wirkung der »weißen Drogen« enttäuscht sind: Sie betäuben eben nicht und erlauben deshalb auch keine Realitätsflucht.

Unsere Versuche haben ergeben, dass sich einzelnen Horoskopkonstellationen Aminosäurenverbindungen sinnvoll zuweisen lassen. Auf diesem Wege ist vor allem die Bekämpfung von chronischen Schwächezuständen, Lust- und Antriebslosigkeit sowie leichteren Depressionen möglich. Damit verbunden ist natürlich eine grundsätzliche Steigerung des Allgemeinbefindens.

Dies ist nicht der Ort, die Aminosäuren in ihren Wechselwirkungen zum persönlichen Horoskop näher zu behandeln. Die notwendigerweise sehr allgemein gehaltenen Hinweise erfolgten, um Interesse an diesem faszinierenden Thema zu wecken: Therapien mit Nahrungsbestandteilen (Mineralien, Vitaminen und eben Aminosäuren) werden ein wesentlicher Bestandteil der Medizin der Zukunft sein, da sie effektiv, sanft und nebenwirkungsarm sind.

Homöopathie in Theorie und Praxis

Homöopathie wird oft fälschlich mit Naturheilverfahren oder Pflanzenheilkunde gleichgesetzt.

Sie geht von der seit der Antike bekannten Annahme aus, dass »Gleiches mit Gleichem« geheilt werden könne. Als Spätfolge dieses in seinen Ursprüngen magischen Denkens wird z.B. heute noch eine Mischung aus Nüssen und Rosinen als »Studentenfutter« verkauft, weil diese angeblich das Konzentrationsvermögen fördert. Auslöser für diese Annahme war die Ähnlichkeit einer Walnuss (geöffnet, von oben betrachtet) mit dem menschlichen Gehirn. Spargel und Austern gelten heute noch als Aphrodisiaka (libidosteigernde Mittel), weil ihre Form den menschlichen Genitalien ähnelt.

Dieser Grundgedanke wurde von Samuel Hahnemann zu einem medizinischen Lehrgebäude weiterentwickelt, welches von drei weiteren grundsätzlichen Annahmen ausgeht:

1. In der Homöopathie wird nicht die kausale Ursache einer Krankheit untersucht (also z.B. eine Infektion), sondern ausschließlich deren Erscheinungsbild beschrieben, welches dann zur Feststellung des passenden Mittels, des sogenannten Simile, führt.

   Das heißt, ein klassischer Homöopath würde einem Krebskranken das gleiche Mittel verschreiben wie einem Menschen, der eine banale Erkältung hat, wenn die Symptome, die sogenannten Arzneimittelbilder, übereinstimmen. Umgekehrt würde er z.B. eine Magenverstimmung bei zwei Menschen mit unterschiedlichen Mitteln behandeln, wenn die Symptome nicht genau identisch sind.

2. Eine Substanz, die beim Gesunden ein bestimmtes Krankheitsbild auslöst, heilt in verdünnter, »potenzierter« Form eben diese Erkrankung.

Der Homöopath würde also z.B. einem Menschen, der unter Einschlafstörungen leidet, die denen gleichen, die sich durch eine Überdosierung von Kaffee einstellen, das Mittel Coffea (potenzierter Kaffee) geben.

Bei Scharlach verwendet der Homöopath gerne Belladonna, da diese Pflanze bei einer Vergiftung ein ähnliches Erscheinungsbild (roter Hautausschlag, Schluckbeschwerden, hohes Fieber u.a.) hervorruft, wie es dem Scharlach zu eigen ist.

3. Die Homöopathie nimmt an, dass ein bestimmtes Verdünnungsverfahren, das sogenannte Verschütteln, zu einer Veränderung und vor allem zu einer Steigerung der Wirkung führt. Man nimmt also z.B. einen Teil Ausgangssubstanz und mischt diesen mit 10 Teilen eines Lösungsmittels, in der Regel Alkohol. Dieses Mischungsverhältnis wird als D1 bezeichnet. Nehme ich von dieser Mischung wiederum den 10ten Teil und mische (»verschüttle«) ihn mit 10 Teilen Alkohol, so erhalte ich die D2 usw. Die Zahl nach dem D gibt somit Auskunft über das Mischungsverhältnis: Ein Mittel in D4 enthält z.B. ein Teil Wirkstoff auf 10 000 Teile Lösungsmittel, bei einer D10 entspricht dies einem Verhältnis von Wirkstoff zu Lösungsmittel von 1 : 10 000 000 000 (10 Milliarden). Im Gegensatz zu unserem normalen quantitativen Denken nimmt die Homöopathie nun an, dass mit jeder weiteren *Verdünnung* (»Potenzierung«) die Wirksamkeit des Mittels *gesteigert* wird. Man erklärt sich dies mit einer Art freigelegter Information des Medikaments, die auf das Lösungsmittel übertragen wird, ähnlich einer kopierten Tonbandaufnahme.

Die Schulmedizin lehnt die Homöopathie grundsätzlich aus dem folgenden Grund ab: Ab einer gewissen Verdünnung (ab D23) enthält das Medikament höchstens noch zufällig ein Molekül der Ausgangssubstanz, ist aus naturwissenschaftlicher Sicht also mit reinem Alkohol identisch. Gerade den Mitteln, denen die klassischen Homöopathen den größten Nutzen zusprechen, nämlich den Hochpotenzen, bescheinigt die Schulmedizin völlige Wirkungslosigkeit.

In der Praxis gilt ein alter medizinischer Grundsatz: Wer heilt, hat recht. Wer einmal die verblüffenden Heilerfolge miterlebt hat, die oft nur durch eine einzige Gabe eines homöopathischen Mittels erreicht werden können, wird sich mit der völligen Ablehnung der Homöopathie schwertun. In Indien sind ca. 40 % aller Kliniken rein homöopathisch ausgerichtet, und eine wachsende Anzahl kritischer Menschen hat die Heilung oft schwerer Erkrankungen durch die Homöopathie am eigenen Leib erlebt.

Es erscheint mir deshalb außer Frage zu stehen, dass die Homöopathie heilen kann. Wie dies geschieht und wie es erklärt werden kann, ist eine Frage, für die es bislang keine allgemein anerkannte Antwort gibt. Probleme mit dem »wie« sind in der Medizin allerdings keineswegs auf die Homöopathie beschränkt: Acetylsalicylsäure (Aspirin) wirkt in der Regel hervorragend bei mittelstarken Schmerzen. *Warum* das so ist, entzieht sich bis heute unserer Kenntnis. Wir wissen noch nicht einmal genau, was Schmerz im physiologischen Sinne eigentlich ist und wie er entsteht.

Viele Schulmediziner beziehen in ihre Verschreibungen homöopathische Mittel mit ein. Oft wählt man hier – um »sicherzugehen« – nur die Tiefstpotenzen und gibt das Ganze kausalorientiert. Das heißt, man verschreibt bei Erkältungen ein bestimmtes Mittel, bei Rheuma ein anderes usw. Hier wird die Homöopathie zu einer Variante der Schulmedizin vergewaltigt.

Denn die Feststellung des Simile (des geeigneten Medikaments) setzt eine sehr sorgfältige Anamnese (Befragung des Patienten) voraus, die einige Stunden dauern kann. Diese Zeit nimmt der normale Arzt sich nicht, meist hat er auch gar nicht die Philosophie der Homöopathie verstanden. Wie sonst im Eilverfahren ein allopathisches Mittel verschrieben wird, gibt man hier halt ein homöopathisches. Auf diese Weise wird einem Patienten nur selten geholfen, und es wäre besser, diese Ärzte blieben bei ihren gewohnten Mitteln, oder sie würden sich auf andere naturheilkundliche Verfahren konzentrieren, z.B. auf die Phytotherapie, die Pflanzenheilkunde, die, wie bereits erwähnt, leider immer noch mit der Homöopathie verwechselt wird. Kamilledampfbäder sind in der Bekämpfung einer Erkältung mindestens genauso wirksam wie »chemische Hämmer«. Brennnesseln helfen bei manchen Formen von Rheuma besser als schulmedizinische Verfahren usw.

Das heißt, ich rate dringend von dem Besuch von Ärzten und Heilpraktikern ab, die nebenbei noch ein bisschen Homöopathie machen. Ein guter Homöopath braucht Jahre, bis er sein Fach beherrscht. Mit dem Nachschlagen in »Kochbüchern« ist es hier leider überhaupt nicht getan. Wenn Sie bedenken, dass allein das Mittel Arsen etwa 6000 Symptome aufweist, die auf eine Therapie hindeuten können, und es Hunderte homöopathischer Mittel gibt, die wiederum in Dutzenden verschiedener Potenzen angeboten werden, haben Sie vielleicht eine Vorstellung, wie lange es dauert, bis ein Homöopath auch nur die Anwendung von 30–40 Mitteln wirklich beherrscht.

Umso bedenklicher ist die oft hemmungslose Verknüpfung von Astrologie und Homöopathie. Beide Bereiche erfordern langjährige intensive lernende Beschäftigung mit dem Thema, die Kombination beider Gebiete benötigt noch einmal viel Zeit. Um es zynisch auszudrücken: Dilettantismus in einem Wissensgebiet kann nicht durch Inkompetenz in einem anderen ausgeglichen werden. Auf der anderen Seite drängt sich einem die Synthese beider geradezu auf, da Astrologie und Homöopathie die gleiche Wurzel haben: das magische Denken. Magisches Denken bedeutet eine analoge Weitsicht, eine auf Korrespondenzen ausgerichtete Wahrnehmung: Dinge und Ereignisse sind durch Ähnlichkeiten, durch gleiche Qualitäten miteinander verknüpft. Hierzu ein Beispiel: Die Sonne wird bei einer Finsternis durch den Mond verdunkelt. Die Sonne verkörpert das für uns einflussreichste und mächtigste Gestirn (ohne sie gäbe es kein Leben auf der Erde), das für einen Augenblick all seine Kraft verliert. Nach dem Analogieprinzip »Wie im Himmel, so auf Erden« bedeutet diese astronomisch/astrologische Konstellation: Könige, Präsidenten und andere Herrscher verlieren Macht und Einfluss.

In der Homöopathie würde man einem Menschen mit schwersten Depressionen, schwachem Selbstbewusstsein und Suizidneigung oft Aurum (Gold) geben, welches schon immer ein Symbol für Macht und Stärke und Selbstbewusstsein war. Wie selbstverständlich wird Gold als das Metall der Könige erkannt.

Man sollte nicht den Fehler begehen, das magische Denken mit falschem Denken gleichzusetzen. Ein Zusammenhang muss nicht kausal sein, um zu funktionieren: Ich habe nicht Mittagspause, *weil* die Zeiger meiner Uhr auf 12 zeigen. Es ist nicht deshalb so kalt, weil das Thermometer auf unter null zeigt, und das schlechte Wetter zwingt niemanden, schlechte Laune zu haben. Ich möchte an dieser Stelle nicht weiter auf den grundsätzlichen Unterschied zwischen analogem und kausalem Denken eingehen. Dies wurde an anderer Stelle bereits ausführlich getan, und es existieren Bücher zu diesem Thema, auf die im Literaturanhang hingewiesen wird.

Da, wie gesagt, Astrologie und Homöopathie eine gemeinsame Weitsicht als Ursprung haben, ist eine Verknüpfung beider Bereiche naheliegend und auch sinnvoll möglich – ausreichende Kompetenz in beiden Bereichen vorausgesetzt.

Für wichtig halte ich allerdings die Beachtung der Regeln der klassischen Homöopathie, die z.B. die Einnahme mehrerer (homöopathischer) Mittel zur gleichen Zeit untersagt. Die Nichtbeachtung dieser Regeln kann durchaus zu unerwünschten Wirkungen führen!

Planetenkonstellationen und Krankheitsbilder

Sonne/Mond

Geschlechtsrollenproblematik. Unklare Elternsituation, Kompetenzstreitigkeiten der Eltern. Allgemeine Desorientierung und psychische Gefährdung. Massive Stimmungsabhängigkeit. Gefahr der Manipulierbarkeit. Oft wenig robuste Konstitution.

Krankheitsbilder:
Bisexualität; Bauchbereich, alle Erkrankungen im; Durchblutungsstörungen; Elternproblematik; **Geschlechtsrollenproblematik;** Herzinsuffizienz; **Kreislaufstörungen;**

Potenzstörungen; Reaktionen, paradoxe; Stimmungslabilität; Vegetative Dystonie; Zyklusstörungen.

Sonne/Merkur

Sich harmlos geben müssen. Angst, sein eigenes Leben zu leben. Jugendlicher Charme, der echte Selbstfindung verhindern soll. Koordinationsstörungen. Oft exzessiver Rededrang. Angst, seine Gefühle zu zeigen.

Krankheitsbilder:
Brustschmerzen beim Atmen; Ejaculatio praecox; Herzrhythmusstörungen, leichte; Hypermotorik; Hypochondrie; Kontrollfähigkeit,

eingeschränkte; **Koordinationsstörungen;** Lähmungserscheinungen; Nervenbahnen, affarente, Erkrankungen der; Nervosität; **Poliomyelitits (Kinderlähmung);** Pollutionen; Querschnittslähmung; Rededrang; Spastische Erkrankungen.

Sonne/Venus

Angst vor den negativen Seitendes Lebens. Flucht in Kunst und Ästhetik. Oft unangemessene Abhängigkeit vom Partner. Überdurchschnittliche Empfindsamkeit. Entscheidungsschwach. Häufig Vaterfixierung bei Frauen.

Krankheitsbilder:
Akne; Altersdiabetes; **Blutdruckschwankungen;** Blutzuckerspiegel, instabiler; **Durchblutungsstörungen;** Erschöpfungszustände; Existenzangst; Handlungsschwäche; Herzinsuffizienz, zus. So/Ne; Herzrhythmusstörungen, zus. So/Ur; Kreislaufstörungen; **Körperangst;** Körperfixierung; Lethargie; Niereninsuffizienz; Obstipation (Verstopfung); Parasympathikusüberfunktion; Passivität, chronische; Selbstüberforderung; Tachykardie, paroxysmale supraventrikuläre (Krankheitsbild mit plötzlichem Ansteigen der Herzfrequenz), zus. So/Ur; Unselbstständigkeit; **Vaterbindung, nicht gelöste, bei Frauen; Venenerkrankungen, alle Formen von;** Wachstumsstörungen.

Sonne/Mars

Angst vor dem Vater. Tendenz zu aggressiven Überreaktionen, wenn die eigene Autorität oder Kompetenz infrage gestellt wird. Steht sich selbst und seinen Bedürfnissen im Weg. Flucht in die Arbeit, mit besonderer »Begabung«, sich zu verzetteln.

Krankheitsbilder:
Arbeitssucht; Autoritätsangst; Aggressivität; Autoaggressives Verhalten; **Choleriker;** Depressionen; Dystonie, vegetative; Durchblu-

tungsstörungen der Extremitäten; **Gallenreizung;** Geschlechtsorgane des Mannes, Erkrankungen der; Glatzenbildung, frühzeitige, bei Männern; Herzmuskelentzündung; Hypertonie (Bluthochdruck), auch Ma/Sa; Kardialgie (Herzschmerzen); Magengeschwüre; Magenstechen; Magenblutungen; Muskelrisse; Schlaganfall; Sinusitis (Nasennebenhöhlenentzündung), zus. So/Ne; Sympathikusüberfunktion; Suizidneigung (Selbstmordgefährdung), zus. Ma/Pl; Unfallkonstellation; **Vaterproblematik;** Verletzungsneigung.

Sonne/Jupiter

Suche nach dem Übervater, der einem alle Probleme und Sinnfragen abnimmt. Angst vor der sozialen Umwelt. Furcht, im Mittelpunkt zu stehen. Muss lernen, Verantwortung für sich selbst zu übernehmen.

Krankheitsbilder:
Alkoholismus; Angina pectoris; Bewegungsmangel; Bluthochdruck; Choleriker; Dickdarmerkrankungen; Erschöpfungszustände durch Überlastung; Exzesse; **Fettherz; Fettstoffwechsel, Störungen des;** Fettsucht; Fruchtbarkeit, eingeschränkte; Größenwahn; **Herzvergrößerung; Hüfterkrankungen;** Krampfadern; Körperabwehr, mangelhafte; Leberkrankheiten; Schmerzempfinden, gestörtes; Selbstkritik, Mangel an; Vaters, Glorifizierung des; Zeugungsfähigkeit, eingeschränkte; Zwangshandlungen.

Sonne/Saturn

Eingeschränkte Vitalität. Rigides Vaterbild. Schuldgefühle, wenn persönliche Bedürfnisse gelebt werden. Muss Konsequenz im Umgang mit anderen lernen.

Krankheitsbilder:
Angina pectoris (Verengung der Herzkranzgefäße); Arterienverengung; **Blutdruck, niedriger, in der ersten Lebenshälfte; Bluthoch-**

druck in der zweiten Lebenshälfte; Gefühlsausdruck, Hemmung, Gicht; Impotenz durch Arbeitsüberlastung; Kniegelenke, Erkrankungen der; Kreislaufstörungen; Rheuma; Unfruchtbarkeit beim Mann.

Sonne/Uranus

Exzessive Angst, verbindlich und damit schuldig zu werden. Nervosität, permanente Fluchttendenz (an der Tür sitzen). Schizoides Verhältnis zum Vater: Hassliebe, insbesondere bei Frauen. Schlafentzug und nervöse Übererregung als Droge. Muss lernen, bei sich selbst zu sein, ohne in Extreme zu gehen.

Krankheitsbilder:
Absencen; Anpassungsängste; Autoritätsängste; Berührungsängste (seelische); Bewegungsdrang, zwanghafter; **Epilepsie;** Erfolgsangst; **Exzentrizität;** Gefühlsausdruck, Exaltiertheit im; Herzflattern; **Herzrhythmusstörungen;** Herztod, plötzlicher, zus. Pl; Hypermotorik; Hysterie; Kreislaufkollaps; Kreislauflabilität; Leistungsverweigerung, unbewusste; Manie, alle Formen von; multiple Sklerose; Nervenschmerzen; Neuralgien; **Schilddrüsenunter- oder -überfunktion;** Schlafstörungen; Schock, zus. So/Sa, auch So/Pl; Synkope (plötzlicher, kurzzeitiger Bewusstseinsverlust); Übererregbarkeit; Unruhe; Unzuverlässigkeit, krankhafte; Vaterproblematik (insb. bei Frauen); Wirbelsäulenerkrankungen.

Sonne/Neptun

Schwaches Vaterbild. Labil im Verhalten, muss sich seine eigenen Richtlinien erarbeiten. Muss Unabhängigkeit von Handlungsnormen erlernen. Vorbilder sind keine Lösung!

Krankheitsbilder:
Alkoholismus; Depressionen; Haltlosigkeit; Handlungsunfähigkeit; Herzinsuffizienz; Hysterie; Kreislaufkollaps; Lethargie; Lähmungen;

Neurosen, Affinität zu; Nykturie (vermehrtes nächtliches Wasserlassen, Folge von Herzinsuffizienz); Ohnmacht; Schlafkrankheit; Sinusitis (Nasennebenhöhlenentzündungen), zus. So/Ma; **Vergiftungen.**

Sonne/Pluto

Die Furcht vor den eigenen Schuldgefühlen und die Angst vor Strafe soll durch zwanghaftes, in Extremfällen sogar psychotisches Verhalten kompensiert werden. Überwinden Sie Ihre Machtansprüche genauso wie Ihre Angst, indem Sie zum Vorbild für andere werden, ohne dies mit irgendwelchen Forderungen zu verbinden!

Krankheitsbilder:
Autoimmunkrankheiten; Besessenheit; Blinddarmerkrankungen; Ehrgeiz, krankhafter; Gewalttätigkeit; Herzinfarkt; Intoleranz; **Krebs,** alle Formen von; Nyktalopie (Tagblindheit); Nymphomanie; Prostataerkrankungen; Regression, alle Formen von; Satyriasis; Sexuelle Übergriffe durch den Vater; Sexsucht; Süchte; Verfolgungswahn; Verhalten, psychotisches; **Weisheitszähne, Erkrankungen der;** Zeugungsfähigkeit, Störungen der; Zwangshandlungen.

Mond/Merkur

Angst, die eigenen Empfindungen wahrzunehmen. Emotionale Schönfärberei. Gefühle müssen aufgeschrieben oder ausgesprochen werden, um wahrgenommen werden zu können. Subjektives Denken. Unbeständig. Wirkt jugendlich bis unreif.

Krankheitsbilder:
Atmungssyndrom, nervöses, auch Me/Ju; Bindehautentzündung; Bronchien, Verschleimung der; **Koffeinsucht;** Dyspepsie; Ehrgeiz, krankhafter; Eileiterschwangerschaft; Gleichgewichtssinns, Irritationen des; **Hirnerkrankungen; Konzentrationsstörungen;** Lungenödem, interstitielles; Ösophagitis (Entzündung der Speiseröh-

renschleimhaut); Schleimhäute, Erkrankungen der; **Schluckauf;** Schluckbeschwerden; Selbstanalyse, destruktive; **Wasserstoffwechselstörungen;** Zellulitis (Bindegewebsschwäche).

Mond/Venus

Glaubt an das Gute im Menschen – in dieser Hinsicht positiv bis naiv. Suche nach emotionaler Geborgenheit in der Partnerschaft. Unfähigkeit, Bedrohung durch andere angemessen wahrzunehmen. Ästhet. Launisch.

Krankheitsbilder:
Altersdiabetes, zus. So/Ve; Ataxie (Störungen der Bewegungskoordination), auch So/Me; Blasenschwäche; Blutdruckschwankungen; **Blutzuckerspiegel, schwankender;** Hormonstörungen, funktionelle; Hypoglykämie; Karzionid-Syndrom; Kohlenhydratsucht; Magensäure, Überproduktion von; **Mundschleimhaut,** alle Erkrankungen der; Mutterbindung, nicht gelöste, bei Männern; Nieren, Dysfunktion der; **Niereninsuffizienz, periodische;** Parodontose (auch Ve/Sa); **Reizblase** (zus. Ve/Ma); Stoffwechselerkrankungen; Wachstumsstörungen; Zynose (Blaufärbung infolge O_2-Mangel des Blutes).

Mond/Mars

Hinweis auf ein gestörtes Mutterbild: Überlagerung der eigenen Identität durch die Mutter. Autoaggressive Tendenzen, bis hin zu ausgeprägten Essstörungen. Erwartet von sich selbst Spitzenleistungen. Fühlt sich permanent bedroht. Mangelndes Urvertrauen.

Krankheitsbilder:
Angstzustände; Augenverletzungen; Autoaggression; Autoimmunerkrankungen; Enzephalitis (Gehirnentzündung); Epistaxis (Nasenbluten); Erbrechen, **Essstörungen;** Fettsucht; Frigidität; Gallendysfunktion; Gastritis; Grippe; Katarrh (Schleimhautentzündung);

Kurzsichtigkeit; **Magen, nervöser, gereizter;** Magenblutungen; Magengeschwür (Ulcus), zusätzlich Mo/Ur, gesteigerte Disposition bei Blutgruppe 0; **Magersucht;** Morbus Crohn, zus. Me/Ma, Ma/Ju, Ma/Pl; Noradrenalinspiegel, zu niedriger; Pavor nocturnus (nächtliche Angstzustände); Periode, schmerzhafte und verkürzte; Phobien; Schielen; **Schleimhautentzündungen und -blutungen;** Ungeborgenheit, seelische; Verfolgungswahn.

Mond/Jupiter

Optimistische Grundeinstellung. Erwartet von sich selbst und dem Leben Außergewöhnliches. Tendenz zu überspannten Ideen. Fähigkeit, größere Zusammenhänge zu erkennen. Probleme mit Detailarbeiten. Weitsichtig im Planen. Exzessives Bedürfnis nach emotionaler Zuwendung und Beachtung. Hinweis auf Popularität.

Krankheitsbilder:
Eiweißsynthese, Störungen der (z.B. Unverträglichkeit bestimmter Aminosäuren bzw. Unfähigkeit, diese zu bilden); Elephantiasis (zus. Ve/Ju); Fettstoffwechsels, Störungen des; Hiatushernie (zus. Mo/Ne); Hyperemotionalität; Hyperhydrosis (übermäßiges Schwitzen), auch So/Ju; Hysterie, zus. So/Ur; **Leber, Dysfunktion der; Leberinsuffizienz; Lymphödeme;** Magenerweiterung; Magenblutung durch Überdehnung; Manie; Ödeme; Parasympathikus, Überfunktion des; Pathos, emotionales; **Schleimhautschwellungen,** alle Formen von; Wasserkopf (auch Mo/Ne); Zyklusstörungen.

Mond/Saturn

Angst vor subjektivistischen Empfindungen. Befürchtet, sich unberechtigte Vorteile zu verschaffen. Emotionale Ungeborgenheit, die oft gar nicht wahrgenommen wird. Bindungsängste bei ausgeprägtem Geborgenheitswunsch. Große Angst vor Enttäuschungen im Gefühlsbereich.

Krankheitsbilder:
Bezoare (Magensteine); **Depressionen;** Dyspepsie; **Empfängnisstörungen; Essstörungen,** auch Mo/Ma; Fettsucht; Flüssigkeitsmangel; Frigidität; **Hingabefähigkeit, eingeschränkte;** Hirnverkalkung; Hypophysendysfunktion; Kalziuminsuffizienz; Lymphknoten, Verkalkung der; Magenschrumpfung; **Magenuntersäuerung;** Magersucht, auch Mo/Ma; Ödeme; **Osteoporose;** Presbyopie (Altersweitsichtigkeit); Schleimhäute, Austrocknung der; Unfruchtbarkeit bei Frauen.

Mond/Uranus

Paradoxe und unberechenbare Empfindungen. Große Angst, vereinnahmt zu werden. Nervöse Grundhaltung. Versucht jede Empfindung durch ihr Gegenteil aufzuheben. Inkonsequente Gemütslage. Angst, Geschenke anzunehmen, um ungewünschte Verbindlichkeiten zu vermeiden. Bei Männern nahezu immer Hassliebe zur Mutter.

Krankheitsbilder:
Absencen (Vorstufe zur Epilepsie), auch So/Ur; Belastungsfähigkeit, geringe; Epilepsie; **Fehlsichtigkeit, gegenläufige** (ein Auge weit-, das andere kurzsichtig); Herzklappenfehler; Herzrhythmusstörungen; Hirnerschütterung; **Magengeschwür** (Ulcus), zusätzlich Mo/Ma, gesteigerte Disposition bei Blutgruppe 0; Magenschleimhautentzündung; Miliaria (juckende Hautkrankheit durch Schweißretention); **multiple Sklerose** (auch So/Ur); **Reizbarkeit, emotionale;** Reizmagen, nervöser; **Schielen;** Schilddrüsendysfunktion; **Stoffwechselstörungen des Gehirns; Übererregbarkeit, emotionale;** Zinkallergie.

Mond/Neptun

Betäubte Gefühlssphäre. Flucht in eine Traumwelt. Narkotisiertes Empfinden als Reaktion auf mangelnde seelische Geborgenheit in der Kindheit. Schwierigkeit, echten Schmerz und Trauer zuzulassen, da hier in der Regel nur eine seltsame Leere wahrgenommen wird. Sollte meditative Techniken mit Vorsicht ausüben.

Krankheitsbilder:
Akne vulgaris, auch Ve/Sa, Mo/Ma; **Astigmatismus** (Hornhautverkrümmung des Auges); **Empfindungsdissoziation;** Empfindungslähmung; Endorphinstoffwechsels, Störungen des; Enzephalomalazie (Gehirnerweichung), Gedächtnisschwund, auch Me/Ne; Hiatushernie (Hernie des Zwerchfells), zus. Mo/Ju, Mo/Ma; **Infektionen der Schleimhäute;** Lebensmittelvergiftung; Lethargie; Lichthunger; Lymphosarkom (bösartiger Lymphtumor), auch Mo/Pl; Magenatonie (Magenlähmung); Magenerweiterung, krankhafte; Magenneurose; Mammakarzinom (Brustkrebs), auch Mo/Pl, zus. Ve/Ma; Mastitis (Brustdrüsenentzündung), zus. Ma; Ödeme; **Periode, Ausbleiben der; Schmerzempfindens, Störungen des;** Winterdepression; Zyklusstörungen der Frau.

Mond/Pluto

Traumatische Ereignisse der frühesten Kindheit erzwangen die Fähigkeit, Erlebnisse auszublenden. Unangenehmes oder Bedrohliches wird fast vollständig verdrängt. Meist besteht ein dramatischer Mutterbezug im Sinne einer negativen emotionalen Überlagerung. Die Macht über das Seelenleben des Betreffenden kann, trotz rationaler Abwehr, beängstigend sein. In Stresssituationen Flucht in Stereotypen (»immer die gleichen Geschichten erzählen«), um der bedrohlichen Wirklichkeit auszuweichen.

Krankheitsbilder:
Angstvorstellungen, extreme; Augeninfarkt; Contusio cerebri (Hirnquetschung), zus. Mo/Sa; Empfängnisstörungen; **Frauenhass;** Hingabeangst; Hirntumor; **Leistungszwang;** Lymphknotentumore; **Magenkrebs;** Magenpolypen; Mammakarzinom (Brustkrebs), auch Mo/Ne, zus. Ve/Ma; Missbrauch, sexueller, durch die Mutter; Mutterbindung, gestörte; **Mutterhass;** Nachtblindheit, zus. Ve; Ovarialkarzinom; Sehstörungen, psychosomatische; **Ungeborgenheit, seelische;** Wahrnehmungstäuschungen.

Merkur/Venus

Scheinharmoniker. Konfliktangst. Zieht die schöne Fassade der Auseinandersetzung mit der Wirklichkeit vor. Innere Heimatlosigkeit, ungebunden, keinen tieferen Bezug zur Familie bzw. zum Wohnort. Sprachbegabung. Stilsicherheit. Diplomatische Begabung.

Krankheitsbilder:
Aerophagie (Luftschlucken); **Asthma bronchiale; Asthma, psychosomatisches** (im Gegensatz zum allergischen); Bewegungsapparats, Erkrankungen des; Blasenschwäche, nervöse; Blutzuckerspiegel des Gehirns, Störungen des; Bronchien, Erkrankungen der; Gefäßerkrankungen; **Gefäßpermeabilität, Irritationen der;** Gleichgewichtssinns, Störungen des; **Heuschnupfen;** Koordinationsstörungen; **Nierenfunktionsstörungen;** Schluckstörungen; Seekrankheit; Venenblutungen, zus. Ve/Ma; Wanderniere, auch Ve/Ur.

Merkur/Mars

Schnelle Auffassungsgabe, aggressives Denken. Der ewige Jüngling. Pubertäre Züge als Charaktereigenschaft. Geschickte Durchsetzung von Eigeninteressen. Zynischer, ironischer und sarkastischer Sprachstil. Sehr gute Reflexe. Getarnter Choleriker.

Krankheitsbilder:
Aerophagie **(Luftschlucken);** Bronchienentzündungen; Dermatitis (inflammatorische Hautveränderungen), **Diarrhö (Durchfall);** Dünndarmblutungen; **Eisenstoffwechselstörungen;** Furunkel, zus. Sa; **Gallenwegserkrankungen; Husten;** Kopfschmerz, vasomotorischer; **Kurzatmigkeit** (Dyspnoe); Kurzsichtigkeit (Myopie); Laryngitis (Kehlkopfentzündung); **Lispeln;** Lungenfibrose, auch Ma/Ju; Morbus Crohn, zusätzlich Mo/Ma, Ma/Ju, Ma/Pl; Neuritis (Nervenentzündung); Pleuritis; Psoriasis (Schuppenflechte), zus. Ve/Sa; Rosazea, zus. Mo/Ma; **Speiseröhrenschmerzen und -blutungen;** Sprachstörungen; **Übererregbarkeit, nervöse.**

Merkur/Jupiter

Fähigkeit zum synthetischen Denken. Kreative Begabung. Tendenz zu eigenen Wortschöpfungen. Oft nicht zu bändigender Rededrang. Manchmal Neigung zur Selbstbeweihräucherung. Interesse für Sinnfragen, dabei Detailschwäche. Je nach Niveau gehobener, schwülstiger, pathetischer oder melodramatisch-kitschiger Sprachstil.

Krankheitsbilder:
Atmungssyndrom, nervöses, auch Mo/Me; **Blutstau** in den Extremitäten; Blutstau in den Fingern; Bronchiektasen; Darmerkrankungen; Demyelinisierung der Nervenfasern, alle Formen von; Dickdarms, Funktionsstörungen des; Dünndarmerweiterung; **Flatulenz;** Größenwahn; **Leberfunktionsstörungen;** Lungenemphysem; **Lungenkrankheiten;** Meteorismus; Ösophagusvarizen (Krampfadern der Speiseröhre); Pankreatitis (Bauchspeicheldrüsenentzündung), zus. Ma/Ju; Speiseröhre, krankhafte Dehnung der.

Merkur/Saturn

»Hervorhebung des Offensichtlichen« (W. Döbereiner). Selbstdarstellungsblockade. Erlebt sich als »hässliches Entlein«. Bleibt in formalen Worthülsen stecken. Regelorientiertes Denken. Gerechtigkeitssinn. Langsame und gründliche Eindrucksbewältigung. Bemühen um objektive Darstellungen.

Krankheitsbilder:
Amimie (reduziertes Mienenspiel); **Atemwegserkrankungen, chronische;** Atemwegstenosen (Verengungen der Atemwege) oder -obstuktion; **Athrose der Extremitäten;** Bewegungsapparat, Behinderungen des; Bronchitis, chronische; Dysphagie (Schluckbeschwerden); Dyspnoe (Gefühl erschwerter Atmung); Ileus, obstruktiver, des Dünndarms; **Kalziumstoffwechselstörungen;** Katalepsie (Muskelverkrampfung), auch So/Sa; Morbus Raynaud (»Absterben« von Fingern); **Obstipation** (Verstopfung), auch Ju/Sa; Ösophagusstenose; Refluxkrankheiten; Sinnesorgane, Funktionsstörungen der.

Merkur/Uranus

Originelles Denken und Reden. Sprunghaft. Unkonzentriert. Beschäftigung mit mehreren Dingen gleichzeitig. Brillante bis überspannte Eindrucksverarbeitung. Gegensätzliche Standpunkte gleichzeitig einnehmen können.

Krankheitsbilder:
Amalgamallergie; **Atemstörungen, nervöse**; Dysphagien (Schluckstörungen); **Dünndarmerkrankungen**, nervöse; Extremitäten, Asymmetrien der; **Hautjucken**, auch Sa/Ur; Hirnstörungen, funktionelle; Husten; Hypermobilität von Gelenken; **Hypermotorik, insb. bei Kindern;** Händezittern; Koordinationsstörungen, halbseitige (z.B. nach einem Schlaganfall); Lichen (Flechten), zus. Ma/Ur; **Magnesiumstoffwechselstörungen;** multiple Sklerose (Zusatzkonstellation zu Mo/Ur und So/Ur); **Nervensystems, alle Erkrankungen des;** Ohrensausen; Phosphorstoffwechselstörungen; Ructus (Rülpsen, Aufstoßen); Schlaganfall; Schluckauf (Singulutus); Skabies (Krätze), zus. Ne/Pl; Speiseröhrenkrampf; **Sprunggelenke, Erkrankungen der; Tics** (unkontrollierte Zuckungen, vornehmlich im Gesicht); Tremor (Zittern); Vertigo (Schwindel); Zinkallergie; **Zwölffingerdarmgeschwür.**

Merkur/Neptun

Osmotisches Denken: Weigerung oder Unfähigkeit zur Folgerichtigkeit. Meinungen werden intuitiv gebildet. Oft erstaunlich brillante Urteilsfähigkeit, die allerdings nicht begründet werden kann, da keine Herleitung greifbar ist. Außerdem erschwert dies die Kontrolle eigener Einstellungen. Begabung, Anpassungsdruck vollständig ignorieren zu können (unbewusstes Stressschutzprogramm).

Krankheitsbilder:
Achalasie (neuromuskuläre Störung der Speiseröhre); Agnosie (Unfähigkeit, Wahrgenommenes zu erkennen); Alzheimersche Krankheit; Amnesie (zusätzlich Mo/Ne); Asphyxie (Atemlähmung); **Asthma,**

exogen-allergisches; Atemgifte, besondere Anfälligkeit für; Bronchien, verschleimte; Hypoventilation; Ileus, paralytischer, des Dünndarms (Transportbehinderung von Darminhalt); **Legasthenie; Nervenlähmung;** Sniffing (Schnüffelsucht); Stimmbandlähmung.

Merkur/Pluto

Plastische Vorstellungsfähigkeit, bis hin zum eidetischen (fotografischen) Gedächtnis. Schablonenhaftes Denken, das sich nur allzu leicht im Formelhaften festbeißt. Bedürfnis, im Mittelpunkt zu stehen und Schuldgefühle deswegen. Häufig wurde man in der Kindheit den Geschwistern gegenüber bevorzugt und hat deshalb (unbewusste) Schuldgefühle, wenn man Vorteile erhält.

Krankheitsbilder:
Amputation von Gliedmaßen; Bronchialtumor; Dünndarms, regressive Veränderungen des; Dünndarmtumor; Fallangst; Fibrom (gutartige Geschwulst des Bindegewebes); **Gefäßmissbildungen,** zus. Ve/Pl; Hautsarkom (vom Bindegewebe ausgehende bösartige Geschwulst); Herpes; Hämangiom (gutartige Gefäßgeschwulst); **Kleinhirnschädigung oder -tumor;** Neurom (Nervengeschwulst); Pilzerkrankungen; **Sprachstörungen;** Stammhirnerkrankungen; Stoffwechselstörungen, regressive; Störungen des Gleichgewichtssinns; Überbein; Verkrüppelung der Hände; Warzen, auch Ma/Pl; **Zwangsvorstellungen.**

Venus/Mars

Geschlechtsrollenproblematik. Neigung zur Distanzlosigkeit im Umgang mit anderen. Als Folge hiervon erhöhte Konfliktneigung im persönlichen Umfeld. Braucht die Unterstützung eines Partners, um handlungsfähig zu sein. Hat Schwierigkeiten, zwischen eigenen Bedürfnissen und denen des anderen zu unterscheiden, sodass es hier immer wieder zu ungewollten Übergriffen kommt.

Krankheitsbilder:
Abdomen, akutes; Angiitis (Gefäßentzündung); **Anämie;** Blinddarmentzündung (zus. Ma/Ne); Blutgerinnungsstörungen; Blutzuckerspiegel, extrem instabiler; Diabetes; **Eisenmangel;** Fistel, arteriovenöse; Hautrisse (Ma/Ur); Irritation der Körperabwehr; Krampfadern; Kreislauferkrankungen; Kupferallergie; Lippenverletzung; **Mandelaffekte;** Mastitis (Brustdrüsenentzündung); **Mundverletzung;** Nephritis (Nierenentzündung); Periode, weibliche: verkürzt, schmerzhaft mit hohem Blutverlust (zusätzlich: Mo/Ma, Ve/Pl); **Reizblase** (zus. Mo/Ve); Schnupfen (zus. Me/Sa: Asthma); Schwankung von allgemeiner Abwehrschwäche zu Allergien (Heu-Shunt); Stimmbandaffekte; **Venenentzündung;** Zahnfleischbluten; Zahnmaterial, schlechtes; Zellulitis.

Venus/Jupiter

Protektion durch andere. Bereitschaft, den Partner auf ein Podest zu stellen. Vielfach Konfrontation mit Dreiecksverhältnissen in der Partnerschaft. Bewunderung für andere, um nicht selbst die Verantwortung für das eigene Leben übernehmen zu müssen. Manchmal Unfähigkeit, die Hilfe und Unterstützung anderer angemessen zu würdigen, da man sie nicht wahrnehmen kann oder sie als selbstverständlich empfindet. Besondere Glückserwartung an andere (der Partner als Erlöser) und das Leben.

Krankheitsbilder:
Angiektasie (Gefäßerweiterung); Blasengeschwülste, bei bösartigen Formen zus. Pl; Blasentumor, gutartiger; **Cholesterinspiegel, erhöhter;** Epulis (Zahnfleischgeschwulst); Fettstoffwechsels, Störungen des; **Halsschwellung;** Halszysten, zus. Ve/Pl; Hyperglykämie (Überzuckerung); Hämorrhoiden; Korpulenz; Krampfadern, Leber, Funktionsstörungen der; Leberinsuffizienz; Lippentumor, gutartiger; Makrocheilie (abnorme Lippenverdickung); Makroglossie (abnorme Vergrößerung der Zunge); **Mandelvergrößerung, krankhafte; Nierentumor, gutartiger;** Nierenvergrößerung, krankhafte; Venektasie (diffuse Venenerweiterung); Zahnfleischtumore, gutartige; Zysten, alle Formen von, auch Ve/Pl.

Venus/Saturn

Interesse und Aufmerksamkeit entsteht langsam, ist dafür aber umso konzentrierter. Erlebt sich als getrennt von seiner Umwelt. Entweder elitärer Singularismus (»ich brauche die anderen nicht«) oder Einsamkeitsgefühle – oft beides im Wechsel.

Bedürfnis und Fähigkeit zu tiefsten zwischenmenschlichen Bindungen, die aufgrund ihrer Unbedingtheit auf wenige Menschen beschränkt bleiben müssen.

Krankheitsbilder:
Akne vulgaris, auch Mo/Ma, Mo/Ne; Altersbrand (auch Ve/Pl); Bindungsangst; Blaseninkontinenz; **Blasensteine;** Don-Juan-Syndrom bei Männern; Dysostose (Störungen des Knochenwachstums); Frigidität; **Harngrieß; Harnverhaltung;** Homosexualität, weibliche, zus. Ve/Ma; Kontaktangst; **Kontakthemmung;** Nierensteine; Östrogenüberschuss bei Männern; **Psoriasis (Schuppenflechte),** zus. Me/Ma; Schrumpfniere; Vaginismus, zus. Ve/Ur; **Venenthrombose;** Venenverhärtung; Virilität bei Frauen.

Venus/Uranus

Aufgrund widersprüchlicher und paradoxer zwischenmenschlicher Erfahrungen permanente Annäherungs-Vermeidungs-Konflikte im Begegnungsbereich. Intensive Hingabe kann nur kurze Zeit ertragen werden. Immer wieder Flucht ins Unverbindliche oder permanenter Wechsel der Beziehungen.

Oft instabile, wechselvolle wirtschaftliche Situation. Empfindet die Realität als unwirklich. Hat das Gefühl, auf Watte zu gehen (kein innerer Bodenkontakt).

Krankheitsbilder:
Androgynität; Angiospasmus (Gefäßkrampf); Blutsturz; Blutzuckerspiegel, instabiler; **Cheilitis** (Lippenentzündung); Chromosomenanomalien; **Dysregulation im Östrogen- und Gestagenhaushalt; Drüsentätigkeit, Störungen der;** Drüsenwachstum, Störungen

des; Krampfadern (auch Ve/Ne); Masochismus, weiblicher, zus. Ma/Sa; **Mongolismus; Nierenentzündung;** Nierenfunktionsstörungen; **Phosphorallergie; Rollvenen;** Sadismus, männlicher, zus. Ma/Sa; **Schiefhals;** Thrombosen; Vaginismus, zus. Ve/Sa; Zellteilung, Störungen der; Zyklusstörungen (zus. Mo/Ur, Mo/Sa).

Venus/Neptun

Beständige, aber meist uneingestandene Angst vor der Realität. Möchte durch den Alltag nicht »ernüchtert« werden. Meist hohe, jedoch wenig konkrete Ideale. Romantische und künstlerische Neigungen. Ungewöhnliches Verhältnis zu Geld und materiellem Besitz.

Krankheitsbilder:
Akne; Anurie (Harnverhaltung) durch Lähmung der Blasenmuskulatur; Begegnungsunfähigkeit; Blasenentzündung; **Blasenschwäche; Desinteresse, sexuelles;** Fettsucht, genitale; Geschlechtskrankheiten; Größenwahn, auch Mo/Ju; Halsentzündung; Harninkontinenz (Unfähigkeit, den Harn zurückzuhalten); Hemmungslosigkeit; Kehlkopfkrebs (auch Ve/Pl); Kontaktstörungen; **Krampfadern, Kreislaufschwäche;** Lippenkrebs; Nierenentzündung; **Niereninsuffizienz;** Parodontose (Zahnfleischschwund); Realitätsverlust; Unfruchtbarkeit bei Frauen; Venenentzündungen; Wassersucht; **Wunschdenken, irreales;** Zuckerkrankheit.

Venus/Pluto

Leidenschaftliche Begeisterungsfähigkeit. Ausgeprägte Tendenz, Schuldgefühle anderen gegenüber zu entwickeln. Braucht Sicherheit und Verbindlichkeit in zwischenmenschlichen Beziehungen. Neigt zu ritualisierten Denk- und Verhaltensmustern. Radikale Standpunkte, die keine Zwischentöne zulassen. Extreme Verlustängste.

Krankheitsbilder:
Altersbrand (auch Ve/Sa); Angiom (gutartige Gefäßgeschwulst); **Condylome** (Feigwarzen der Geschlechtsorgane); Dysplasie (ererbte Or-

ganverformungen); Follikelzysten; **Gefäßmissbildungen,** zus. Me/Pl; Halszysten, zus. Ve/Ju; Harnblasenkrebs; **Kehlkopfkrebs** (auch Ve/Ne); Lippentumor; **Mammakarzinom** (Brustkrebs), zus. Mo/Pl; Melanom (Pigmentgeschwulst der Haut); **Nierenagenesie** (angeborenes Fehlen einer Niere), zus. Ve/Sa; **Nierendystopie** (Nierenmissbildung); **Nierentumor; Ovarialkarzinom;** Ovarien, Degeneration der; Unterleibskrebs; **Vulvakarzinom;** Zungenkarzinom; **Zysten.**

Mars/Jupiter

Aggressive Toleranz, indem man unduldsam gegen das vorgeht, was man für intolerant hält. Vorliebe für konkurrenzorientierte Umweltbedingungen. Tendenz, anderen mehr oder weniger unmerklich die eigene Meinung aufzuzwingen. Misstrauen gegen jede Form von Großzügigkeit. Betrachtet wohlwollende Beachtung oder Unterstützung oft als Übergriff.

Krankheitsbilder:
Agoraphobie (Angst vor großen Plätzen); Allergien; **Aneurysma** (Arterienerweiterung); Autoimmunerkrankungen; **Blutgerinnungsstörungen;** Colitis ulcerosa, auch Ju/Ur; Dickdarmblutungen; **Leberentzündung;** Lungenembolie (zus. Ma/Sa); **Lungenfibrose** (Verletzung der Lungenbläschen), auch Me/Ma; Milzvergrößerung, krankhafte; Morbus Crohn, zus. Mo/Ma, Me/Ma, Ma/Pl; Muskelüberdehnung; **Pankreatitis (Bauchspeicheldrüsenentzündung);** Pneumonie (Lungenentzündung); Tennisarm.

Mars/Saturn

Widerstandsorientiert und durchsetzungsbetont. Oft das Opfer einer rigiden Erziehung oder besonders harter Lebensumstände in der frühen Kindheit. Tendenz, diese Erfahrungen an andere weiterzugeben (»was mich hart gemacht hat, wird dir nicht schaden«). Extrem dickköpfig. Eine einmal eingenommene Position gibt man auch dann nicht auf, wenn man mittlerweile erkannt hat, dass diese falsch ist.

Krankheitsbilder:
Arterienthrombose; **Arterienverkalkung;** Blutgerinnungsstörungen; Follikulitis (Entzündung der Haarfollikel); **Gallenkolik** (zus. Ur); **Gallensteine;** Homosexualität; Hypertonie, arterielle oder renale; **Knochenbrüche;** Knochenentzündungen; Knochentuberkulose; Muskelatrophie, alle Formen von, zus. Ma/Ne; Paronychien (Nagelentzündungen); Priapismus (schmerzhafte, ungewollte Dauererektion des männlichen Genitals); **Rheuma;** Sadismus; **Schuppen;** Schwerhörigkeit, rheumatische; **Zahnstein.**

Mars/Uranus

Große motorische Unruhe, die bei Kindern oft zur (sachlich kaum zu begründenden) Diagnose der »minimalen cerebralen Dysfunktion« führt. Verbindung von Nervosität und Aggressivität. In der Kindheit vielfach Puffer der unvereinbaren Forderungen der Eltern. Angst, Aggressionen zu zeigen. Vom Objekt abgekoppelte Zornausbrüche (z. B. den Ärger über den Chef an seiner Frau auslassen).

Krankheitsbilder:
Aggression, ziellose; Anfälle, cholerische; Angstzustände; Bandscheibenschäden; Blutdruckabfall, plötzlicher; Epilepsie (auch Me/Ur, So/Ur); Gallenkolik; Herzrhythmusstörungen; Hypermotorik; **Kolik;** Kollaps; Kontrollverlust, plötzlicher; **Konzentrationsschwäche;** Koordinationsschwierigkeiten; **Kopfverletzung; Krämpfe;** Masochismus, beim Mann, zus. Ma/Sa; **Migräne; Muskel- und Bänderrisse;** Muskeltremor; Nervenentzündungen; Nervenzusammenbrüche; Nervosität; Parkinsonsche Krankheit; Phantomschmerzen; Querschnittslähmung (zus. So/Me oder Ur/Ne); Reflexirritationen (unwillkürliche Zuckungen u.Ä.); Sadismus der Frau, zus. Ma/Sa; **Schilddrüsenverletzung;** Schleudertrauma; Spasmen; **Stress;** Störungen in der Blutgerinnung; Tics (zus. Ma/Pl); Trigeminusneuralgie; Unfallneigung; Veitstanz; **Wirbelsäule, schmerzhafte Erkrankungen der;** Wirbelsäulenverletzungen.

Mars/Neptun

Durchsetzungs- und Abwehrschwäche, Angst vor Konkurrenzsituationen, fürchtet, für den Erfolg bestraft zu werden. Prägende Erfahrung in der Kindheit, dass die eigene instinktive Eigenart nicht gelebt werden kann – weder zu Hause noch im Umfeld. Aufbrechen der ungelebten Aggression oft erst im dritten Lebensjahrzehnt. Fähigkeit, seine Bedürfnisse unbemerkt (konfliktfrei) durchzusetzen.

Krankheitsbilder:
Abhängigkeit von Medikamenten, speziell von Psychopharmaka; Abwehrschwäche; Alkoholismus; Anämie; Aufschwemmung; Bewusstlosigkeit; Blutdruck, niedriger; Cushing-Syndrom; Diabetes mellitus (zus. Ma/Sa); **Eisenmangel; Geschlechtskrankheiten;** Handlungslähmung; Hospitalismus; Hämolyse (Zerfall der roten Blutkörperchen); Karies, auch Sa/Ne; Kraftlosigkeit; Lähmungen; Muskelentzündungen; **Muskelschwäche; Narkoseschäden; Nebennierenrindeninsuffizienz** (Morbus Addison); Poliomyelitis (Kinderlähmung) zus. So/Me; **Sehnenscheidenentzündung;** Suchtneigung; **Überempfindlichkeit gegen Medikamente;** Unfähigkeit zum Schmerzempfinden.

Mars/Pluto

Die persönliche Energie ist direkt mit den archetypischen Urenergien der Arterhaltung gekoppelt. Somit steht ein allen anderen Konstellationen bei Weitem überlegenes Energiereservoir zur Verfügung, das allerdings die Möglichkeiten der meisten Menschen überfordert. Aus diesem Grund wird Mars/Pluto häufig in seiner Schattenproblematik gelebt, nämlich als Angst. Irrationale Bedrohungserwartungen und Panikzustände können für diese Konstellation maßgeblich sein.

Krankheitsbilder:
Aggressionshemmung; **Angstzustände, unkontrollierbare;** AIDS; **Autoimmunerkrankungen;** Bandwurm; Besessenheit; **Koffeinunverträglichkeit;** Gallenblasenkarzinom; Gewaltätigkeit, unkontrol-

lierbare; **Gewaltfantasien;** Hodenkarzinom, zusätzlich Pl/Pl; Hämangiosarkom (bösartiger Blutgefäßtumor); Konfliktangst, krankhafte; Kryptorchismus (Hodenretention); Läuse; **Leberflecken, entartete;** Morbus Crohn, zusätzlich Mo/Ma, Ma/Ju, Me/Ma; Milzbrand; Muskeltumor; Nebennierentumor (adrenaler Virilismus); Peniskarzinom; **Prostatakrebs;** Schmarotzerkrankheiten; Sexbessenheit; Verfolgungswahn; Warzen, alle Formen von.

Jupiter/Saturn

Ausgeprägtes Interesse an sozialen Fragestellungen. Lernt und lehrt gerne. Der Bezug zur Gesellschaft und zum sozialen Umfeld ist wichtiger als die Bindung an die Familie. (Unbewusste) Suche nach den »Gesetzen der Philosophie«, Bemühen um eine strukturierte Einsicht.

Angst vor den eigenen Subjektivismen (»das Leben ist zu kurz, um sich mit Kinkerlitzchen abzugeben«).

Krankheitsbilder:
Chalazion (Hagelkorn); Dickdarmerkrankungen, chronische; Dysostose (Störungen des Knochenwachstums); Glasknochenkrankheit, zus. So/Ur; Hepatitis; Hypersplenismus (Milzerkrankung); Hypophysentumor, gutartiger; Ileus, obstruktiver, des Dickdarms; Knochenerweichung; **Knochentumore, gutartige; Lebererkrankungen, chronische;** Leberzirrhose; Lungenembolie; **Lungentuberkulose;** Obstipation (Verstopfung), auch Me/Sa; ZNS-Demyelinisierung, alle Formen von.

Jupiter/Uranus

Expansionsdrang, möchte etwas völlig Neues machen und besitzt die Fähigkeit, andere von seinen Projekten zu überzeugen. Oft Protektion. Tendenz, sich auf zu viele Themen einzulassen. Sobald ein Projekt Früchte trägt, muss etwas Neues begonnen werden. Die Angst vor dem eigenen Glück.

Krankheitsbilder:
Bandscheibenschäden, auch Ma/Ur; **Basedow** (Schilddrüsenüberfunktion); **Darmkoliken; Eiweißsynthese, Störungen der; Fettstoffwechsels, Störungen des;** Hyperthyreose (Schilddrüsenüberfunktion); **Kolitis** (Dickdarmentzündung); Lungeninfarkt; **Struma (Kropf);** Thymusdrüse, Dysfunktion der; Tumore, gutartige; Überbein; Wachstumsstörungen; Zinnallergie.

Jupiter/Neptun

Ausgeprägte religiöse und spirituelle Interessen. Findet das normale Leben meist ein wenig farblos und banal. Fühlt sich gleichzeitig häufig den Alltagsanforderungen nicht gewachsen. Würde lieber in einer idealen, romantischen Welt leben. Unter Druck gesetzt, kommt es oft zu neurotischem Verhalten.

Krankheitsbilder:
Alkoholismus; Cholesterinspiegel, erhöhter; Dickdarms, Infektionen des; Dickdarms, Stoffwechselstörungen des; Fettstoffwechsels, Störungen des; **Fettsucht;** Ileus des Dickdarms, paralytischer; Infektionen auf Fernreisen; Leber, Stoffwechselstörungen der; **Leberinsuffizienz;** Lungenerkrankungen, alle Formen von; Manie (irreales Glücksempfinden); Nihilismus; Obstipation (Verstopfung), auch Ju/Pl; Ödeme; Pneumothorax (Lungenkollaps, Luft im Pleuraraum); Realitätssinns, Verlust des; Scheintoleranz; Schmerzempfinden, Unfähigkeit zum; **Thymusdrüse, Erkrankungen und Infektionen der;** Wachstumsstörungen; Wahnvorstellungen, religiöse; Weltanschauung, lebensfeindliche.

Jupiter/Pluto

Ausgeprägtes Vorstellungsvermögen. Drang, andere von den eigenen Einsichten überzeugen zu müssen. Kann mit der Großzügigkeit anderer oft nur schlecht umgehen. Bedürfnis nach besonderer Anerkennung, bei gleichzeitiger Angst davor. Zwangsvorstellungen können durch heitere Gelassenheit überwunden werden.

Krankheitsbilder:
Agoraphobie (Angst vor großen Plätzen); Akromegalie (Riesenwuchs nach Abschluss der normalen Wachstumsphase); **Dickdarmtumore; Fettstoffwechselstörungen;** Hämorrhoiden (auch Ve/Ju); **Lebertumor; Lungentumor; Mastdarmerweiterung;** Pankreaskarzinom; **Polyposis intestinalis** (Polypenbildung im Darm); Rektumsenkung; **Virushepatitis.**

Saturn/Uranus

Gleichzeitig zwei widersprüchlichen Traditionen verpflichtet sein. Befindet sich in der sozialen Zugehörigkeit zwischen Tür und Angel. Häufig gegensätzliche und unvereinbare Eltern. Herausforderung, eigene Wertmaßstäbe zu entwickeln, die über die Angebote der Erziehung und Umwelt hinausgehen. Große innere Zerrissenheit.

Krankheitsbilder:
Bechterew (chronische, entzündliche Wirbelsäulenerkrankung); Ekzeme; Erysipel (Wundrose); Erythema (entzündliche Hautrötung); Fontanellen, offene; **Glasknochenkrankheit;** Hirnschlag; **Knochenmarks,** Schädigungen des; Knochenriss; Kyphose (Buckel); **Leukämie; Rückenmarkskompression; Schilddrüsenunterfunktion, chronische;** Schizophrenie; Zeitgefühls, Verlust des.

Saturn/Neptun

Die Gesetze der Wahrheit. Das innere Bedürfnis nach Wertmaßstäben, die zeitlose Gültigkeit haben. Oft soziales oder psychologisches Engagement. Konzentrationsstörungen in Verbindung mit der Herausforderung, eine »höhere Ordnung« aus dem eigenen Chaos zu entwickeln. Handlungen jenseits der Legalität.

Krankheitsbilder:
Akne; Autoritätsangst; **Blutgerinnungsstörungen;** Fettsucht, cerebrale; Fingernägel, Abbrechen der; Haarausfall; Haltlosigkeit; Hautallergien; Hypophysendysfunktion, alle Formen von; Hämophilie (Bluterkrankheit); **Kalziummangel; Knochenerweichung; Knochenmarks, Erkrankungen des; Meningitis** (Hirnhautentzündung); Orientierungslosigkeit; Osteoporose; Schuppen; Tuberkulose; **Zwergwuchs, hypophysärer.**

Saturn/Pluto

Das Gesetz der Arterhaltung. Strukturierte Vorstellungsbilder bis hin zur Zwanghaftigkeit. Präzise und sorgfältig, aber nicht unbedingt kreativ. Oft Angst vor Behörden, Institutionen und Ämtern. Braucht einen ritualisierten Tagesablauf.

Krankheitsbilder:
Basaliom (Hautkarzinom); Gangrän, trockenes; **Hautkrebs;** Hodenatrophie (Hodenschrumpfung); **Hypophysentumor;** Ichtyosis (krankhafte Hautabschuppung); Ileus, obstruktiver, des Mastdarms; Kreatinzysten (Talgzysten); Obstipation (auch Ju/Sa); **Pilzerkrankungen im behaarten Kopfbereich.**

Uranus/Neptun

Auf der jeweiligen Entsprechungsebene dieser Konstellation eine außergewöhnliche Persönlichkeit mit der Fähigkeit zu echter Originalität. Individualisierung in der Gesellschaft durch Dienst an der Wahrheit. Nicht an die Erscheinungen des Zeitgeistes gebunden (muß keine Mode mitmachen). Kann Widersprüche besser ertragen als andere.

Krankheitsbilder:
Alzheimer, zus. Sa/Ne; Amöben-Meningitis (Hirnhautentzündung durch Amöben); Apoplexie (Schlaganfall); Dysfunktion, hormonelle;

Fettsucht, thyreogene; Geschmacksstörungen; **Lähmungen; Manie;** Myelomalazie (Erweichung des Rückenmarks); Migräne, zus. Ma oder Pl; **Nervenlähmung;** Ohnmacht; Querschnittslähmung, auch So/Me; Schlafstörungen; Schock; Verwirrtheit; Zellteilung, Störungen der.

Uranus/Pluto

Die zersplitterte Form. Individualitätsanspruch und Uniformitätsstreben führen zu intensiver innerer und äußerer Spannung. Emotionale Sicherheit wird in Zwängen und Vorstellungsbildern gesucht, die die Wirklichkeit permanent ad absurdum führten. Oft (uneingestandene) Angst, verrückt zu werden. Sollte das Recht jedes Einzelnen auf Freiheit und Individualität für sich zum Dogma erheben.

Krankheitsbilder:
Analfissur; Bindungsphobie **(Angst, feste Beziehungen einzugehen);** Erbschäden; Fisteln; Herpes, alle Formen von; Hodenbruch; Keimdrüsen, Funktionsstörungen der; Klaustrophobie; Kleptomanie; Mutationen, bei den Nachkommen; Proktitis (Entzündung der Rektumschleimhaut), zus. Mo; **Pruritus ani** (Afterjucken); **Rückenmarkstumor; Schilddrüsenkrebs;** Schizophrenie; Schuldgefühle, krankhafte; **Sphinkterspasmus (Afterkrampf);** Verfolgungswahn.

Neptun/Pluto

Prinzip Chaos. Angst vor Eindeutigkeit und Verbindlichkeit. Jede Festlegung kann als bedrohlich empfunden werden. Probleme mit Aggression und Autorität. Innere Ziel- und Orientierungslosigkeit. Große Schwierigkeiten, persönliche Wertmaßstäbe zu entwickeln. Im Extremfall: unzuverlässig und wortbrüchig.

Krankheitsbilder:
Abszesse; **Aflatoxinvergiftung** (Schimmelpilzvergiftung); **AIDS;** Angstneurosen; Bindungsunfähigkeit; Erbgut, Schädigungen des; Hy-

pochondrie; Ileus, paralytischer, des Mastdarms; Keimdrüsen, Schwäche und Infektionen der; **Krebs, alle Formen von;** Körperabwehr, geschwächte; **Mastdarms, Infektionen des; Pilzinfektionen;** Prostataerkrankungen; Sinnlosigkeitsgefühle; Skabies (Krätze), zus. Me/Ur; Stuhlinkontinenz; Tinea pedis (Fußpilz); Unfruchtbarkeit; **Unzuverlässigkeit, krankhafte;** Wahnvorstellungen.

Planetenkonstellationen und homöopathische Mittel

Im Folgenden sind ca. 250 homöopathische Mittel und die ihnen zugeordneten Planetenkonstellationen aufgelistet. Entgegen der Ansicht mancher Astrologen gibt es hier keine eindeutigen Zuordnungen nach dem Schema: für jede Konstellation ein bestimmtes Mittel. Vielmehr können für eine bestimmte Konstellation verschiedene Homöopathika Gültigkeit haben, genauso wie auch ein homöopathisches Mittel verschiedenen Konstellationen entspricht.

Da ich weiß, wie viel gefährlicher Missbrauch mit homöopathischen Mitteln getrieben wird, gebe ich diese Liste mit sehr gemischten Gefühlen aus der Hand.

Homöopathische Mittel sind kein Spielzeug und vor Experimenten in diesem Bereich muss dringend gewarnt werden: Schlimmstenfalls unterzieht sich der Betreffende einer unfreiwilligen Arzneimittelprüfung.

Diese Liste ist deshalb in erster Linie für Ärzte und Heilpraktiker gedacht, die eine bereits gefundene Diagnose und Medikation noch einmal bestätigt und abgesichert wissen möchten.

Die Abkürzung eines Planeten in Klammern hinter einem Mittel besagt, dass dieses Mittel für alle Konstellationen, an denen der betreffende Planet beteiligt ist, zuständig werden kann. Silicea (Sa) bedeutet also, dass dieses Mittel für Sonne/Saturn, Mond/Saturn, Merkur/Saturn, Venus/Saturn, Mars/Saturn, Jupiter/Saturn, Saturn/Uranus, Saturn/Neptun, Saturn/Pluto gelten kann. Die Hauptentsprechungen werden jedoch gesondert aufgeführt, d.h. Silicea wird unter Sonne/Saturn, Mond/Saturn noch einmal genannt.

Unterstreichungen besagen, dass das genannte Mittel in besonderem Maße der genannten Konstellation entspricht oder sogar ausschließlich für diese gilt. Wird dabei eine zweite Konstellation in Klammern genannt, dann gilt die besagte Ausschließlichkeit nur für die entsprechende Kombination von Konstellationen. So ist z.B. Damiana in besonderem Maße dann indiziert, wenn gleichzeitig Venus/Mars- und Venus/Saturn-Verbindungen vorliegen.

Sonne

Sonne/Mond
Aurum (So); Aurum colloidale; Convallaria; Dioscorea villosa; Drosera; Ignatia; Jaborandi; Kalium carbonicum; Kalium phosphoricum; Lycopus virginicus; Natrium chloratum (Sa); Nux moschata; Passiflora incarnata; Syzygium jambolanum

Sonne/Merkur
Aloe; Ammi visnaga; Ammonium carbonicum; Antimonium arsenicosum; Antimonium sulfuratum aurantiacum; Atropinum sulfuricum; Crocus; Mercurius cyanatus; Myrtillocactus

Sonne/Venus
Acidum benzoicum e resina; Acidum sulfuricum; Aletris farinosa; Ammi visnaga; Argentum nitricum; Aurum (So); Lilium tigrinum; Rhododendron; Spartium scoparium

Sonne/Mars
Aconitum; Aethusa; Aloe; Ammi visnaga; Barium chloratum; Belladonna; Bismutum subnitricum; Digitalis; Dioscorea villosa; Iberis amara; Ipecacuanha; Jaborandi; Kalmia; Laurcerasus; Myristica sebifera; Naja tripudians; Natrium carbonicum; Oleander; Sambucus nigra; Solidago; Spirea ulmaria; Taraxacum

Sonne/Jupiter
Aristolochia; Aurum colloidale; Avena sativa; Bovista; Fucus vesiculo-

sus, Ginseng (Ju); Jaborandi; Kalmia; Laurocerasus; Opium (Ju); Potentilla anserina

Sonne/Saturn
Aurum (So); Aurum colloidale; Barium carbonicum; Barium jodatum; Bismutum subnitricum; Cactus; Cimicifuga; Crataegus; Hypericum; Iberis amara; Nux vomica; Pulsatilla; Silicea (Sa); Thuja occidentalis (PI); Ustilago Maydis

Sonne/Uranus
Arsenicum album; Atropinum sulfuricum; Aurum jodum; Bovista; Bryonia; Bufo; Calcium jodatum; Chininum arsenicosum; Cicuta virosa; Digitalis; Hyoscyamus (PI); Jodum (Ur); Kalium bromatum; Lycopus virginicus; Manganum aceticum; Natrium carbonicum; Oenanthe crocata; Spongia; Stramonium; Tarantula; Thyreoidinum; Viburnum opulus

Sonne/Neptun
Aristolochia; Aurum jodatum natronatum; Caladium segunum; Camphora (Ne); Camphora rubini; Convallaria; Crotalus; Haplopappus; Kalium nitricum; Kalium sulfuri cum; Lachesis; Laurocerasus; Lilium tigrinum; Naja tripudians; Opium (Ju); Prunus spinosa; Pulsatilla; Rauwolfia serpentina; Sabadilla; Spartium scoparium; Veratrum album; Vipera berus

Sonne/Pluto
Acidum nitricum; Acidum formicicum; Adonis vernalis; Ammonium carbonicum; Naja tripudians

Mond

Mond/Merkur
Abrotanum; Acidum sulfuricum; Ammonium chloratum; Asa foetida; Cardiospermum; Caulophyllum; Causticum Hahnemanni; Cypripedium pubescens; Eichhornia; Eucalyptus (Me); Euphorbium; Ferrum

arsenicosum; Kalium bichromicum; Kalium jodatum; Mandragora; Marum verum; Rauwolfia serpentina; Senecio aureus

Mond/Venus
Apocynum; Argentum metallicum (Mo); Argentum nitricum; Borax; Causticum Hahnemanni; Cocculus; Cuprum (Ve); Eupatorium perfoliatum; Fucus vesiculosus, Ipecacuanha; Kalmia; Myrtillocactus

Mond/Mars
Acidum nitricum; Apis; Aranin; Avena sativa; Bryonia; Calcium carbon icum; Capsicum; Cepa; Cerium oxalicum; Coffea; Condurango; Erigeron canadensis; Eupatorium perfoliatum; Euphorbium; Gelsemium; Hamamelis; Ipecacuanha; Nux vomica; Plantago major; Potentilla anserina; Rauwolfia sepentina; Robinia; Sabina; Staphisagria; Thlapsi bursa pastoris; Trillium pendulum

Mond/Jupiter
Abies nigra; Aethiops antimonialis: Aloe; Avena sativa; Belladonna; Croton tiglium; Cyclamen; Hypericum; Iris versicolor; Kalium chloratum; Luffa; Magnesium chloratum; Mandragora; Pellandrium; Potentilla anserina

Mond/Saturn
Abies nigra; Abrotanum; Aethiops antimonialis; Argentum nitricum; Aristolochia; Bismutum subnitricum; Bryonia; Calcium carbonicum Hahnemanni; China; Cinnabaris; Condurango; Fagopyrum; Ignatia; Kalium carbonicum; Natrium carbonicum; Natrium sulfuricum; Nux moschata; Pulsatilla; Rauwolfia serpentina; Silicea (Sa); Thlapsi bursa pastoris

Mond/Uranus
Acidum nitricum; Abrotanum; Borax; Bovista; Caulophyllum; China; Cicuta virosa; Conium; Cyclamen; Cypripedium pubescens; Drosera; Helonias dioica; Iris versicolor; Kalium bichromicum; Kalium bromatum; Magnesium carbonicum; Myrtillocactus; Natrium phosphoricum; Nux moschata; Phosphorus; Stramonium; Tarantula; Viburnum opulus; Zincum valerianicum

Mond/Neptun
Ambra; Caladium seguinum; Calcium jodatum; Camphora (Ne); Cardiospermum; Damiana; Eucalyptus (Me); Gelsemium; Kreosotum; Mandragora; Okoubaka (Ne); Oleander; Opium (Ju); Passiflora incarnata; Pulsatilla; Spongia; Staphisagria

Mond/Pluto
Acidum nitricum; Adonis vernalis; Alumina (Ne); Bufo; Carbo animalis (Pl); Clematis; Hyoscyamus (Pl); Kalium carbonicum; Mephitis putorius; Ustilago Maydis

Merkur

Merkur/Venus
Acidum benzoicum e resina; Aralia racemosa; Arsenicum album; Barium chloratum; Chininum arsenicosum; Coccus cacti; Colchicum; Convallaria; Cuprum (Ve); Digitalis; Dioscorea villosa; Drosera; Galphimia; Grindelia; Hydrastis; Ichthyolum (zusammen mit Me/Ma); Iris versicolor; Jodum (Ur); Kalium jodatum; Kalium nitricum; Rhododendron; Sabadila; Sulfur (Me); Veratrum viride

Merkur/Mars
Acalypha indica; Acidum sulfuricum; Ammonium bromatum; Ammonium jodatum; Apis; Apomorphinum hydrochloricum; Avena sativa; Bellis perennis; Calendula; Cardiospermum; Chamomilla; Cinnabaris; Coccus Cacti; Coffea; Espeletia; Eucalyptus (Me); Eupatorium purpureum; Fagopyrum; Ferrum arsenicosum; Glonoinum; Hyoscyamus (Pl); Ichthyolum; Kalium bromatum; Kalium chloratum; Kalium nitricum; Lobelia inflata; Luffa; Magnesium sulfuricum; Plantago major; Rumex (Me); Senega; Spongia; Tartarus emeticus

Merkur/Jupiter
Acalypha indica; Arnica; Asclepias tuberosa; Atropinum sulfuricum; Chamomilla; Colocynthis; Ginseng (Ju); Hepar sulfuris; Mercurius

dulcis; Mercurius solubilis (Me); Sticta pulmonaria; Tartarus emeticus

Merkur/Saturn

Acidum benzoicum e resina; Ammonium bromatum; Arum triphyllum; Atropinum sulfuricum; Calcium carbonicum; Calcium fluoratum; Calcium stibiato-sulfuratum; Calcium sulfuricum; Chininum sulfuricum; Cina; Clematis; Guajacum; Hepar sulfuris; Ichthyolum; Kalium chloratum; Kalium jodatum; Kalium sulfuricum; Lobelia inflata; Mandragora; Mercurius sublimatus corrosivus (Me); Natrium chloratum (Sa); Plumbum aceticum (Sa); Rhus toxicodendron; Rumex (Me); Senega; Spigelia; Spirea ulmaria; Sulfur (Me)

Merkur/Uranus

Aconitum; Antimonium crudum; Aethusa; Ailanthus glandulosa; Aranea diadema; Asa foetida; Asarum; Borax; Bovista; Calcium jodatum; Chininum sulfuricum; Cina; Corallium rubrum; Crocus; Cypripedium pubescens; Kalium chloratum; Latrodectus mactans; Magnesium carbonicum; Magnesium phosphoricum; Magnesium sulfuricum; Mandragora; Phosphorus; Prunus spinosa; Rumex (Me); Sarsaparilla; Strychninum nitricum; Sulfur jodatum; Thallium sulfuricum; Verbascum; Zincum valerianicum

Merkur/Neptun

Acidum hydrocyanicum; Acidum hydrofluoricum; Acidum picrinicum; Ailanthus glandulosa; Aletris farinosa; Ambra; Aranea diadema; Calcium fluoratum; Camphora (Ne); Datisca; Eucalyptus (Me), (in Verbindung mit Me/Ma); Ferrum picrinicum; Gnaphalium; Haplopappus; Kalium phosphoricum; Kalium sulfuricum; Latrodectus mactans; Marum verum; Mercurius solubilis (Me); Mercurius vivus (Me); Phytolacca; Rauwolfia serpentina; Sepia (Ne)

Merkur/Pluto

Allium sativum (Ma); Cobaltum nitricum; Colchicum; Condurango; Conium; Echinacea; Harpagophytum; Hyoscyamus (Pl); Kalium bichromicum; Kalium bromatum; Ledum; Mephitis putorius; Strophantus; Sulfur (Me)

Venus

Venus/Mars
Agnus castus; Apis; Apisinum; Baptisia; Belladonna; Caladium seguinum; Cantharis; Caulophyllum; Crocus; Damiana (in Verbindung mit Venus/Saturn); Datisca; Equisetum hiemale; Erigeron canadensis; Eupatorium purpureum; Euphorbium; Fagopyrum; Guajacum; Hamamelis; Hydrastis; Kalium phosphoricum; Luffa; Lupulus; Populus tremuloides; Sabal serrulatum; Sambucus nigra; Spirea ulmaria; Valeriana

Venus/Jupiter
Aesculus; Acidum hydrochloricum; Ammonium carbonicum; Belladonna; Calcium stibiato-sulfuratum; Collinsonia canadensis; Cuprum aceticum; Fucus vesiculosus, Ignatia; Latrodectus mactans; Millefolium; Myrica cerifera; Myrrhis odorata; Nux vomica; Petroselinum; Podophyllum; Stannum (Ju)

Venus/Saturn
Arum triphyllum; Berberis; Berberis aquifolium; Cimicifuga; Damiana; Equisetum hiemale; Graphites; Hydrocotyle asiatica; Ignatia; Lupulus; Myrica cerifera; Pareira brava (Ve); Pichi-Pichi; Rhododendron; Rubia tinctorum; Scilla; Silicea (Sa); Solidago; Syzygium jambolanum; Thyreoidinum; Valeriana

Venus/Uranus
Ammonium jodatum; Aranea diadema; Arsenicum album; Cantharis; Coccus cacti; Colocynthis; Cuprum aceticum; Cuprum arsenicosum; Cyclamen; Gnaphalium; Helonias dioica; Kalium carbonicum; Latrodectus mactans; Lilium tigrinum; Petroselinum; Phytolacca; Ruta; Sabadilla; Selenium; Viburnum opulus

Venus/Neptun
Agaricus muscarius; Chimaphila umbellata; Colchicum; Damiana; Harpagophytum; Helleborgus niger; Hyoscyamus (Pl); Lilium tigrinum; Paconia officinalis; Pyrogenium; Sepia (Ne)

Venus/Pluto

Belladonna; Allium sativum (Ma); Bryonia; Carbo animalis (Pl); Chimaphila umbellata; Dulcamara; Echinacea; Ergotinum; Mercurius Cyanatus; Paconia officinalis; Platinum (Pl); Sabal serrulatum; Secale cornutum; Thuja occidentalis (Pl)

Mars

Mars/Jupiter

Apisinum; Arnica; Asclepias tuberosa; Capsicum; Carduus marianus; Caneothus americanus; Chelidonium; Chionathus virginica; Cholesterinum (Ju); Cobaltum nitricum; Eichhornia; Espeletia; Ginseng (Ju); Grindelia; Iris versicolor; Laurocerasus; Magnesium sulfuricum; Mercurius dulcis; Millefolium; Natrium sulfuricum; Okoubaka (Ne); Phellandrinum; Podophyllum; Quassia; Symphytum; Taraxacum; Urtica

Mars/Saturn

Acidum benzoicum e resina; Acidum hydrochloricum; Aconitum; Barium carbonicum; Barium chloratum; Barium jodatum; Berberis; Cardiospermum; Cimicifuga; Cobaltum nitricum; Cypripedium pubescens; Dulcamara; Espeletia; Euphrasia; Ferrum metallicum (Ma); Graphites; Jodum (Ur); Latrodectus mactans; Myrrhis odorata; Nux vomica; Plumbum aceticum (Sa); Sambucus nigra; Strychninum nitricum; Thallium sulfuricum; Thlapsi bursa pastoris; Urtica

Mars/Uranus

Acidum picrinicum; Acidum phosphoricum; Aconitum; Atropinum sulfuricum; Belladonna; Caladium seguinum; Cantharis; Carduus marianus; Cedron; Cicuta virosa; Coffea; Conium; Damiana; Ferrum arsenicosum; Ferrum phosphoricum; Ferrum picrinicum; Formica rufa; Kreosotum; Natrium phosphoricum; Phosphorus; Ranunculus bulbosus; Sabadilla; Sabina; Selenium; Senecio aureus; Spigelia; Staphisagria; Strychninum nitricum; Tabacum; Thyreoidinum; Verbascum

Mars/Neptun
Acidum hydrochloricum; Acidum hydrocyanicum; Acidum hydrofluoricum; Aethusa; Agnus castus; Ailanthus glandulosa; Ambra; Ammonium chloratum; Calcium fluoratum; Chamomilla; China; Ferrum arsenicosum; Gelsemium; Haplopappus; Ledum; Lycopodium (Ju); Magnesium chloratum; Manganum aceticum; Okoubaka (Ne); Scilla; Senecio aureus; Tabacum; Veratrum album

Mars/Pluto
Allium sativum (Ma); Apis; Apisinum; Calcium stibiato sulfuratum; Echinacea; Eupatorium perfoliatum; Harpagophytum; Latrodectus mactans; Myristica sebifera; Pyrogenium; Ruta; Stramonium; Tarantula

Jupiter

Jupiter/Saturn
Abies nigra; Adlumia; Aethiops antimonialis; Arnica; Chionanthus virginica; Cholesterinum (Ju); Collinsonia canadensis; Croton tiglium; Dolichos pruriens; Hepar sulfuris; Hydrastis; Lycopodium (Ju); Mandragora e radice; Opium (Ju); Picrorhiza; Plumbum aceticum (Sa); Quassia; Rheum; Sepia (Ne); Thyreoidinum

Jupiter/Uranus
Agaricus muscarius; Calcium phosphoricum; Cuprum aceticum; Dulcamara; Flor de Piedra; Fucus vesiculosus, Glonoinum; Helonias dioica; Iris versicolor; Lycopodium (Ju); Magnesium chloratum; Phosphorus; Pichi-Pichi; Picrorhiza; Stannum jodatum

Jupiter/Neptun
Adlumia; Collinsonia canadensis; Crotalus; Cuprum aceticum; Kalium nitricum; Lycopodium (Ju); Mandragora er adice; Nux vomica; Okoubaka (Ne); Opium (Ju); Picrorhiza; Stramonium

Jupiter/Pluto

Asa foetida; Agaricus muscarius; Ambra; Ammonium chloratum; Apis; Calcium fluoratum; Carbo vegetabilis; Ceanothus americanus; Ferrum picrinicum; Flor de Piedra; Graphites; Kreosotum; Populus tremuloides; Solidago; Spongia; Thuja occidentalis (Pl)

Saturn

Saturn/Uranus

Acidum phosphoricum; Acidum hydrocyanicum; Anhalonium; Antimonium arsenicosum; Antimonium crudum; Asarum; Barium jodatum; Calcium arsenicosum; Calcium carbonicum; Calcium jodatum; Calcium phosphoricum; Cedron; China; Chininum arsenicosum; Dolichos pru riens; Ergotinum; Flor de Piedra; Jaborandi; Kalium chloratum; Ledum; Magnesium phosphoricum; Mezereum; Natrium phosphoricum; Oenanthe crocata; Oleander; Pyrogenium; Ranunculus bulbosus; Rhus toxicodendron; Sarsaparilla; Secale cornutum; Symphytum

Saturn/Neptun

Acidum hydrocyanicum; Acidum hydrofluoricum; Arsenum jodatum; Camphora (Ne); Guajacum; Hamamelis; Hekla Lava; Helleborus niger; Kalium bromatum; Kalium jodatum; Symphytum; Terebinthina

Saturn/Pluto

Anacardium; Asa foetida; Calcium arsenicosum; Carbo animalis (Pl); Carbo vegetabilis; Conium; Formica rufa; Hekla Lava; Hyoscyamus (Pl); Kalium bichromicum; Petroleum; Platinum (Pl); Rhododendron; Sambucus nigra; Viola tricolor

Uranus/Neptun

Acidum phosphoricum; Aethusa; Anhalonium; Aranea diadema; Arsenum jodatum; Cardiospermum; Gnaphalium; Lachesis; Magnesium carboncium; Magnesium phosphoricum; Oenanthe crocata; Phytolacca; Staphisagria; Zincum metallicum (Ur)

Uranus/Pluto

Acidum formicicum; Arsenicum album; Baptisia; Bryonia; Bufo; Calcium sulfuricum; Carbo animalis (Pl); Cocculus; Colchicum; Conium; Croton tiglium; Dulcamara; Fagopyrum; Hydrocotyle asiatica; Mezereum; Petroleum; Platinum (Pl); Sabadilla; Spigelia; Stramonium; Strophantus; Viscum album (Pl)

Neptun/Pluto

Acidum hydrocyanicum; Alumina (Ne); Anhalonium; Bovista; Bufo; Causticum Hahnemanni; Conium; Hyoscyamus (Pl); Nux moschata; Rhus toxicodendron; Teucrium

Anhang

A – In der psychosomatischen Astrologie verwendete Methoden und Begriffe

Aspekte: Konjunktion (0 Grad), Opposition (180 Grad), Quadrat (90 Grad), Trigon (120 Grad), Halbquadrat (45 Grad), Anderthalbquadrat (135 Grad), Sextil (60 Grad), Bilin (75 Grad), Nonagon (40 Grad). In Sonderfällen auch Quinkunx (150 Grad) und Quintil (72 Grad). In der Feinanalyse werden in der Transpersonalen Astrologie TPA *alle* Kreisteilungen berücksichtigt, also auch Septil, Einelftel, Halbsextil etc. Für die »normale« Interpretation sind jedoch die oben genannten Winkel absolut ausreichend.

Halbsummen im 45-Grad-Kreis (siehe Anhang B).

Hauptherrscher: Die Hauptherrscher der Tierkreiszeichen sind: < Widder = Mars, Stier = Venus, Zwillinge = Merkur, Krebs = Mond, Löwe = Sonne, Jungfrau = Merkur, Waage = Venus, Skorpion = Pluto, Schütze = Jupiter, Steinbock = Saturn, Wassermann = Uranus, Fische = Neptun.

Häuseraspekte: Aspekte, die sich ergeben, wenn man die Häuser gleich groß und die Ekliptik verzerrt darstellt und die Ekliptikgrade der Planeten in Häusergrade umwandelt. So bilden z.B. Planeten, von denen der eine sich in der Mitte des ersten, der andere sich in der Mitte des vierten befindet, ein Häuserquadrat, unabhängig von ihrer Stellung im Tierkreis.

Häuserherrscher: Der Planet, der das Tierkreiszeichen beherrscht, in dem sich eine bestimmte Hausspitze befindet. Befindet sich die Spitze des zweiten Hauses z.B. im Zeichen Zwillinge, so ist Merkur der Herrscher von Haus zwei.

Häusersystem: In der Transpersonalen Astrologie werden nahezu ausschließlich die Placidus-Häuser verwandt.

Kritische Grade: Tierkreisabschnitte, denen eine eigenständige Bedeutung bei der Interpretation zukommt. In der Regel der Bereich von Zeichenübergängen (29,5–0,5 Grad) und Zeichenmitten (14,5–15,5 Grad). In der Praxis haben sich noch eine Vielzahl anderer Kritischer Grade nachweisen lassen, die in ihren Wirkungen konkreten Planetenverbindungen entsprechen. Bedeutung und Herleitung der Kritischen Grade, die in der beschriebenen Form ausschließlich auf Forschungen des Autors zurückgehen, werden ausführlich in seinen Büchern Kritische Grade im Horoskop (2009) und Kritische Grade in der Prognose (2005) beschrieben. Weitere Hinweise hierzu siehe Literaturangaben.

Kybernetisches Modell: Ein in der Transpersonalen Astrologie angewandtes Verfahren, um die Dynamik zwischen einzelnen Planetenenergien darzustellen. Ausführliche Beschreibung im oben genannten Buch. Das Kybernetische Modell wurde von Michael Roscher 1983 entwickelt und 1986 erstmals publiziert.

Mitherrscher: Mitherrscher ergeben sich dann, wenn ein Tierkreiszeichen vollständig von einem Haus eingeschlossen ist – z.B., wenn der Aszendent im Zeichen Fische liegt und die Spitze des zweiten Hauses im Stier beginnt. Mitherrscher des Aszendenten wäre in diesem Fall Mars, da der Widder eingeschlossen ist.

Mundanaspekte: Winkelverhältnisse von Planeten, die nicht auf der Ekliptik gemessen werden, sondern sich aus den aktuellen Tages- und Nachtbögen der Planeten ergeben. Sie sind von außerordentlicher Bedeutung und Tragweite; eine vereinfachte Variante stellen die Häuseraspekte dar.

Nebenherrscher (auch Zweitherrscher genannt): Die Nebenherrscher der Tierkreiszeichen sind: Widder = Pluto, Skorpion = Mars, Schütze =

Neptun, Steinbock = Uranus, Wassermann = Saturn, Fische = Jupiter, Krebs = Sonne, Löwe = Mond. Die Tierkreiszeichen Stier, Zwillinge, Jungfrau und Waage besitzen keine Nebenherrscher.

Potenzierte Konstellationen: Ein Fachbegriff der Transpersonalen Astrologie. Gemeint sind primär Hauspositionen von Planeten, die neben ihren »normalen« Entsprechungen noch andere Aspekte repräsentieren. So entspricht z.B. der Herrscher von 1 in 8 einer höheren Schwingungsebene von Mars/Pluto: Das erste Haus entspricht Mars, das achte Pluto. Bedeutung und Herleitung der Potenzierten Konstellationen werden ausführlich im Buch VENUS UND MARS (Tübingen 2008) erklärt.

Spiegelpunkte (siehe Anhang B).

Zweitherrscher (siehe Nebenherrscher).

B – Verzeichnis astrologischer Fachausdrücke

Applikation: Wenn ein schnellerer Planet sich einem langsameren Planeten (oder einem Aspekt zu ihm) nähert, so befindet er sich in Applikation. Gegenteil: Separation.

Äquinoktium: Tagundnachtgleiche im Frühjahr und Herbst. Schnittpunkte von Äquator und Ekliptik.

Aspekt: Von lat. *aspektare* = sich anblicken; bestimmte, auf der Ekliptik gemessene Winkel zwischen Planeten.

Aszendent: Von lat. *ascendere* = aufsteigen; der am Osthorizont aufsteigende Punkt der Ekliptik (= Spitze des ersten Hauses). Er teilt das Horoskop in eine südliche (obere) und eine nördliche (untere) Hälfte.
Bewegliche Zeichen: Zwillinge, Jungfrau, Schütze und Fische.

Deszendent: Von lat. *descendere* = absteigen; der am westlichen Horizont absteigende Punkt der Ekliptik (= die Spitze des siebten Hauses).

Ekliptik: Die Erdbahn bzw. die scheinbare Sonnenbahn. Auf ihr werden normalerweise die Planetenpositionen gemessen. Durch die Unterteilung in zwölf gleich große Abschnitte ergibt sich der Tierkreis.

Fixe Zeichen: Stier, Löwe, Skorpion und Wassermann.

Frühlingspunkt: Der Schnittpunkt von Ekliptik und Himmelsäquator, der mit null Grad Widder zusammenfällt; der gegenüberliegende Punkt (null Grad Waage) heißt Herbstpunkt.

Geozentrisch: Auf den Erdmittelpunkt bezogen.

Häuser: Die Drittelung der durch die Achsen AC/DC und MC/IC gebildeten Quadranten nach astronomisch-astrologischen Gesichtspunkten. Für die Transpersonale Astrologie sind ausschließlich Häuserberechnungen nach der Manier des Placidus de Titis maßgeblich.

Halbsumme: Die Mitte von zwei Planeten und/oder Häuserspitzen. Befindet sich z.B. ein Planet auf 10 Grad Stier, ein anderer auf 20 Grad Zwillinge, so liegt die Halbsumme bei null Grad Zwillinge. Schreibweise: A/B = C, also z. B. Ma/Pl = Sa (Lies: Saturn steht in der Halbsumme von Mars und Pluto). Ausführliche Erklärungen zur Berechnung und Auswertung von Halbsummen gibt die KOMBINATION DER GESTIRNSEINFLÜSSE von Reinhold Ebertin (Tübingen 2002).

Heliozentrisch: Auf die Mitte der Sonne bezogen.

Horoskop: Von lat. *Horoskopus* = der Stundenschauer; die Aufzeichnung von auf einen bestimmten Ort bezogenen Planeten- und Hauspositionen zu einem bestimmten Ereignis (meist der Geburt eines Menschen).

Indirekte Halbsumme: Halbsumme, zu der ein oder mehrere Planeten im Aspekt (Quadrat, Halbquadrat, Anderthalbquadrat) stehen.

Kardinalzeichen: Widder, Krebs, Waage, Steinbock.

Konstellation: Wörtlich: Zusammengestirnung; Stand von Planeten in einem gegebenen Augenblick.

Elevation: Die Höhe eines Gestirnes über dem Horizont. Der Planet, welcher den geringsten Abstand zum MC oder den größten Abstand zum AC aufweist, wird als in Elevation befindlich bezeichnet.

Kulmination: Gipfelpunkt; ein Planet kulminiert, wenn er das MC durchläuft; das heißt, er erreicht in diesem Augenblick seine höchste Position über dem Horizont.

Kulminierender Punkt (KP): Das Medium Coeli.

Hausspitze: Der Anfang eines Hauses (Zählrichtung gegen den Uhrzeigersinn).

Medium Coeli (MC): Die Himmelsmitte; der Ekliptikpunkt, der in seinem Tageslauf den höchsten Punkt über dem Horizont erreicht hat. Der Schnittpunkt zwischen Meridian und Ekliptik. Das MC ist identisch mit der Spitze des zehnten Hauses.

Meridian: Geografischer Längengrad, Halbkreis zwischen Nord- und Südpol.

Metagnose: Astrologische Untersuchung zurückliegender Ereignisse.

Native: Der Horoskopeigner.

Nativität: Das Horoskop.

Orbis: Umkreis, in dem ein Aspekt noch Gültigkeit hat. Der Orbis ist sowohl von der Art des Aspektes als auch von den beteiligten Planeten abhängig. Vereinfachend kann man für Aspekte einen Orbis von 6–8 Grad zugrunde legen, bei Halbsummen beträgt dieser maximal 2,5 Grad.

Plaktischer Aspekt: Ungenauer Aspekt.

Prognose: Vorhersage künftiger Entwicklungen.

Radix: Die Wurzel; das Grund- oder Geburtshoroskop.

Retrograd (R): Scheinbare Rückläufigkeit eines Planeten.

Sensitiver Punkt: Aus dem Arabischen kommende Berechnungsmethode. Schema: A + B – C = D, wobei D dem sensitiven Punkt entspricht. Da A + B – C = D sich in A + B = C + D umformen lässt, bedeutet dies nichts anderes, als dass die Distanz zwischen A und B gleich der Distanz zwischen C und dem gesuchten sensitiven Punkt D ist. Der bekannteste sensitive Punkt ist das sogenannte *pars fortuna,* das Glücksrad oder der Glückspunkt: AC + So – Mo.

Separation: (siehe Applikation).

Siderischer Tag: Sternentag; die Zeit, welche die Erde für eine exakte Drehung um sich selbst benötigt.

Spiegelpunkt: Auch Gegenantiszie genannt; die gleiche Länge zweier Planeten in Bezug auf ein Äquinoktium. Rechnerisch ergibt sich dies, wenn zwei Planeten gleich weit in entgegengesetzter Richtung von der Widder/Waage-Achse entfernt sind. Beispiel: Ein Planet in 12 Grad Widder lässt sich auf 18 Grad Fische spiegeln. Neben der Gegenantiszie gibt es auch die Antiszie, bei der über die Krebs/Steinbock-Achse gespiegelt wird. Es ist jedoch nicht notwendig, beide Verfahren gleichzeitig anzuwenden, da sich beide Spiegelpunkte grundsätzlich gegenüberliegen.

T-Quadrat: Opposition zwischen zwei Planeten, die beide zu einem dritten ein Quadrat bilden.

Zodiak(us): Tierkreis.

Erklärung zu den Abkürzungen

Der Hinweis »zus.« (zusätzlich) nach einem Krankheitsbild bedeutet, dass für sein Auftreten die nachfolgende Planetenverbindung notwendig ist. Unter »Venus/Saturn« finden Sie beispielsweise »Psoriasis, zus. Me/Ma«, was bedeutet, dass neben der Venus-Saturn-Verbindung auch eine Merkur-Mars-Konstellation vorhanden sein muss, damit dieses Krankheitsbild in Erscheinung treten kann. Ist diese Ergänzung in Klammern gesetzt, also »(zus. Me/Ma)«, dann ist diese Zusatzkonstellation in der überwiegenden Mehrzahl der Fälle gegeben, jedoch nicht unbedingte Voraussetzung.

Wenn statt einer vollständigen Konstellation nur ein einzelner Planet angegeben wird, muss dieser direkt an der Konstellation beteiligt sein. So ist z.B. unter »Mond/Pluto« Nachtblindheit aufgeführt mit der Ergänzung: »zus. Ve«. Diese Bedingung wäre dann erfüllt, wenn die Venus als Herrscher von Haus 4 in Haus 8 stünde. Ausreichend wäre auch ein Aspekt eines der beiden Planeten zur Venus. Eine weitere Möglichkeit wäre etwa eine Mond/Pluto-Konjunktion in Haus 7.

Wird eine Zusatzkonstellation mit »auch« angegeben, wie z.B. beim Krankheitsbild »Zysten« unter »Venus/Jupiter« (auch »Ve/Pl«), so können beide Konstellationen unabhängig voneinander auf diese hinweisen. Sind beide Konstellationen gleichzeitig vorhanden, so verstärken sie sich gegenseitig und machen die Erkrankung damit wahrscheinlicher.

Die Planeten wurden jeweils mit ihren ersten beiden Buchstaben abgekürzt, also:

Sonne = So
Mond = Mo
Merkur = Me
Venus = Ve
Mars = Ma
Jupiter = Ju
Saturn = Sa
Uranus = Ur
Neptun = Ne
Pluto = Pl

Literaturangaben und Quellen

Becker, *Lexikon der Astrologie*, Freiburg i. Br. 1981.

Benner und Snell, *Klinische Anatomie*, Herrsching 1988.

Beske (Hrsg.), *Lehrbuch der Krankenpflegeberufe I*, Stuttgart 1986.

Beske (Hrsg.), *Lehrbuch der Krankenpflegeberufe II*, Stuttgart 1986.

Bräutigam, Christian, *Psychosomatische Medizin*, Stuttgart 1986.

Der Gesundheitsbrockhaus, Mannheim, 1984.

Diamond, *Fit fürs Leben*, München 1985.

Freyberger, Rose und Wulff, *Psychiatrie, Psychosomatik, Psychotherapie*, Stuttgart 1987.

Fröhlich und Drever, *Wörterbuch zur Psychologie*, München 1978.

Hahnemann, *Organon der Heilkunst*, Dresden 1819.

Hamm, *Allgemeinmedizin*, Stuttgart 1988.

Homöopathisches Repetitorium, DHU 1982.

Isler und Brubacher, *Vitamine I*, Stuttgart 1982.

Jackson, *Aromatherapie*, München 1991.

Juchheim und Poschet, *Immun*, München 1989.

Katalyse e.V. (Hrsg.), *Chemie in Lebensmitteln*, Frankfurt/Main 1990.

Keller und Fimelsberg (Hrsg.), *Kent's Repertorium, Band I–III*, Heidelberg 1975.

Kraus, Michael, *Ätherische Öle*, Gaimersheim 1990.

Mezger, *Gesichtete homöopathische Arzneimittellehre, 2. Bde.*, Ulm 1999.

MSD Manual Handbuch Gesundheit, München 1999.

Pharmaindex, *Die Liste*, diverse Jahrgänge.

Pschyrembel, *Klinisches Wörterbuch*, Berlin 1990.

Roscher, *Das Astrologiebuch*, Tübingen 2013.

Roscher, *Der Mond*, Tübingen 2006.

Roscher, *Kritische Grade im Horoskop*, Tübingen 2009.

Roscher, *Kritische Grade in der Prognose*, Tübingen 2005.

Roscher, *Psychosomatik 1*, Selbstverlag 1990, im Vertrieb bei www.astronova.de.

Roscher, *Psychosomatik 2*, Selbstverlag 1990, im Vertrieb bei www.astronova.de

Roscher, *Venus und Mars*, Tübingen 2008.

Rote Liste, Frankfurt, diverse Jahrgänge.
Schettler und Greten, *Innere Medizin*, Stuttgart, 1990.
Schmidbauer und von Scheid, *Handbuch der Rauschdrogen*, Frankfurt a. M. 1989.
Tisserand, *Die Geheimnisse der wohlriechenden Essenzen*, Aitrang, 1990.
Winter, *Brainfood*, Südergellersen 1989.
Zetkin und Schaldach, *Wörterbuch der Medizin, Band 1-3*, Berlin 1990.

Standardwerke der Astrologie

WILFRIED SCHÜTZ

Ganzheitliche Astromedizin

Eine astrologische Gesundheitslehre

208 Seiten, zahlreiche Abbildungen und Tabellen
ISBN 978-3-89997-143-9

Unausweichlich werden wir immer wieder mit Krankheiten konfrontiert. Die ganzheitliche astrologische Betrachtung geht zunächst davon aus, dass das, was geschieht, bei den vorliegenden Lebenszusammenhängen zutiefst sinnvoll ist, um das gefährdete Gleichgewicht aller Lebensenergien sicherzustellen. Sie lernen den kosmischen Aufbau des Körpers und die astrologische Symbolik der Organe kennen. Weiterhin erfahren Sie die Erkrankungszusammenhänge aus der Sicht des Horoskops. Um die Energien aber zukünftig nicht mehr in die Symptome, sondern in die Lebendigkeit fließen zu lassen, kommen wir nicht umhin, einen Weg der Entwicklung zu beschreiten. Wohin diese für den Einzelnen führen könnte, erfahren Sie anhand ausführlicher Darstellungen von Gesundungsprogrammen. Ein Buch mit einer Fülle an Informationen.

»Zukünftige astromedizinische Werkewerden wohl daran gemessen werden müssen. Ein Buch, das psychologische Astrologen bereichern und klassische Astrologen verändern wird.«

Meridian 2-2007

CHIRON VERLAG

Standardwerke der Astrologie

OSCAR HOFMAN

Klassische medizinische Astrologie

Heilen mit Elementen

232 Seiten, Hardcover, 16 Abbildungen
ISBN 978-3-89997-192-7

In diesem Buch stellt Oscar Hofman eine praktische Diagnose mit Astrologie und die Behandlung von Krankheiten mit Hilfe des Horoskops vor. Dabei spielen vor allem die Elemente eine wichtige Rolle. Astrologisch lässt sich nach der Diagnose auch eine Prognose über den Verlauf der Krankheit erstellen. Je nachdem, welches Element aus dem Gleichgewicht ist, sind andere Behandlungsmethoden angezeigt. Außerdem gibt das Buch einen Einblick in die Planetensymbolik von Edelsteinen und die Seelentherapie nach Hildegard von Bingen. Ebenso kommt die Terminwahl für Operationen zur Sprache.

»Wir haben hier vor allem ein Einsteigerbuch, das mit differenzierten Kenntnissen und Konzepten auf Basis der klassischen Astrologie überzeugt. Dafür lohnt sich die Anschaffung wirklich.«

Astrologie Heute Nr. 149

CHIRON VERLAG